속지 않는 국민이 거짓 없는 대통령을 만든다

속지 않는 국민이 거짓 없는 대통령을 만든다

초판 1쇄 인쇄 2012년 9월 24일
초판 1쇄 발행 2012년 10월 1일

지은이 김상범, 박설리, 박소령, 유혜영, 최현도
펴낸이 연준혁

멀티콘텐츠사업분사 분사장 정은선
출판기획 편집장 오유미
콘텐츠비즈니스 이화진
디지털콘텐츠 전효원
이러닝기획팀 김수명
제작 이재승

펴낸곳 (주)위즈덤하우스 **출판등록** 2000년 5월 23일 제13-1071호
주소 경기고 고양시 일산동구 장항동 846번지 센트럴프라자 6층
전화 031-936-4000 **팩스** 031-936-3891
홈페이지 www.wisdomhouse.co.kr
종이 월드페이퍼 **인쇄제본** 현문인쇄

ⓒ 김상범 외

값 15,000원
ISBN 978-89-6086-564-8 03340

「이 도서의 국립중앙도서관 출판시도서목록(CIP)은 e-CIP홈페이지(http://www.nl.go.kr/ecip)와
국가자료공동목록시스템(http://www.nl.go.kr/kolisnet)에서 이용하실 수 있습니다.
(CIP제어번호: CIP2012004243)」

속지않는 국민이

[대선 토론으로 좋은 대통령을 고르는 30가지 방법]

거짓 없는 대통령을

김상범, 박설리, 박소령, 유혜영, 최현도 공저

만 든 다

위즈덤하우스

"모든 나라는
그 나라 국민의 수준에 맞는
지도자를 가지게 되어 있다."

윈스턴 처칠 Winston Churchill

———

"대한민국의 주권은 국민에게 있고,
모든 권력은 국민으로부터 나온다."

대한민국 헌법 제 1조 2항

이 책을 집어든 당신에게

1. 월드컵 보듯이 대선 토론도 봅시다!

"패스를 해야지!" "쏴~쏴~쏴~숫을 쏴!"

"아 수비 더럽게 못하네!"

월드컵을 볼 때 우리 오천만 국민은 모두 감독이자 코치다.

다들 한마디씩 하고, 마음은 그라운드를 달린다.

경기 전에는 팀의 전략을 살피고, 경기 중에는 소리를 지르고,

경기 후에는 '치맥'을 먹으며 누가 잘했고,

누가 못했는지를 맹렬히 따진다.

대선 토론도 그렇게 보자. 우리가 다 함께 준비하고 즐기고 따지자.

이 책은 바로 당신을 위한 2012년 대선 토론 관전 가이드북이다.

2. watch.debates@gmail.com으로 당신의 의견을 들려주세요!

이 책은 좁게는 다섯 명, 넓게는 수십 명이 함께 썼다.

책을 쓰는 반년 내내 우리는 지겹도록 많은 토론을 했다.

정답이 없는 토론 과정에서 때로는 지치기도 했지만,

토론이 뜨겁게 달아오를수록 우리의 생각도 그만큼 더 깊어졌다.

이 책은 그 모든 생각을 담은 결과물이다.

하지만 이 책에는 부족한 점도 많다. 그러니 다 함께 생각을 더 모으자.

대한민국 오천만 국민의 생각을 모두 모으면
얼마나 풍성하고 값진 아이디어들이 샘솟겠는가.
모으자. 모으는 판은 우리가 마련하겠다.
우리와 함께 2012년 대선 토론을 재미있게 보고 즐기고 싶은 분들은
<u>watch.debates@gmail.com</u>으로 의견을 보내주시기만 하면 된다.
열심히 읽고 듣겠다. 그리고 달려가겠다.

3. 12월, 시청 앞 광장에서 다 함께 만납시다!

대선 토론 시작 전 다 같이 모여
미리 후보별 관전 포인트에 대해 이야기해보자.
토론을 보면서 좋은 답변에는 힘껏 박수를 쳐주고,
형편없는 답변에는 "우~" 하고 한껏 야유를 보내자.
그리고 토론이 끝난 후 우리의 대통령을 골라내자.
대선 토론, 다 같이 봐야 제맛이다.

Contents

Part 4 후보를 아프게 만드는 질문을 던져라
좋은 질문의 10가지 조건

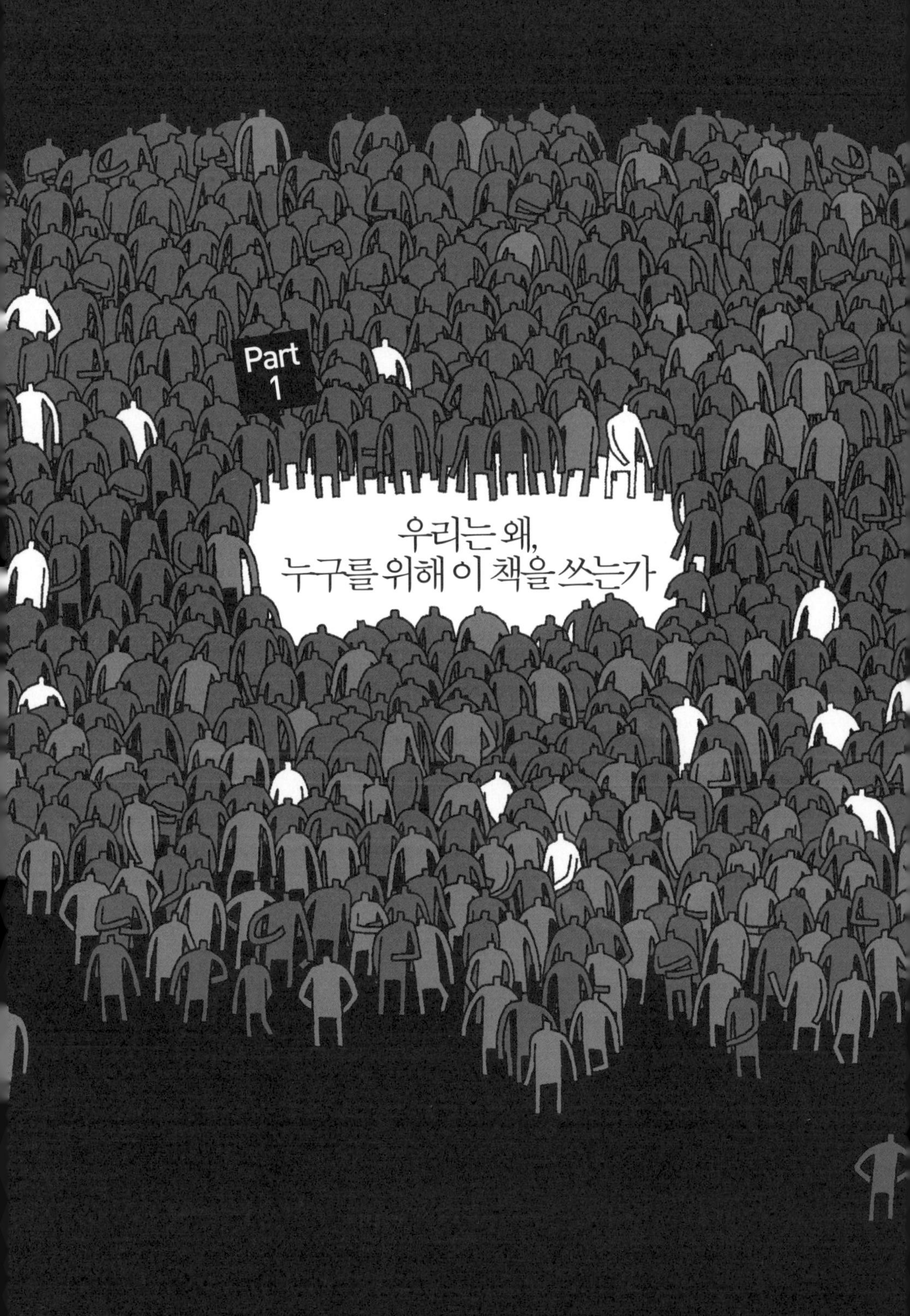

Part
1
우리는 왜,
누구를 위해 이 책을 쓰는가

유권자인 바로 '당신'을 위한 책

어찌 보면, 계기는 엉뚱했다. 2011년 가을, 하버드 케네디스쿨Harvard Kennedy School에서 '정치인이 되는 길Making a Politician'이라는 수업을 들었다. 수많은 과목들 중 고심 끝에 골랐던 이 수업의 주 내용은 정치인이 유권자와 미디어를 상대할 때 알아야 하는 노하우와 마음가짐에 대한 것이었다.

그 과정에서 수많은 동영상을 보았다. 정치인들의 가슴 울리는 연설과 진솔한 고백, 용기 있는 제안이 담긴 영상이 있는가 하면, 한편으로는 거짓으로 가득 찬 허세와 도무지 믿기지 않는 실수, 말하는 본인조차 쥐구멍으로 숨고 싶은 마음이 들 만큼 부끄러운 순간을 담은 영상도 있었다.

그중에서도 단연 백미는 미국 대선 토론 자료들이었다. 길게는 50년이 넘은, 그래서 오래되고 낡은 화면 속에는 케네디John F. Kennedy의 신선함과 품위, 레이건Ronald Reagan의 너무나도 부드러운 농담이 생생히 살아 있었다. 클린턴Bill Clinton의 자신만만함과 오바마Barack Obama의 논리 정연함, 그리고 이 둘의 공통 트레이드마크인 활짝 웃는 미소는 두 사람의 젊은 패기를 고스란히 상징하는 듯했다. 한편으로는 페리Rick Perry(2011년 공화당 당내 경선 후보)의 어이없는 실수, 포드Gerald Ford(1976년 공화당 대선 후보)의 잘못을 인정하지 않는 오만함, 그리고 부시George H. W. Bush(1992년 공화당 대선 후보)의 무안함까지 모두 담겨 있었다. (참고로 이 모든 사례는 우리 책 본문에 소개되어 있다.)

미국 대선 토론은 그 오랜 역사만큼이나 배울 사례가 많지만 그만큼 어처구니없는 실수도 많다. 1960년 젊은 케네디와 노회한 닉슨Richard Nixon의 대결에서 미국 대선 토론이 시작되었다고 볼 수도 있겠지만, 그것은 단지 TV 중계 토론에 국한된 이야기다. 미국에서 선거를 둘러싼 토론의 시작은 남북전쟁 이전인 1858년의 상원의원 선거에서 링컨Abraham Lincoln과 더글러스Stephen A. Douglas가 일리노이주의 7개 도시를 돌면서 벌인 일대일 토론으로 거슬러 올라간다.

서구 민주주의에서 정치 토론은 그만큼 역사적 두께가 깊다. 따라서 "토론에서 정치인이 어떻게 행동하고 발언해야 하는가?"라는 질문은 서구 민주주의에서 정치인으로서 성공하는 데 가장 중요한 요소이자, 이 수업의 가장 핵심적인 내용이었다.

하지만 뭔가 아쉬움이 길게 남았다. "정치인이 대중과 언론을 상대로 하는 토론과 연설에서 어떻게 행동해야 하는가?"라는 수업의 화두는 곧이어 "정치인은 어떻게 국민들에게 자신을 좋게 포장할 수 있는가?"라는 논쟁으로 이어졌다. 결국 수업은 "어떻게 하면 화려한 수사적 표현을 잘 활용할 수 있는가?" 또는 "곤혹스러운 질문에는 어떻게 미꾸라지처럼 빠져나갈 수 있는가?" 등의 내용도 포함되어 있었다. 이런 질문과 해답은 현실 정치인으로 살아남기 위해 반드시 알아야 할 실전 전술 같은 것이어서, 어떻게 보면 미래의 정치 지도자를 꿈꾸는 사람이라면 외면할 수 없는 현실적 내용이었다.

하지만 우리는 스스로에게 이런 질문을 해보았다. "만약 정치인들이 이 수업 내용대로 대중을 현혹하고 자기주장만을 강조한다면, 국민은 이런 행동들을 어떻게 구별해낼 수 있을까?" 수업에서 배운 것이 "정치인으로서 어떻게 국민을 교묘하게 설득할 수 있을까?"였다면, 우리에게 정작 중요한 것은 "어떻게 해야 국민들이 정치인에게 속지 않을까?"라는 문제였다. 2011년 가을과 겨울 내내 우리는 이 질문을 곱씹으며 시간을 보냈다.

학기가 끝나고 겨울방학이 다가올 무렵, 우리나라 대선 D-365에 관한 보도가 인터넷 뉴스를 촘촘히 채우기 시작했다. 자연스레 우리나라 대선 토론을 한번 보자는 제안이 나왔다. 검색 후에 중앙선거방송토론위원회www.debates.go.kr라는 곳을 알아냈고, 2007년에 열린 세 차례의 대선 토론 동영상을 보았다. 하지만 중앙선거방송토론위원회에서는 1997년과 2002년 동영상은 제공하고 있지 않아, 이리저리 발품을 판 끝에 KBS에서 2002년 대선 토론 DVD를 약 10만 원에 구입해서 보았다. 어쨌든, 2007년 대선 토론 영상을 먼저 보고 우리는 깜짝 놀랐다. (본격적인 이야기로 들어가기에 앞서 독자분들께 중앙선거방송토론위원회 웹사이트에서 2007년 대선 토론 영상을 잠깐이라도 보시기를 권한다. 1차, 2차, 3차 중 어떤 것이라도 좋다. 논리적인 설명이 없어도 뭔가 제대로 되고 있지 않다는 사실을 직관적으로 느낄 것이다. 게다가 5년이 지난 지금의 시점에서 보면 당시에는 느끼지 못했던 것들을 새롭게 볼 수도 있을 것이다. 우리나라 대선 토론의 현실과 문제점은 Part 2에서 좀 더 구체적으로 언급할 것이다.)

2012년 새해가 시작되었다. 그리고 함께 책을 써보면 어떨까라는 아이디어가 흘러나왔다. 우리나라의 대선 토론과 미국을 비롯한 다른 나라들의 대선 토론을 비교하는 책. 대선 토론이 정치인들의 과장과 상호 힐난에서 벗어나, 유권자를 위한 토론과 유권자에 의한 후보 검증의 장이 되는 데 일조하는 책. 과거 후보들의 좋은 발언과 나쁜 발언을 죄다 모아서, 정치인의 화려한 수사와 거짓말을 유권자들이 딱 잡아낼 수 있게 돕는 책. 우리는 수업에서 배운 내용을 정치인이 아니라 우리나라 국민과 유권자, 우리 모두를 위하여 사용하자는 데 곧장 의기투합했다.

대선 토론, 월드컵처럼 즐기자

역시 축구는 모여서 봐야 제맛이다. 2002년 여름, 많은 국민이 시청 앞, 코엑스 앞, 한강 둔치 등 전국 각지에 돗자리를 펴고 경기 시작 몇 시간 전부터 앉아 있었다. 그날 나올 주전 선수를 미리 분석하고, '오 필승 코리아'를 불러보며, 맥주도 몇 캔 마시면서 경기가 시작되기만을 고대했다. 그리고 경기 중에는 "슛, 슈우우우웃!", "제~발 패스 좀 해라", "오프사이드! 오프사이드!" 등 두 시간 내내 목청 터지게 훈수를 뒀다. 죄다 감독이 되고 코치가 되었다. 경기가 끝나면 치맥을 먹으면서 잘한 선수와 못한 선수, 멋진 슛과 망할 놈의 패스미스를 오징어 씹듯이, 술안주 씹듯이, 입에 거품을 물며 떠들어댔다.

그로부터 딱 10년이 지난 2012년 겨울, 대선 토론도 그렇게 보았으면 좋겠다. 모두 함께 모여 떠들면서, 네가 맞네 내가 맞네 토론도 하면서, 서로 이것저것 따지면서 그렇게 봤으면 좋겠다. 맥주도 마시고, 치킨도 배달시키고, 좋은 발언이 나오면 박수도 쳐주고 휘파람도 불어주고, 말도 안 되는 소리를 하면 가차 없이 팍팍 점수도 깎자. 국가 대표팀이 월드컵 16강, 8강, 4강 진출하는 것보다는 누가 우리의 대통령이 되는지가 어쩌면 더 중요하고 드라마틱하지 않을까.

솔직히 현재 국민 대다수가 대선 토론에 대해 느끼는 감정은 "아무 소용 없다", "보면 뭐하나", "어차피 말장난할 거다" 등 냉소와 무관심에 가까울 것이다. 우리나라 축구도 그랬다. 1980, 90년대 월드컵 본선에서 매번 떨어지고 고질병 같은 문전 처리 미숙으로 헤맬 때, 우리 국민은 축구에 대해 냉소했다. 지금의 대선 토론이 딱 그렇다.

그러다가 2002년 월드컵을 계기로 우리는 축구의 매력에 흠뻑 빠졌다. 우리는 대선 토론에도 그렇게 매료될 수 있고, 열광할 수 있다고 믿는다. 그냥 믿는 게 아니라 그럴 수 있는 근거와 계기를 보았다. 과거의 우리나라 대선 토론과 외국의 수많은 대선 토론에서 그 계기를 확인했다. 그리고 이제 우리나라 국민들께 이 책을 통해 경험케 해드리고 싶다.

이명박 후보가 5년 전 대선 토론에서 내건 공약이 지금의 현실에 비추어 보면 얼마나 황당무계했는지 한번 보시라. 그때 정동영 후보는, 이인제 후보는, 권영길 후보와 이회창 후보, 문국현 후보는 얼마나 말도 안 되는 엉성한 발언을 했는지 한번 보시라. 또한 가끔씩은 그들이 나름 괜찮은 발언을 한 것도 함께 보시라. 10년 전 노무현 후보와 이회창 후보, 권영길 후보의 말과 행동도 보시라. 그리고 함께 고민해보자. 이번 대선 토론에서는 어떻게 우리가 그 황당한 공약과 말도 안 되는 발언에 속지 않고, 족집게처럼 각 후보들의 바닥을 까뒤집어 볼 수 있는지.

그래서 부족하지만 후보들의 말과 행동을 잘 따져보기 위한 평가표를 만들었다. Part 3에 있는 '좋은 후보 판별을 위한 30가지 체크리스트'를 펼쳐놓고 후보들을 찬찬히 살펴보자. 그리고 점수를 매겨보자. 이 후보가 헛소리를 하는지, 맘에 없는 말을 하는지, 저 후보는 대놓고 자기만 믿으라고 하는지, 무턱대고 상대 후보를 깔아뭉개지는 않는지 꼼꼼하게 한번 따져보자. 옆 사람과 평가표도 맞춰보자.

우리 모두 함께 보자. 그리고 열심히 응원도 하고, 비판도 하고, 술안주 오징어를 질근질근 씹듯이 후보들의 발언을 신이 나게, 흥이 나게 평가 해보자.

미운 며느리 발뒤꿈치도 예쁘게 보자

속담에 '며느리가 미우면 발뒤꿈 치도 밉다'는 말이 있다. 싫은 후보는 뭘 해도 밉고, 좋아하는 후보는 뭘 해도 마냥 예뻐 보이는 법이다. 그게 우리 정치의 현실이다. 대선 토론도 별반 다르지 않다. 마음에 들지 않는 후보는 옳은 소리를 해도 밉고, 좋아 하는 후보는 황당무계한 말을 해도 멋져 보인다. 그런데 솔직히 그러면 안 된다. 우리가 그러면 그럴수록 우리나라 정치는 점점 더 망가진다.

당신은 박정희 대통령의 딸인 박근혜가 싫은가? 새누리당은 재벌과 소수 기득권만 옹호하는 것처럼 보이는가? 보수가 권력을 잡으면 역사 발전에 퇴행을 가져온다고 생각하는가? 그래서 야당을 찍을 계획인가? 그래서 안철수를, 문재인을 대통령으로 만들었다 치자. 보수 쪽 사람들 이 당신이 뽑은 대통령을 5년 내내 무시하면서 사사건건 발목을 잡는다 면 당신은 그 상황을 용납할 수 있겠는가?

반대로 당신은 민주통합당이 현실을 모르고 퍼주기만 한다고 생각하 는가? 또 통합진보당은 죄다 빨갱이고, 모두 북한으로 떠나버렸으면 좋 겠는가? 진보가 대통령이 되면 나라가 망한다고 생각하는가? 그래서 박 근혜를 찍을 생각인가? 그래서 결국 박근혜가 대통령이 되었다 치자. 진 보 쪽 사람들이 매일같이 시청 앞으로 촛불을 들고 나와 반대를 위한 반 대를 외친다면 당신은 그 상황을 인정할 수 있겠는가?

둘 다 아니다. 우리는 좋은 시어머니가 되어야 한다. 미운 며느리도 꼼꼼히 뜯어보면서 예쁜 구석이 있는지 없는지, 아무리 사소한 것이라도 찾아내야 한다. 그래야 시어머니와 며느리, 온 가족이 한집에 살 수 있다. 그러지 못하면 갈라설 수밖에 없고, 그러면 가족을 쪼개고 나라도 쪼개자는 말이나 다름없다.

이 책을 쓰면서 한 가지 굳게 다짐한 것이 있다. 특정 정파나 정당의 이해관계와는 관계없는 글을 쓰자는 것이다. 스스로도 알아채지 못하는 사이에 머릿속에 박혀 있을 법한 정파적 편견과 선호를 내려놓기 위해 우리는 격론을 벌였다. 때로는 한없이 길어지고, 지루하고, 답답하며, 뚜렷한 답도 없이 끝나기도 했다.

그러나 "어떤 후보에게 유리 또는 불리할 것이냐?"가 아니라 "유권자에게 어떻게 도움이 될 것이냐?"를 중심에 놓고 생각하다 보면 대개는 객관적 합의점을 찾을 수 있었다. 유권자 중심의 사고와 판단은 대선 토론의 내용과 형식뿐만 아니라, 사회자의 좋은 질문과 후보의 좋은 답변을 구체적으로 정의하고 그 기준을 마련할 때도 가장 강력하고, 유일하며, 무엇보다 우선시되는 잣대였다.

이 책을 함께 만들어온 사람들의 정치적 성향이 다양했다는 것은 그런 점에서 매우 다행스러운 일이었다. 덕분에 우리 안의 진보 지지자와 보수 지지자가 상대의 논리에 대해 날카롭게 메스를 들이대는 과정에서 고민이 한층 깊어질 수 있었다는 점에 감사한다(물론 때로는 무척 어렵고 난감한 작업이었다는 것도 고백한다).

'좋은 후보 판별을 위한 30가지 체크리스트'는 지난날의 많은 대선 토론을 보고 좋은 발언과 나쁜 발언의 공통점을 모은 것이다. 따라서 각자 좋아하는 며느리가 있고 미워하는 며느리가 있겠지만, 며느리들을 꼼꼼히 뜯어보는 데 이 체크리스트가 도움이 되었으면 좋겠다. 그래서 사랑하는 며느리의 발뒤꿈치는 좀 더 엄격하게 보고, 미워하는 며느리 발뒤꿈치는 좀 더 예쁘게 봐주실 수 있으면 좋겠다.

그리고 두 가지에 대해 미리 양해를 구한다.

첫째는 대선 토론 지문을 발췌하는 과정에서, 메시지를 명료하게 전달하기 위하여 발언의 일부를 군데군데 생략한 경우가 있다. 따라서 토론 참가자가 당시 말하고자 했던 전체적인 맥락과 의도가 충분히 전달되지 않았을 수도 있다. 우리 의도는 후보 또는 사회자 개개인에 대한 평가가 아니라, 국민이 좀 더 손쉽게 이해할 수 있도록 돕고자 함이었다. 이에 대해 과거 대선 토론 참가자 모든 분들께 양해를 구한다.

둘째는 다른 나라의 우수 사례를 보여주는 과정에서, 미국 대선 토론의 사례가 상대적으로 좀 더 많다는 점이다. 영국, 프랑스, 호주 등 TV로 대선 토론을 중계하는 다른 국가 사례들도 골고루 분석하였으나, 미국은 가장 오래된 대선 토론 역사를 가진 터라 그만큼 좋은 사례가 더 많았다. '미국을 무조건 따라 하자'는 것이 우리의 진의가 아님을 밝힌다.

끝으로, 대부분이 그러하겠지만 나라 밖에 나오면 애국자가 된다. 언젠가 우리나라 대선 토론이 '정치인이 되는 길' 수업에서 모범 사례로 자랑스레 쓰이길 희망한다. 전 세계 학생과 연구자들이 우리나라 대선 토론에 감탄하고 박수치며 배우려고 하는 그날을 진심으로 소망한다.

Part
2
대선 토론과
대통령의 상관관계

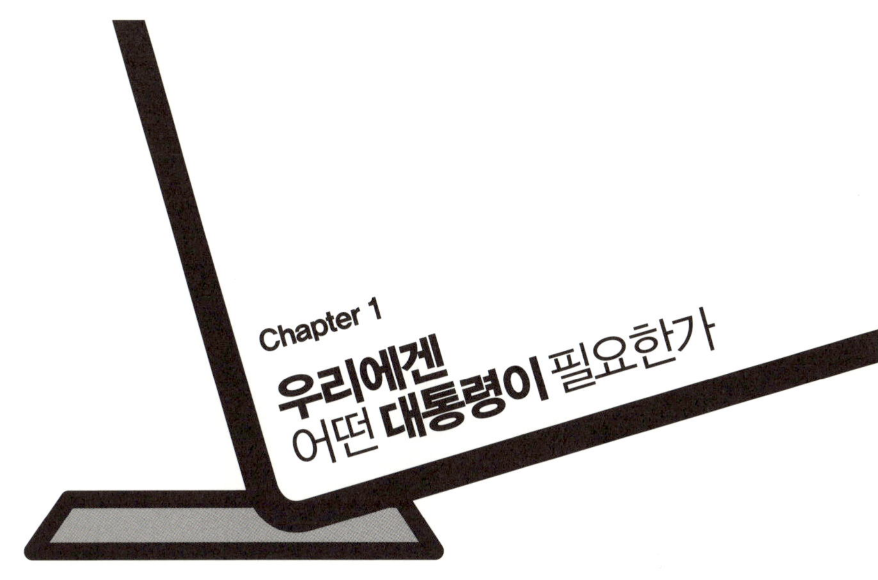

정치적 실패의 악순환 고리를 끊어라

사람에게는 누구나 인생의 기복이 있고, 기업도 잘나갈 때와 망할 때가 있다. 국가도 마찬가지다. 거기에는 나름의 기승전결이 있다. 국가의 탄생, 성장, 갈등, 몰락에는 일정한 모습이 있다. 국가는 대부분 억눌린 사회적 모순이 터지면서 태어난다. 그리고 담대하고 강력한 리더십을 중심으로 성장한다. 세월이 흐르면서 그 권력이 소수 기득권 혹은 다수의 대중으로 조금씩 나뉘어 넘어가고, 그 와중에 국가는 성숙하기도 하고 때로는 몰락하기도 한다. 그리고 쇠락의 위기를 겪는 국가들의 정치적 실패에는 일정한 패턴이 있다. 우리 역사 속의 조선왕조도, 아프리카의 이름 없는 작은 나라도, 심지어 일인당 GDP 4만 달러인 일본도 이 패턴에서 자유로울 수 없다.

아프리카 서부에 부르키나파소Burkina Faso라는 작은 나라가 있다. 1960

년 프랑스로부터 독립했고, 초대 대통령은 모리스 야메오고^{Maurice Yame'ogo}
였다. 6년 후 쿠데타가 일어나 정권이 뒤집혔다. 14년 뒤에는 반대파에서
또 다른 쿠데타를 일으켜 정권을 교체했다. 2년이 지난 후 쿠데타가 다시
일어났고, 그 다음 해인 1983년에는 토마스 상카라^{Thomas Sankara}라는 군
인이 또 쿠데타를 일으켜 새 정권을 세웠다. 개혁을 추진하던 상카라는
1987년 서른여덟 살의 나이에 암살당하고 반대파가 쿠데타로 다시 정권
을 잡았다. 결국 나라가 만들어지고 50년 만에 쿠데타가 다섯 번, 암살은
세 번 일어났다. 이 와중에 부르키나파소의 GDP는 전 세계 170여 국가
중 125위권, 1인당 GDP는 164위로 주저앉았다.

동유럽 국가인 리투아니아 역시 패턴은 비슷하다. 리투아니아는 1995
년부터 2010년까지 15년 동안 서로 자신만이 옳다고 외치는 당파들 사
이에서 정권 교체를 12번이나 해치웠다. 그 와중에 나라의 근간 역시 주
저앉았다. 이런 국가들에서 반복적으로 목격되는 정치적 실패의 패턴을
과감히 단순화하면 다음과 같다.(다음 페이지 도표 참고)

저개발 국가만 이러한 패턴을 보이는 것은 아니다. 일본 역시 아베 신
조^{安倍晋三}(재임 기간 366일), 후쿠다 야스오^{福田康夫}(365일), 아소 다로^{麻生太郎}
(368일), 하토야마 유키오^{鳩山由紀夫}(266일), 간 나오토^{菅直人}(447일), 노다 요
시히코^{野田佳彦}(현재) 등 지난 5년간 총리가 무려 여섯 차례나 바뀌었다.

그리고 정권이 교체될 때마다 보이는 패턴은 이 악순환 고리 그림과
상당히 유사하다. 정치권은 선거에서 이기기 위해 과장된 약속을 하고,
무지갯빛 약속에 열광한 국민들은 표를 던지고 과도한 기대를 갖는다.
선거에 이기고 나면 정권을 잡은 쪽은 공약에 대한 집착과 지지자들의
압력에 밀려 무리한 변화를 시도한다. 하지만 무리한 변화의 시도는 반
대 정파와 그 지지자들로부터 극렬한 반대에 직면하고, 변화는 갈등만
초래하다가 결국 좌초한다. 국민들은 실패의 원인을 현 정권의 탓으로

정치적 실패의 패턴(얕은 정치인과 현명치 못한 국민 사이의 악순환)

❶ 대통령 후보

정치인들의 '과장된 약속'

❷ 지지자들과 반대자들

지지자들
－약속에 대한 '열광적 지지'와 '과도한 기대'

반대자들
－약속에 대한 무조건적인 '냉소'과 '반대'

❸ 집권한 대통령

**과장된 약속을 지키고 스스로의 옳음을 증명하기 위해
임기 내 성과에 집착하는 정권의 '독선'과 '무리한 변화'**

❹ 유권자와 국민

과도한 기대에 따른 국민의 '실망'과 '비난'

❺ 다음 대통령 후보

또 다른 정치인들의 또 다른 '과장된 약속'

돌리고 냉소적으로 변한다. 그리고 반대 정파는 현 정권의 모든 것을 힐난하며 새로운, 그러나 여전히 과장되고 일방적인 공약을 내걸고 선거를 투쟁으로 몰고 간다. 힘을 모아서 일단 이기고 보자고 한다. 그리고 국민들은 다시 새로운 열광에 빠진다.

차이가 있다면, 아프리카 국가들에서는 이러한 패턴의 한 사이클이 내전, 쿠데타 혹은 암살이라면, 다른 국가에서는 근대적으로 보이는 투표라는 것뿐이다. 일본의 정치적 패턴이 좀 더 점잖은 모습을 띠고 있긴 하지만, 반복되는 과정 내내 서로 자신만이 옳다고 외치는 정파들, 자신은 모든 것을 해결할 수 있다고 외치는 후보들, 일단은 뭉쳐서 이기고 보자는 지지자들, 문제의 해답을 스스로가 아니라 지도자에게서 구하려고 하는 국민들이 뒤섞여서 악순환을 반복한다는 점에서는 별반 다르지 않다.

우리나라 역시 최근 이러한 패턴에 빠질 조짐이 보인다. 우리나라는 해방 이후 아홉 명의 대통령이 있었다. 자유당 독재와 쿠데타로 들어선 정권을 제외하면 노태우, 김영삼, 김대중, 노무현, 이명박 대통령까지 다섯 명의 직선제 대통령이 있었고, 다섯 명 모두 국민과 상대 정당의 극렬한 비난 속에 임기를 마무리했거나 혹은 마무리 중이다. 이 문제의 원인을 대통령 단임제에서 찾고 헌법 개정을 주장하는 이들도 있지만, 문제의 본질은 단임제 혹은 중임제에 있지 않다.

문제의 본질은 자신이 정권을 잡기만 하면 일순간에 아무런 고통이나 부작용도 없이 우리 사회의 모든 변화를 이룰 수 있다고 주장하는 정치인들에게 있다. 그리고 그 말에 위안을 얻고 정말 모든 문제가 한방에 해결될 것이라 기대하고 자신의 한 표를 주는 우리 유권자에게도 책임이 있다.

흔히들 우리나라 정치의 큰 문제로 '제왕적 대통령제'를 꼽는다. 물론 다른 나라보다 대통령의 권력이 막강한 것은 사실이지만, 과거보다는 현저히 약해진 것 또한 사실이다. 오늘날의 대한민국은 누가 대통령이 되건 과거와 같이 급격한 변화를 허용하기에는 정치적으로나 사회적으로 이미 상당히 다원화되어 있다. 지금의 우리나라에서는 카리스마 넘치는 처칠이 대통령이 되어도, 자애 넘치는 테레사 수녀가 대통령이 되어도, 죽은 박정희 대통령이 살아 돌아와도, 1960~80년대의 일사불란한 성장과 변화를 기대하기는 어렵다.

노무현 정부 5년간 정책을 총괄했던 국민대학교 정책학과 김병준 교수는 《99%를 위한 대통령은 없다》라는 저서에서 한 가지 일화를 소개했다. 리처드 뉴슈타트Richard Neustadt가 지은《대통령의 권력Presidential Power》서두에 나오는 트루먼Harry Truman 대통령의 이야기다. 미국의 33대 대통령 트루먼은 8년간의 대통령 임기를 마치고, 마지막으로 자신이 앉았던 백악관 집무실 자리를 보면서 이런 혼잣말을 했다고 한다. (참고로 트루먼 대통령의 후임은 제2차 세계대전의 영웅인 아이젠하워Dwight David Eisenhower 대통령이었다.)

"아이젠하워가 곧 이 자리에 앉겠지…… 그리고 '이것 해라, 저것 해라' 하고 지시를 할 거야. 하지만 되는 게 아무것도 없을걸. 불쌍한 아이젠하워…… 군대하고는 완전히 다를 텐데. 아마도 엄청 실망하게 될 거야……."

대통령이 일사불란한 성장과 변화를 이룰 수 없으니, 아무나 대충 뽑자는 것이 아니다. 오히려 그렇기 때문에 더더욱 대통령이 해낼 수 있는 변화의 방향과 속도를 알고 뽑자는 것이다. 오늘날 대한민국에서 대통령이 과연 무엇을 할 수 있고, 무엇을 할 수 없는지를 국민이 알고 있어야, 후보가 허세를 부리는지 진실을 말하는지 알지 않겠는가.

바로 그것을 알기 위해 우리는 대통령의 말과 행동을 꼼꼼히 살펴야 한다. 대통령의 허세와 진실을 구별하고, 대통령에게 현실적인 기대를 해야 한다. 그래야 대통령도 자신의 말에 대한 집착에서 벗어날 수 있다. 대통령의 허세는 속아주는 국민들의 기대로부터 나오고, 결국 국민의 실망으로 돌아가게 되어 있다.

2012년, 우리가 꿈꾸는 대통령

그렇다면 2012년, 우리는 어떤 대통령을 뽑아야 하나? 그리고 무엇을 기대해야 하나?

2012년 우리의 대통령은 모든 문제를 자신이 해결할 수 있고 책임질 수 있으며 눈부신 성과를 이룰 수 있다고 말하는 사람이 아니기를 진심으로 기도한다. '나만 믿고 따르라'는 소리는 객관적으로는 믿을 만한 사실적 근거가 별로 없다는 것의 반증일 뿐이고 '내가 다 할 수 있다'는 말은 정작 자신이 할 수 있는 것과 할 수 없는 것을 잘 구별하지 못할 때 하는 말이다. 세상에 속 시원한 한방의 해결책은 없다. 그런 게 있었다면 애초에 문제 자체가 되지도 않았다. 어떤 문제든 노력과 시간, 사람들의 행동과 의식의 변화가 있어야 해결된다. 그러니 오래 걸리는 게 당연하다.

국민에게 과장된 기대만 높여주는 대통령도 피해야 한다. 고통 없는 발전과 변화가 어디에 있는가. 어떻게 오천만이 넘는 국민이 모두, 동시에, 똑같은 양과 속도로 발전할 수 있는가. 희망과 발전 그리고 변화에는 고통이 따르기 마련이다. 국민이 어떤 고통을 이겨내야 하는지 솔직하게 말해주고, 대신 그 고통이 어느 한쪽에 치우치지 않게 하고, 함께 이겨내도록 도와줄 수 있는 대통령이면 좋겠다. 오히려 우리에게 필요한 대통령은 국민이 외면하고 싶은 현실을 직시하게 도와주는 사람이어야 한다. 국민이 정부 정책이나 대통령 얼굴만 쳐다보면서 문제가 해결되기를 기다리는 것이 아니라, 결국에는 국민 모두가 생활 속에서 함께 해결책을 찾고 노력해야만 세상이 달라진다는 것을 스스로 느낄 수 있도록 도와줄 수 있는 사람이어야 한다.

상대방을 무조건 틀렸다고 말하는 사람, 뒤집어엎자고 말하는 사람도 아니기를 바란다. 지금의 대한민국은 뒤집어엎으면 국민의 절반이 뒤집히는 편에 있을 것이고, 그런 변화는 옳지도 가능하지도 않다. 그렇게 되면, 5년 후에는 반대편에 있던 누군가가 또 뒤집어엎자고 할 것이다. 이런 태도는 5년 전의 한나라당도 예외가 아니고 지금의 야당들도 예외가 아니다. 보수와 진보, 영남과 호남, NL과 PD, 재벌과 중소기업, 부자와 서민, 보수 언론과 진보 언론…… 그 어느 쪽에서 나온 대통령 후보라도 '반대편은 모두 그르다'고 주장하면 그는 정파의 우두머리일 뿐 우리나라 전체의 대통령일 수는 없다.

우리에게 필요한 대통령은 특정 정파를 대변해서 정권을 잡는 사람이 아니다. 국민의 50퍼센트를 대변해서 자신의 지지자들이 원하는 정책을 쫙 한번 구현해서 실험해보고, 국민의 나머지 50퍼센트에게 5년 동안 인내를 강요하는 사람은 아니어야 한다. 자신이 속한 집단과 정파의 지지자들이 열광하는 말을 하는 것은 세상에서 가장 손쉬운 해결책이다. 자신의 지지자들이 싫어하는 말을 할 수 있는 대통령이었으면 좋겠다. 자신을 지지하는 사람들에게조차 변화의 고통을 먼저 설득할 수 없다면, 자신을 지지하지 않는 절반의 국민들에게는 어떻게 변화를 설득하고 강제할 수 있겠는가.

2012년 우리의 대통령은 변화의 속도보다 변화의 방향에 더 신경을 쓰는 사람이었으면 좋겠다. 빨리 가는 것보다 함께 가는 것을 더 고민하는 사람이면 좋겠다. 제발 바라건대, 5년 안에 자신의 업적과 성과를 남기기에 골몰하는 사람이 아니라 5년 후 국민이 갖게 될 적응력과 동질감을 더 염려하는 사람이길 바란다.

그리고 그런 대통령을 만들기 위해, 2012년 이번만큼은 우리 모두가 대통령 후보의 말이 단지 선거에서 이기기 위한 쇼인지 깊은 고민이 담긴 약속인지를 구별할 수 있으면 좋겠다. 우리나라가 직면한 문제의 복잡함을 알기에 생기는 후보의 겸손과 그것을 몰라 생기는 후보의 오만한 자신감을 구별할 수 있으면 딱 좋겠다. 편협한 독선과 인생을 담은 신념을 우리 모두가 속 시원히 구별해낼 수 있으면 좋겠다. 나라 전체를 대표하는 대통령 후보인지 일부 정파의 우두머리인지, 국민에게 입에 발린 사탕을 주는지 몸에 좋은 약을 주는지를 구별할 수 있기를 희망한다.

무엇보다 누가 대통령이 되건 세상이 하루아침에 좋아지지는 않는다는 것을 우리 모두 함께 배워나가자. 그리고 세상을 좋게 만드는 것의 시작은 좋은 대통령을 뽑고 만드는 것이지만, 그 끝은 우리 각자가 서로 조금씩 노력하고 변화하는 것이라는 것을 배우자. 내 편 네 편 가르지 않고, 거짓말 하지 않고, 친인척과 권력 나눠먹지 않고, 뒷돈 챙기지 않고, 자신의 생각만 밀어붙이지 않고, 생각이 다르거나 힘없는 사람 무시하지 않고, 부자와 권력에게 머리 조아리지 않는 대통령을 원하는가? 그렇다면 우리 각자가 먼저 그렇게 살자. 우리 각자가 정치권 뉴스를 보면서 내 편 네 편 가르고, 물건 팔 때 거짓말 하고, 친한 사람 뒤봐주고, 잘나가는 사람에게 굽신거리면서, 시장의 행상에게 무시의 눈길을 보내면 누가 대통령이 되어도 세상은 바뀌지 않는다. 박근혜가, 안철수가, 문재인이, 그 누가 대통령이 되더라도 그 사람이 우리 각자의 삶의 태도를 바꿔주지는 않는다.

선거 기간 내내, 대선 토론 내내 두 눈 부릅뜨고 살피자. 이번에는 정말 잘 뽑고, 뽑고 난 후에도 좋은 대통령을 잘 만들자. 우리에게는 좋은 대통령을 뽑을 권리와 더불어 좋은 대통령을 만들 책임도 있다. 그리고 그 책임에는 감시와 지원이 함께 있어야 한다. 비판과 대안이 함께 있어야 한다. 많은 분들이 대통령이 세상의 모든 문제를 해결할 수 없으며, 깨어 있는 시민이 나라의 주인 역할을 해야 한다고 말한다. 맞는 말이다. 그래서 이 책은 우리 모두가 깨어 있는 국민으로서 지금부터 올해 연말까지 향후 4개월 동안 해야 할 것을 제시하고자 한다.

대선 토론이 좋은 대통령을 가려낼 수 있을까

상상해보자. 입사 면접장에 세 명의 지원자가 나란히 앉아 있다. 모두 깔끔한 양복을 입고 있다. 머리는 반듯하고, 좋은 학교에 좋은 성적을 가지고 있다. 회사의 대표인 당신은 몇 가지 질문을 한다. 모두들 기다렸다는 듯이 자기 자랑을 한다. 자신이 제일 똑똑하다고, 다양한 경험을 했다고, 어릴 때부터 이 회사를 꿈꿔왔다고 말한다. 당신은 자기 자랑에 분주한 이 세 명의 지원자 중에서 가장 좋은 사람을 어떻게 구별해내겠는가?

아마도 당신은 지원자들의 이력서를 먼저 꼼꼼히 살펴볼 것이다. 그리고 지원자별로 자기 자랑 속에 숨겨진 몇 가지 약점을 찾아내 아픈 질문을 준비하고, 면접 중에 그것들을 물어볼 것이다. 그리고 지원자의 말을 하나씩 곱씹으며 들을 것이다. 말의 논리는 정연한지, 진실성은 있는지, 겸손함과 배려심은 있는지, 그리고 지원자의 무심한 행동 하나하나에도 주의를 기울일 것이다. 다리를 떠는지, 눈은 침착해 보이는지, 손은 깨끗한지 살필 것이다. 지원자가 이력서에 슬쩍 숨긴 인생의 이면도 따져볼 것이다. 군대는 진짜로 다녀왔는지, 봉사활동은 횟수만 채운 것은 아닌지, 평생 부잣집에서 고생 모르고 자란 것은 아닌지. 당신은 면접 내내 꼼꼼히 따질 것이다. 왜냐하면 당신 회사니까.

면접으로 좋은 신입 사원을 골라낼 수 있을까? 정답은 '그렇다'다. 다만 사장이 사람 보는 눈이 있고, 면접 준비를 잘했을 때에만 그렇다. 이 원칙은 신입사원을 뽑을 때뿐만 아니라, 부모가 아기를 돌봐줄 보모를 뽑을 때, 대학생이 수강할 과목과 교수를 고를 때도 적용된다. 물건을 살 때도 가격과 품질 등을 미리 꼼꼼히 비교한 사람만이 좋은 물건을 고를 수 있다. 결국 사람은 자신이 노력한 만큼 알게 되고, 아는 만큼 좋은 선택을 할 수 있다.

자, 이제 당신은 회사의 대표가 아니라 대통령을 뽑는 유권자다. 당신은 신입사원을 뽑을 때보다 더 꼼꼼하고, 더 신중하고, 더 정성을 다해 대통령 후보를 요리조리 뜯어보는가? 신입 직원도 아니고, 일 못하고 마음에 안 든다고 해서 중간에 해고할 수도 없는 5년 임기의 대통령인데 우리는 과연 충분히 꼼꼼하게 후보를 뜯어보고 있을까? 조사와 연구와 관찰을 충분히 하고 있을까?

우리는 선거철만 되면 이 사람이 낫네, 저 사람은 택도 없네 하면서 술자리에서 품평을 해대지만, 정작 평가를 위한 구체적인 기준을 적어보거나, 기준에 맞춰 후보의 자질을 조사한 적이 있었나? 한번이라도 후보의 이력과 정책을 A4 2장 정도로 요약해서 꼼꼼히 읽어본 적 있었나? 대선 토론 내내 후보의 말과 행동과 인생을 조목조목 뜯어본 적 있었나? 후보의 정책에 대해, 인생에 대해, 성품에 대해, 그 주변 인물들에 대해 우리는 얼마나 잘 알고 있고, 또 얼마나 잘 알려고 노력하고 있을까?

면접을 통해 더 좋은 직원을 골라낼 수 있듯이, 유권자는 대선 토론을 통해 더 좋은 대통령을 골라낼 수 있다. 다만 유권자가 좋은 대통령을 보는 안목을 가지고, 대선 토론을 보기 전에, 보는 동안, 보고 난 이후에 구체적인 노력을 할 때에만 그렇다. 다시 말해, 후보 본인과 정책에 대해 유권자가 토론 이전에 미리 연구하고, 토론 중에 꼼꼼히 관찰하고, 토론 후에는 후보의 발언을 조목조목 검증할 때에만 대선 토론은 좋은 대통령을 가려내는 여과 장치가 될 수 있다.

대선 토론이 좋은 대통령을 구별하는 데 효과가 없다고 주장하는 사람들도 있다. 그래서 그들은 냉소적으로 혹은 무의식적으로 대선 토론을 꼼꼼히 보지 않는다. 그런 태도에는 크게 세 가지 가정이 숨어 있다. 첫째, 대선 토론은 유권자의 투표 결과에 큰 영향을 미치지 않는다. 둘째, TV 대선 토론은 이미지 정치이고 승부다. 셋째, 토론을 잘하는 후보가 좋은 대통령 후보는 아니다. 이 세 가지 모두 대선 토론의 한계를 잘 지적한 말이다. 그렇다고 해서 유권자가 대선 토론을 대충 보아도 된다는 면죄부를 주지는 못한다. 오히려 세 가지 제약 조건 때문에 더더욱 유권자가 대선 토론을 미리 연구하고, 꼼꼼히 관찰하고, 사후에 검증해야만 좋은 대통령을 구별해낼 수 있다.

우선, "대선 토론은 유권자의 투표 결과에 큰 영향을 미치지 않는다"는 가정은 옳지 않다. 대선 토론이 실제 투표율과 후보 선택에 미친 영향에 대해 진행된 연구는 많다. 이 연구들에서 발견된 대선 토론 효과의 공통점을 모으면 다음과 같다. "전체 투표율은 크게 바뀌지 않는다." "이미 특정 정당 및 후보를 지지하는 유권자층의 선택이 뒤바뀌는 경우는 많지 않다." 그러나 다음과 같은 결과도 있다. "대선 토론 전까지 후보를 결정하지 않은 부동층의 후보 선택에는 영향을 크게 미친다." "대선 토론을 보고 후보를 선택한 비율은 전체 유권자의 3~5퍼센트이며 대부분 부동층에서 나온다." "지지 후보를 바꾸지는 않았다 해도, 대선 토론을 시청한 전체 유권자 중 50~70퍼센트가 새로운 정보와 판단의 추가 근거를 얻었다."

3~5퍼센트가 과연 높은 수준일까? 논쟁의 여지가 있지만 보통 지지율 격차가 좁아지는 선거 막바지에 3~5퍼센트의 유권자는 엄청난 파괴력을 가진다. 그리고 대선 토론을 보고 지지 후보를 결정한 유권자가 대부

분 부동층에서 나온다는 것은 의미심장하다. 이것은 우리가 대선 토론을 볼 때 가져야 하는 마음가짐에 매우 중요한 시사점을 준다. 대선 토론을 볼 때는 자신이 지지하는 후보에 대한 애정과 지지하지 않는 후보에 대한 편견을 함께 내려놓아야 한다는 것이다. 새로운 정보를 받아들이려는 노력을 하고 다양한 후보들에 대해 열린 마음을 가질 때 우리는 비로소 대선 토론을 통해 진정 좋은 대통령을 뽑을 수 있다.

둘째, "TV 대선 토론은 결국 이미지 정치이고 승부다"라는 가정 역시 부분적으로만 맞다. "안 읽고, 안 듣고, 안 보고 하는 판단보다는 읽고, 보고, 듣고 하는 선택이 더 낫다"는 것이 올바른 관점이다.

미국 필라델피아의 광고 연구회사인 신딩거 사^{Sindinger&Co}는 1960년 케네디와 닉슨의 TV 대선 토론의 승자가 누구인지를 조사했다. 40대 젊은 상원의원이었던 케네디는 TV 대선 토론에서의 우세에 힘입어 닉슨 부통령을 상대로 신승을 거뒀다. 특히 케네디는 TV 토론에서 젊고 자신감 있는 모습으로 관료적 이미지의 닉슨을 압도했다. 흥미로운 점은 라디오로 토론을 청취한 사람들은 닉슨이 우세했다고 답했으며, TV로 토론을 시청한 사람들은 케네디가 우세했다고 답했다는 것이다. 이 조사는 TV 대선 토론의 힘을 상징하는 동시에 한편으로는 TV 대선 토론의 이미지 왜곡을 주장하는 계기가 되었다. 그 후 많은 이들이 라디오 청취자는 후보의 발언과 아이디어에 더 집중하지만, TV 시청자들은 외모, 동작, 행동에 관심을 가짐으로써 정책에 대한 평가가 제한된다고 비판했다. TV 대선 토론이 유권자의 판단을 오히려 왜곡한다는 것이다.

그러나 곰곰이 생각해보라. 직원을 뽑을 때 서류 전형보다는 전화 면접이 더 정확하고, 전화 면접보다는 대면 면접이 더 우월하지 않을까? 면접은 길어야 두세 시간이니, 그 사람의 전체를 다 알 수 없다고 해서 아예 안 보고 뽑을 수는 없지 않은가. 같은 논리로, TV 대선 토론은 유권자의 판단을 이미지로 왜곡하는 것이 아니다. TV 대선 토론이야말로 그나마 이미지 정치와 이미지 선거를 방지할 수 있는 현존하는 가장 우월한 대안이다. 노래가 흘러나오는 차량을 타고 길거리를 돌아다니며 확성기를 시끄럽게 틀어대고 모두가 똑같은 옷을 입고 길에서 춤추는 것보다는, TV 대선 토론이 훨씬 덜 이미지적이다.

실제로 미국 컬럼비아 대학 사회학 교수 마이클 셔드슨^{Michael Schudson}은 TV 대선 토론과 라디오 대선 토론의 차이가 '시각 정보' 대 '정책'의 차이가 아니라 '시각 정보+음성 정보+정책' 대 '음성 정보+정책'의 차이라고 주장했다. 다시 말해서 TV 대선 토론은 유권자에게 시각 정보를 추가적으로 주기 때문에 음성 정보 또는 정책에만 제한적으로 의존하지 않도록 도와주는 강점을 가지고 있다. 우리는 정책^{message}에만 투표하는 것이 아니라 정책을 실행할 사람^{messenger}을 뽑는다. 따라서 정책 내용을 글로 읽는 것에 그치는 것이 아니라, 정책을 말하는 후보의 말과 행동을 함께 살필 때만이 좋은 대통령을 구별해낼 수 있다. TV 대선 토론은 그런 면에서 가장 좋은 수단이자 유일한 수단이다.

셋째, "토론을 잘하는 후보가 좋은 대통령 후보는 아니다"라는 가정도 부분적으로만 맞다. "토론을 잘하는지를 보는 것이 아니라 토론의 형식을 빌려 대통령의 자질을 보자"가 옳은 관점이다.

노무현 대통령은 청문회 스타답게 확실히 뛰어난 토론가였다. 그러나 그가 성공한 대통령이냐는 평가에는 논란이 있다. 독립선언문의 초안을 작성한 미국 제3대 대통령 제퍼슨^{Thomas Jefferson}은 글 쓰는 실력은 빼어났지만 말재주는 신통치 않았고, 대중 연설을 정말로 싫어했다. 대중 연설을 얼마나 싫어했는지, 그는 대통령 임기 8년 동안 딱 두 번의 연설을 마지못해 했을 뿐이다. 하지만 그는 가장 뛰어난 대통령 중 하나로 평가된다. 만약 당시에 TV 대선 토론이 있었다면, 제퍼슨은 대통령으로 뽑히지 않았을 수도 있다.

대통령이 되기 위한 능력과 대통령직을 수행하기 위한 능력이 다르다는 것은 분명하다. 대선 토론에서 후보는 잡학다식해야 하고, 임기응변에 강해야 하고, 생각도 빨라야 한다. 그러나 대통령은 업무 중에 필요하면 전문가를 따로 불러서 물어볼 수도 있고, 생각도 빠르기보다는 깊어야 한다. 결혼으로 치면, 대통령 후보는 구혼을 전제로 연애하는 애인이지만 대통령은 함께 살아야 하는 배우자다. 대통령 후보는 좋은 사람처럼 보여야 하지만, 대통령은 진짜 좋은 사람이어야 한다.

그럼에도 불구하고 "연설과 토론을 잘하는 후보가 더 나은 대통령이 될 확률이 높다"는 원칙은 여전히 유효하다. 후보는 대통령이 된 후에도 참모들과 정적들을 상대로, 국회를 향해, 국민을 향해 그리고 외국의 정치인들을 상대로 토론을 할 수밖에 없고, 말로 싸우는 설득의 전쟁에서 벗어날 수 없기 때문이다. 토론 능력은 좋은 대통령의 충분조건은 아니더라도 여전히 필요조건이다. 토론 능력이 있다고 좋은 대통령의 조건을 모두 갖춘 것은 아니지만, 토론 능력이 있으면 좋은 대통령이 될 확률이 그만큼 더 높다.

대선 토론은 다른 대선 캠페인과 다르게 여러 명의 후보들을 한자리에 모아두고 동시에 비교 평가할 수 있는 유일한 기회다. 대선 토론만이 곤혹스러운 질문과 반론을 통해 정책의 완결성과 후보 품성의 바닥을 볼 수 있게 해준다. 대선 토론만이 후보가 자신의 정책을 자신의 입으로 국민 앞에 공식적으로 말하게 함으로써 후보와 유권자 모두에게 책임감을 갖게 해준다.

따라서 좋은 대통령을 구별하고 뽑기 위해서는 우리 유권자의 진심 어린 노력이 필요하다. 그렇다고 해서 그 노력이 투표장에 가서 자기 마음에 드는 후보를 찍고 오는 것이라고 쉽게 생각하지 말자. 그렇게 간단하지 않다. 대선 토론 전에 후보와 정책에 대해 미리 조사하고, 토론 중간에 꼼꼼히 관찰하고, 토론 이후에 하나하나 검증하는 작업이야말로 진정한 노력이다. 당신이 소유한 회사의 5년 임기 대표이사를 뽑는다고 생각하자. 당신의 아이를 5년간 돌볼 보모를 뽑는다고 생각하고, 당신이 5년 내내 수강해야 할 교수를 뽑는다고 생각하자.(심지어 중간에 해고할 수도 없는 대표이사, 보모, 교수다.)

처칠이 말한 대로 국민은 결국 자신의 수준에 맞는 지도자를 갖게 된다. 우리는 대선 토론에 보이는 후보의 말과 행동을 통해 후보의 인생과 자질을 판단할 수 있어야 한다. 우리가 그럴 수 있을 때, 대선 토론은 좋은 대통령을 가려낼 수 있다. 그것이 우리의 능력이고, 책임이고, 권리다.

장학퀴즈가 돼버린 대선 토론

우리나라 대선 토론에는 세 가지 종류가 있다. 첫째는 중앙선거방송토론위원회가 주관하는 법정 토론이며, 둘째는 언론사가 주관하는 토론, 마지막으로는 시민 단체 등이 초청하는 토론이다. 법정 토론은 공식 선거 운동 기간에만 3회 이상 개최하도록 법으로 규정되어 있는 반면, 언론사 주관 토론은 방송사 및 신문사들이 경쟁적으로 개최하다 보니 1997년에는 45회, 2002년에는 85회, 2007년에는 무려 100회를 넘어섰다.

그런데 법정 토론과 언론사·시민 단체 초청 토론 간에는 중요한 차이점이 있다. 전자는 주요 후보가 모두 한자리에 모여 토론을 하지만, 후자는 개별 후보를 따로 불러 토론을 진행한다. 즉 엄밀히 말해서 토론이 아니라 대담에 가깝다. 물론 언론사와 시민 단체도 후보들을 한데 모아서 토론을 하고 싶은 마음은 굴뚝같을 것이다. 하지만 함께 모여서 토론하는 것에 대한 후보들의 심리적 장벽, 특히 지지율이 높은 후보일수록 토론 참석에 대해 몸을 사리는 경향이 짙다. 그에 반해, 중앙선거방송토론위원회가 주관하는 토론은 법적으로 의무 참석이기에 주요 후보들이, 설령 1위 후보라도 울며 겨자 먹기 식으로 참석할 수밖에 없다.

1997년 처음 시작된 이래, 세 종류의 토론 모두 양적으로는 비약적으로 발전했다. 문제는 내실이 다져지지 않고 있다는 점이다. 형식은 모두 동일하고 물어보는 질문도 뻔하며 100회나 되는 토론에 참가해야 하는 후보들은 천편일률적인 대답만을 읊어댈 뿐이다. 그러다 보니, 후보들은 "토론하다가 선거운동 다 끝났다"라는 불만에 입이 튀어나오고, 유권자들은 벌써 대선 토론에 대한 피로감에 지쳐버렸다. "다 똑같더라", "봤더니 재미도 없고, 별 새로운 것도 없더라"가 대부분 유권자의 반응이다.

결과적으로 세 종류의 토론 모두 답변, 질문, 형식에 문제가 있다. 하지만 이 책에서는 법정 대선 토론에만 집중하고자 한다. 주요 후보가 한자리에 함께 모이는 토론만이 진정한 '대선 토론'이기 때문이다. 따라서 지금부터 이 책에서 언급하는 '대선 토론'은 중앙선거방송토론위원회가 주관하는 법정 대선 토론임을 미리 밝혀둔다.

2007년 대선 토론의 경우는 토론의 질적인 측면에서는 거의 최악에 가까웠다. 후보 여섯 명이(사회자까지 일곱 명이) 일렬로 나란히 앉아 있는 구조는 토론이라기보다는 각 후보의 정견 발표회에 가까웠다. 또 때마침 불거진 BBK 사건으로 인해, 정책 토론은 사라지고 후보들은 주제와는 동떨어진 인신공격을 하기에 바빴다. 사회자 역시 기계적 중립성에 매달려 후보 간에 치열한 토론을 붙이기보다는 각 후보별 발표 시간을 재는 데 급급했다.

토론의 형식은 엄숙한데 내용은 허접해지고, 주제토론에는 '주제'가 없어졌다. 결국 유권자의 함성으로 가득 찬 거대한 콜로세움에서 후보들 간의 박진감 넘치는 검투장과 같아야 할 대선 토론이 마치 관객 하나 없는 텅 빈 퀴즈 녹화장에 여섯 명의 후보가 나란히 붙어 앉아 차례로 어설픈 자기 자랑을 되풀이하는 동네 주민 대표 선발장 같은 수준으로 전락하고 말았다. 그러다 보니 "유권자의 판단에 도움이 되려면 토론이 어떻게 되어야 하는가?"가 아닌, "대선 후보들이 무엇을 말하고 싶은가?"가 중심에 놓인 토론이었다. 국민을 위한 토론이어야 함에도 정작 '국민'은 없었던 셈이다.

2007년 우리나라 대선 토론의 문제점을 좀 더 구체적으로 살펴보자. 눈에 보이는 가장 큰 문제점은 다음과 같다.

첫째, 목표는 '100분 토론'인데, 현실은 '16분 장학퀴즈'다.
둘째, 카메라를 앞에 두고 카메라와 토론한다.
셋째, 사회자는 봉투 뜯고, 질문을 읽고, 시간만 잰다.
넷째, 질문은 넓고, 넓고도, 넓도다. (지구를 구하는 방법을 90초 안에 구술하시오.)
다섯째, 후보는 규칙을 무시하고, 상대를 헐뜯고, 자기 할 말은 죽어도 한다.

(1) 목표는 '100분 토론'인데, 현실은 '16분 장학퀴즈'다

2007년 대선 토론의 가장 큰 문제는 120분 동안 '토론'을 해야 하는데 후보당 16분짜리 '정견 발표'를 했다는 것이다. 뒤에서 좀 더 자세히 언급하겠지만, 좋은 대선 토론은 대선 후보에 대한 변별력을 유권자에게 제공해야 한다. 그리고 그 변별력의 범주에는 후보 본인, 후보의 정책, 후보와 함께 일하는 조직 등이 모두 포함되어야 한다.

그렇다면 토론이 어떻게 이루어져야 그러한 변별력을 제공할 수 있을까? 그것은 깊이 있는 토론과 날카로운 논쟁이 있어야만 가능하다. 논쟁이 뜨거워야 사람의 진심과 바닥이 나온다. 그러나 그러다 보면 논쟁이 인신공격, 일방적 주장, 상호 갈등으로 변질되기 십상이다. 그래서 적절한 룰과 사회자가 필요하다. 룰과 사회자는 후보 간 공정성과 형평성을 보호하면서도 특히 뜨거운 논쟁을 통한 변별력 확보를 위해 존재한다. 2007년 대선은 이런 관점에서 보았을 때 후보자 보호와 진행의 형평성에 지나치게 매달린 나머지, 토론의 변별력은 완전히 상실했다고 봐도 과언이 아니다. 질문은 단조롭고, 토론의 룰은 기계적이었으며, 사회자는 유명무실했다.

뜨거운 토론은 재미있게 마련이다. 굳이 외국의 훌륭한 사례를 들 필요도 없다. 손석희 교수가 진행하고, 당대 최고 논객들이 나왔던 〈MBC 100분 토론〉을 기억해보라. 얼마나 재미있고 뜨거웠던가! 토론이 재미있고 효과적이려면 사회자가 '국민에게 중요하고', 양측의 '입장이 첨예한' 이슈에 대해 '아픈 질문'을 던져야 한다. 토론자들은 탁구를 치듯이 주장, 논거, 비유, 설명, 질문, 반증, 반박을 서로 주고받으면서, 자신의 판단이 무엇이고, 상대와 어떻게 다르며, 왜 옳은 판단인지를 제시해야 한다. 그리고 그 토론의 과정에서 국민은 토론자 중 누구의 말과 생각이 더 정당하고 현실적이며, 누구의 행동과 인생이 더 일관성 있고 실천적인지를 검증하는 것이다.

2007년 대선 토론은 선생님이 질문을 내면 학생이 손들고 정답을 얘기하듯, 후보가 한 명씩 차례대로 발표를 했다. 여섯 명이 돌아가면서 발언을 하니, 여섯 번째 후보는 첫 번째 후보의 발언에 반대가 있어도, 앞의 네 명의 차례가 끝난 후에나 반대를 말할 수 있다. 그 사이에 네 명은 또 다른 자기주장을 했으니, 말하는 후보도, 듣는 후보도, 유권자도 토론의 문맥을 이어서 이해하기가 매우 어렵다. 답변 및 반론 시간까지 일일이 1~2분 단위로 나뉘어 진행되었으니, 어찌 보면 장학퀴즈보다 형식적인 면에서는 더 기계적이었다고 볼 수도 있다. 결국 대선 토론 한 회당 총 120분에서 사회자 발언을 빼고 여섯 명의 후보가 각각 16분씩을 할당받았고 그 16분을 8~10회에 걸쳐(1회 발표당 1~2분) 쪼개서 나누어 쓰는 형국이었다.

(2) 카메라를 앞에 두고 카메라와 토론한다

2007년 대선 토론에서 눈에 띄는 또 한 가지 문제점은 후보들이 국민을 향해서 경쟁 후보와 논쟁을 벌여야 하는데 카메라를 향해서, 카메라와 논쟁을 벌였다는 것이다. 아래 사진은 2007년 우리나라 대선 토론과 2008년 미국 대선 토론의 사진이다. 무엇이 다른가?

▲2007년 한국 대선 토론(왼쪽)과 2008년 미국 대선 토론(오른쪽)의 한 장면

미국 대선 토론을 보면 후보들이 유권자들을 관객으로 바로 눈앞에 두고, 상대 후보와 마주 보며 토론하고 국민을 설득한다. 반면 여러분이 2007년 우리나라 대선 후보라고 상상해보라. 여러분은 텅 빈 스튜디오에서 정면에 몇 대의 카메라만을 마주 보고 앉아 있을 것이다. 그리고 정작 토론을 해야 하는 경쟁 후보는 나란히 옆으로 앉아 말할 때도 옆모습만 보인다. 경쟁 후보에게 질문할 때도 카메라를 보고 기자 회견하듯 말

하고, 경쟁 후보에게 답을 할 때도 카메라를 보고 대변인 발표하듯 말한다. 후보는 카메라와 눈을 맞추고, 카메라를 보고 질문하고 반박하고 토론하고, 설득도 카메라와 한다.

이런 구조에서는 후보와 시청자 모두 토론하는 분위기를 갖기가 어렵다. 상대방 정책의 논리와 내용을 집중해서 듣고, 현장에서 논리적으로 상호 반박해야 할 후보들이 미리 준비해온 메모에 의지해서 자기주장을 카메라를 보고 읽는 것이 고작이다. 그러니 유권자들도 정책의 논리를 보고 지지 후보를 결정하는 게 아니라, 카메라 앞에서 얼마나 숙련된 뉴스 앵커처럼 행동하느냐를 보고 평가하게 된다.

또 2007년 대선 토론에서는 카메라가 발표하는 사람만 클로즈업했기 때문에 TV로 시청하는 유권자는 다른 후보의 행동을 거의 볼 수 없었다. 경쟁 후보가 말할 때 이 후보가 얼마나 경청하는지, 존중하는 태도를 취하는지를 볼 수가 없었다. 유권자의 시선은 그저 카메라를 따라갈 뿐이었다. 전두환 대통령 시절의 선거가 '체육관 선거'라 불리듯 2007년 대선 토론은 '텅 빈 스튜디오 토론'이다. 토론의 주인인 유권자는 없고 수동적인 카메라만 남았으므로.

현장감 넘치는 토론이 되려면 먼저 토론장의 구조부터 현장감이 있어야 한다. 토론자들이 서로 마주 보고 앉아야 하고, 객석에 앉은 유권자가 후보들의 일거수일투족을 유심히 살필 수 있어야 한다. 그리고 카메라는 모든 후보의 행동과 발언을 잡아야 한다. 그래야 토론이 토론답게 이루어진다.

(3) 사회자는 봉투 뜯고, 질문 읽고, 시간만 잰다

2007년 대선 토론에서 사회자의 역할은 심하게 말하자면 딱 세 가지였다. 봉투 뜯고, 질문 읽고, 시간 재는 것(우리는 2007년 대선 토론 사회자인 송지헌 씨가 가진 사회자로서의 역량을 폄하하는 것이 아니다). 사실 그의 사회자로서의 역량을 볼 기회조차 없었다. 당시 사회자의 역할은 마치 바둑 대국에서 초재기하는 사람과 같았다. 굳이 그처럼 경험이 많거나 중립적인 사람을 구할 필요도 없었다. 이미 룰 자체가 사회자의 권한과 능력을 충분히 제한하고 있었으니 말이다.

사회자는 근본적으로 후보에게 아픈 질문을 하고, 두리뭉실한 대답은 날카롭게 추궁하고, 근거 없는 비난을 차단하는 역할을 해야 한다. 봉투를 뜯어서 질문 읽고, 발표자 지명하고, 시간만 잴 거면 사회자가 왜 필요한가. 목소리 근사한 성우가 진행하는 것이 더 낫지 않을까.

그렇다면 사회자의 역할이 이토록 제한된 이유는 무엇일까? 바로 과도한 중립성 때문이다. 사회자의 중립성에 이처럼 과도하게 매달리게 된 것은 사회자의 역할을 형평성과 룰을 지키는 심판관으로만 보았기 때문이다. 그러나 사회자는 토론의 룰과 형평성을 지키는 심판관인 동시에 유권자 전체를 대변해서 후보를 검증하러 나온 유권자의 대표이기도 하다. 사회자는 후보를 위해 존재하는 것이 아니라 유권자를 위해 존재한다. 따라서 사회자는 후보가 공평하다고 느낄 수 있는 질문을 던질 것이 아니라 후보로서는 궁색해지고 아프겠지만 유권자들이 가장 궁금해하고, 유권자의 선택과 판단에 가장 도움이 되는 질문을 던져야 한다. 날카로운 질문과 타협 없는 논쟁을 통해 후보를 검증하는 막중한 역할은 사회자의 권한이 아니라 책임임을 모두가 깨닫고 받아들일 필요가 있다.

(4) 질문은 넓고, 넓고도, 넓도다(지구를 구하는 방법을 90초 안에 구술하시오.)

다음 질문을 읽어보자. 실제로 2007년 대선 토론에서 나온 질문이다.

만약 누군가 이 질문에 대해 유쾌, 상쾌, 통쾌한 1분짜리 대답을 들었다고 생각한다면, 그건 둘 중 하나다. 듣는 사람이 답변하고 있는 특정 후보를 찍기로 마음먹은 지 이미 오래되어서 그 후보가 무슨 말을 해도 다 예뻐 보이는 그야말로 집토끼 유권자이거나, 아니면 대답하는 후보가 정치판에서 닳고 닳아서 질문에 대한 답을 하지 않고 자기 할 말만 하는 와중에 유권자가 그만 깜박 '질문'이 무엇이었는지를 잊어버리고 '발언 자체'만 들었던 것이다.

일단 '사회 투명성'이라는 것 자체가 정의가 명확하지 않는 포괄적인 개념이다. 물론 여섯 명의 후보가 각자 1분 안에 사회 투명성 제고에 필요한 방안을 말할 수는 있을 것이다. 그러나 각 1분씩 순차적으로 주어진 발언 시간에 후보들의 방안이 서로 어떻게 다른지, 그중 어느 방안이 옳은지, 여섯 명이 언급한 방안만으로 충분한 것인지를 검증할 방법이 없다. 이 질문은 물음의 폭이 너무 넓고, 후보들 사이의 변별력을 보여주기도 어렵고, 유권자에게 판단을 돕는 의미 있는 정보를 제공하기도 어렵다.

위의 질문을 받고 세상 그 어느 누가 1분 안에 포괄적이고 구체적이면서도 현실적이고 차별적인 대답을 할 수 있을까? 1980년대 청문회에서 누군가 했던 말처럼 질문이 명쾌해야 답변도 명쾌하게 나온다. 반대로 "요즘 어떻게 사나?"라고 물으면 "열심히 산다"라는 답만 나올 수밖에 없다.

물론 2007년 대선 토론의 질문도 전문가와 국민들의 의견을 모으는 많은 과정을 거쳐 만들어진 것이다. 그러나 그러한 노력이 공허해질 정도로 질문의 수준에는 아쉬움이 남는다. 정치·경제·사회·문화를 총망라하면서도 여섯 후보 모두에게 적용되는 질문을 뽑다 보니, 넓고 두루뭉술한 개념적 질문이 나온다. 질문이 개념적이니 답변도 개념적으로 나온다. 답변이 개념적이면 반박도 개념적으로 된다. 개념적인 논쟁은 결국에는 단순한 이념 논쟁으로 변질된다.

현실적으로 120분 안에 모든 영역의 모든 쟁점을 물어볼 수 없다면 어떻게 해야 할까? 일단 대선 토론에 참가하는 후보 수를 대폭 줄여 두세 명을 넘지 않아야 한다. 그 이상이면 아예 토론이 되지 않는다. 그리고 질문도 바뀌어야 한다. 대선 토론의 질문은 국민이 가장 궁금해하는 중요한 쟁점에 대해 후보 간의 차이를 극명하게 드러낼 수 있게끔 만들어져야 한다. 우리나라 대선 토론에서 가장 흔하면서 가장 좋지 않은 질문 형태 중의 하나가 "XX정책에 대해 발언해주십시오"라는 식의 질문이다. 그런 질문은 후보 간의 차이나 구체적 아이디어가 드러나지 않는, 끝이 뭉뚝하고 무딘 망치로 송곳 같은 구멍을 뚫기 기대하는 것과 같다.

(5) 후보는 규칙을 무시하고, 상대를 헐뜯고, 자기 할 말은 죽어도 한다

2007년 대선 토론의 마지막 문제점은 후보의 자질과 토론 태도다. 다음은 2007년 1차 대선 토론 중 '북핵 문제 해결'에 대한 상호 토론의 일부다.

사례 2 : 2007년 한국 1차 대선 토론(2007년 12월 6일, 20:00~22:00)
한나라당 이명박 후보 : 그렇습니다. 오늘 정책을 토론하는 자리입니다. 그런데 정동영 후보께서는 어떻게 그냥 전쟁을 하러 나온 것 같습니다. 평화주의자 아닌 것 같습니다. 그렇게 말씀하시고 조금 전에 대한민국 검찰을 믿지 않는다고 말씀하셨습니다. 그렇다면 범죄자의 이야기를 믿고 대한민국 검찰은 믿지 않는다, 대한민국 검찰은 누가 임명했습니까? 정동영 정권, 노무현 정권에서 임명한 사람들이 했습니다. 그들을 믿지 않는다면 혹시 북조선 검찰이 와서 조사했다면 믿겠습니까. 대한민국 검찰을 믿어야 합니다. 2002년도에 검찰이 권력과 합작을 했기 때문에 아마 금년에 제대로 한다고 했을 것입니다. (…) 어떤 분은 저를 보고 왜 일관되지 않았느냐, 제가 인터넷을 쭉 공부를 하게 되면 어떻게 했는지 압니다. (…) 제대로 보시면 일관된 정책입니다. (…)

아무리 경쟁 후보지만 "전쟁을 하러 나온 것 같다"는 표현은 적절치 않다. 또 우리나라 검찰에 대한 신뢰를 주장하면서 "북조선 검찰"을 언급하는 것은 웬 뜬금없는 말인가. "제가 인터넷을 쭉 공부를 하게 되면 어떻게 했는지 압니다"는 문장의 구술 구조가 전혀 맞지 않아서 무슨 말인지 이해할 수도 없다. 게다가 "일관성이 없다"는 경쟁 후보의 문제 제기에 "당신이 제대로 보면 일관된 것을 알 것이다"라는 것이 과연 논리적인 답변일까?

사회자(송지헌) : 시간이 다 됐고요. 이제 정동영 후보가 북핵 문제 해결을 위한 대북정책 반론에서 모두발언을 해주십시오. 1분 30초입니다.
대통합민주신당 정동영 후보 : 웃더라도 짚을 것은 짚어야 합니다. 국민이 원하기 때문입니다. 범죄자 얘기를 믿느냐, 이렇게 말씀하셨는데 범죄자와 동업하셨잖습니까. 동업할 때 나라의 미래를 위해서 동업하셨습니까, 아니면 범죄자와 동업을 하더라도 사리사욕을 챙기기 위해서 동업하셨습니까? 범죄자인 줄 알고 동업하셨습니까, 아니면 나중에 보니까 범죄자인 줄 아셨습니까? 이것 대답하셔야 합니다. 그리고 대한민국 검찰, 저는 이 정부 들어와서 권력 기관의 자율, 즉 국민의 품으로 돌려보냈습니다. 그런데 이번에 그것을 악용해서 검찰은 이명박 후보 품에 안겨버렸습니다. 김경준 씨 메모, 서툰 한글이었습니다만 한국 검찰이 이명박 후보를 무서워한다, 그리고 이명박 이름 석 자를 빼주면 징역을 3년으로 맞춰주겠다, 경악할 일입니다. 이런 검찰, 저는 불신의 대상이 됐다고 생각합니다. 남북문제 관련해서 시간이 없으니까 한마디만 하겠습니다. 외교는 상대를 화나게 하지 않으면서 인내 있게 설득해서 내가 원하는 것을 얻는 것입니다. 저는 경험이 있습니다. 미국을 설득해서 개성공단 만들었습니다. 김정일 위원장 설득해서 6자회담 재개시켰습니다. 미국과 북한 설득해서 9.19 공동성명 만들어냈습니다. 그 실력 갖고 한반도의 새로운 시대 준비하겠습니다.

사회자(송지헌) : 지금 말씀하시는 주제는 북핵 문제 해결을 (…) **효율적인 토론 진행을 위해서 후보들께서는 가급적 토론 주제 범위 안에서 발언해주실 것을 다시 한 번 당부드립니다.** (…) 다음 이인제 후보부터 차례로 반론을 1분씩 해주시기 바랍니다.

민주당 이인제 후보 : **정동영 후보께서 다른 이야기만 하셔서 반론하기가 좀 그렇습니다만,** 정동영 후보는 통일부 장관으로서 대북정책을 주도하셨으니까 평소 궁금하게 생각했던 것 한 가지 여쭤보겠습니다. (…)

물론 당시 이명박 후보가 연루된 BBK 수사가 논란이 되었음을 감안하더라도, 북핵 문제 해결에 대한 모두발언에서 발언의 70퍼센트 이상을 BBK와 검찰에 할애한 것은 토론의 룰에 어긋나는 일이다. 유권자로서는 북핵 문제에 대한 정동영 후보의 정책을 알 수 없으니 허망한 일이다. 얼마나 주제에서 벗어났으면, 어처구니없게도 경쟁 후보인 이인제 후보조차 반론을 하기 어렵다고 하겠는가. 일부 후보의 몇 가지 예를 잠깐 소개했지만, 사실 당시 여섯 후보 모두가 크게 다르지 않았다.

대선 토론에서 보이는 우리나라 대통령 후보들의 언행은 그야말로 품위가 아쉽다. 내용도 아쉽고, 논리도 아쉽다. 위트도 아쉽다. 하나부터 열까지 모든 것이 아쉬움 투성이다.

대선 토론, 주인 없는 손님들의 잔치

　　　　　　　　　　　　　　　　　　대선 토론의 이러한 문제점들은
왜 생기는 것일까? 가장 손쉬운 대답은 대선 토론에 참가하는 후보 개인
을 탓하는 것이다. 아니면 대선 토론을 주관하는 중앙선거방송토론위원
회를 탓하는 것이다. 토론에서 나오는 모든 답변은 결국 후보들이 하는
것이고, 토론의 구성, 장소, 형식을 정한 것도, 사회자를 선정한 것도, 질
문을 선정한 것도 그리고 토론의 룰을 정한 것도 모두 중앙선거방송토론
위원회이기 때문이다. 그러나 과연 모든 문제의 책임을 후보들과 중앙선
거방송토론위원회로 돌릴 수 있을까?

　중앙선거방송토론위원회의 인적 구성을 분석하고 문제의 근인을 위원
회의 지배 구조governance에서 찾을 수도 있을 것이다. 그러나 적어도 2007
년의 사례만을 놓고 보면, 특정 후보(여당 후보 또는 유력 후보)에게 유리하
게 토론이 이루어지지는 않았다. 오히려 지나치게 기계적 형평성에 치우
친 것이 문제였다.

　자료 조사를 하면서 한 가지 놀란 것이 있다. 그것은 우리가 제언하는
문제와 해법 중 상당 부분이 이미 중앙선거방송토론위원회의 과거 연구
자료에 담겨 있었다는 것이다. 그럼 그 많은 제언들이 왜 실천되지 않은
것일까? 중앙선거방송토론위원회가 안 하는 것인가, 못 하는 것인가? 못
한다면, 몰라서 못 하는 것인가? 아니면 아는데도 원하지 않는 것인가?
그도 저도 아니라면, 원하긴 원하는데 현실적인 제약으로 못 하고 있는
것인가? 그렇다면 그 현실적인 제약이라는 것은 도대체 무엇인가?

　우리는 이 문제의 근본적인 원인으로 두 가지를 추정한다. 하나는 대
선 토론을 행사 치르듯 큰 탈 없이 무사히 치러내야 한다는 중앙선거방
송토론위원회의 중립성에 대한 강박관념이고, 다른 하나는 토론에서 예
상치 못하게 발생할 수 있는 리스크를 어떻게든 피하려는 대선 후보 캠

프의 이해관계다. 결국 대선 토론을 둘러싸고 있는 여러 이해관계자 중 가장 중요한 유권자를 빼고 나머지 두 단체(중앙선거방송토론위원회 및 대선 후보 캠프)의 이해가 딱 맞아떨어지기 때문이다.

그러나 대선 토론의 주인은 누가 뭐라 해도 유권자다. 따라서 "어떻게 하면 유권자를 위한 토론이 될까?"라는 질문이 토론의 형식과 질문을 정하고 좋은 답변을 구별하는 모든 의사 결정의 기준이어야 한다. 만약 "어떻게 하면 큰 사고 없이, 욕 안 먹고, 토론 행사를 치를까, 어떻게 하면 돌발 상황을 차단하고, 추후에 후보 캠프에서 소리 높여 문제제기할 질문은 미리 빼고, 무난하게 진행할까?"가 의사 결정의 기준이 되는 한, 유권자를 위한 박진감 넘치는 토론은 결코 요원할 수밖에 없다.

결론적으로 중앙선거방송토론위원회와 대선 후보 캠프의 의사 결정에 유권자가 감시하고 관여할 수 있는 통로가 없다는 것이 근본적 문제다. 그래서 유권자가 참여하는 공공의 장 public space 으로 제 기능을 다하는 대선 토론이 아니라 정치인과 전문가들이 모여서 텅 빈 스튜디오에서 자기들끼리 하는 대선 토론이 되는 것이다.

대선 토론이 의무적으로 꾸역꾸역 치러지는 행사가 아니라 유권자와 국민 전체를 대상으로 살아 있는 민주주의 교육의 장이 되려면 어떻게 해야 할까? 이 질문에 답하기 위해서는 우리 스스로 '유권자 입장에서 바람직한 대선 토론의 모습이란 무엇인지'를 먼저 고민해야 한다.

텅 빈 스튜디오에서 광장으로

대선 토론이 정말 훌륭하게 이루어진다면 어떤 결과가 도출될까? 대선 토론을 두 시간 동안 본 후에 TV를 끌 때 당신 머릿속에 어떤 느낌이 들면 대선 토론이 잘되었다고 할 수 있을까?

토론을 막 끝낸 후보의 마음에 어떤 생각이 들면 대선 토론이 잘된 것일까?

오랜 대선 토론 역사를 지닌 미국에서는 바람직한 대선 토론의 목적에 대한 연구가 활발히 있어왔다. 대선 토론이 시작된 초기에는 단지 유권자에게 대선 후보에 대한 정보를 제공하고 후보 간의 변별력을 부각하는 데 초점이 맞춰졌다. 하지만 최근에는 대선 토론의 목적을 '시대가 요구하는 대통령의 창출constituting a needed president'과 '단일 국가 구성원으로서의 공동체 의식 강화building a national community' 두 가지로 정의하고, 대선 토론을 단순한 정치적 행사가 아니라 민주주의 교육의 장으로 탈바꿈하려는 노력으로 이어지고 있다.

다시 말해, 대선 토론을 다 본 후 우리 머릿속에 드는 생각이 두 가지여야 한다는 것이다. 바로 "아! 이 후보가 진짜 좋은 대통령 후보구나. 그러나 그도 이런 점에서는 부족한 면이 있으니, 5년 동안 그 점은 유심히 봐야겠구나", 그리고 두 번째로 "서로 치열하게 토론하고 다투지만 결국 후보들과 우리 유권자 모두 대한민국의 성공을 위해 한 배를 탄 하나의 국민이구나"라는 것이다.

따라서 대선 토론의 형식과 질문, 그리고 후보들의 답변은 이 두 가지 목적에 부합할 때 좋게 평가될 수 있다. 1992년 미국대선토론위원회Commission on Presidential Debates(이하 CPD)는 이 두 가지 목적을 달성하는 대선 토론을 만들기 위해 토론의 형식과 질문을 획기적으로 뜯어고치는 작업을 했다. CPD는 대선 토론을 유권자가 중심이 되는 공공의 장으로 바꾸기 위해 전국의 유권자 수천 명을 대상으로 설문과 면담을 실행했다. 그 결과 유권자들이 토론장에 함께 앉아 후보들에게 직접 질문을 던지는 타운홀을 도입하고, 질문 숫자를 획기적으로 줄이는 대신 반론과 재반론 중심의 자유토론을 강화했다. 또 유권자가 직접 대선 토론 모니터링에 참가할 수 있게 하고 유권자의 피드백을 담은 대선 토론 백서를 발간하는 한편, 토론 전후 유권자 교육도 활성화했다.

우리나라 중앙선거방송토론위원회가 2007년 대선을 앞두고 발표한 조직의 목표 두 가지는 '대통령 선거 방송 토론의 공정하고 완벽한 주관 및 진행'과 '미디어 정치 시대를 주도하는 토론 전문 기관으로서의 위상 강화'였다. 무엇인가 아쉬움이 남지 않는가. '완벽한 주관과 진행' 그리고 '위상 강화'도 중요하지만 더 중요한 것은 그런 완벽한 진행과 위상 강화로 궁극적으로 얻고자 하는 진짜 목적이다. 그 진짜 목적의 중심에는 국민과 유권자가 있어야 한다. "완벽한 진행과 위상 강화로 국민과 유권자에게 무엇을 전달하려 하는가?", "어떤 가치의 혜택과 변화를 제공해야만 하는가?" 바로 이 질문이 중앙선거방송토론위원회의 목적에 명시되어야 하고, 대선 토론의 설계, 진행, 운영, 평가, 관리에서 가장 우선되는 기준이어야 한다.

대선 토론의 준비, 운영, 평가 모두를 일부 정치인과 소수의 위원회가 머무는 회의실과 텅 빈 스튜디오로부터 유권자 모두를 위한 공공의 장으로 옮겨오기 위하여 우선 "좋은 대통령 후보를 가려내려면 유권자는 대선 토론 답변에서 과연 무엇을 확인해야 하는가?"라는 문제에 대한 답부터 시작해보자.

Part
3
속지 않는 국민이
거짓 없는 대통령을 만든다
좋은 후보 판별을 위한 30가지 체크리스트

상상해보자. 저녁을 먹으면서 온 가족이 TV 대선 토론을 보고 있다. 옆에서 함께 보던 가족이 당신을 빤히 쳐다보면서 묻는다.

"어떤 후보가 좋은 후보야?"

"당신은 뭘 보고 뽑을 거야?"

"제일 중요한 평가 기준이 뭐지?"

그럼 당신은 뭐라고 대답할 것인가?

자, 이제 앞의 질문에 대답하기 위해 한 걸음 물러서서 우리 모두 좋은 대통령의 덕목을 생각해보자. 용기, 관용, 침착함, 지혜, 리더십, 지식, 경험, 인내, 비전, 카리스마, 원칙, 이해, 소통, 신념, 변화, 혁신, 유연성 등…… 도대체 몇 가지나 될까? 제대로 나열하자면 수천 가지는 나올 것이고, 책 한 권으로도 모자랄 것이다.

그렇다면 그중에서 딱 10가지만 고르라면 그게 뭘까? 무엇이 더 중요하고 무엇이 덜 중요한 덕목일까? 어느 것이 더 선행되어야 하는 덕목이고, 어느 것이 덜 성급한 덕목일까? 무엇이 더 중요하고 시급한지는 상황에 따라, 그리고 보는 사람에 따라 판단이 달라진다. 그렇다면 우리 상황에 맞는 덕목은 과연 무엇일까? 2012년 지금 이 시대에, 미국이 아니라 우리나라에서 필요한 덕목은 무엇일까?

'상황에 대한 인식', 그것을 사람들은 '시대정신'이라고 부른다. '시대정신'이란 결국 미래로 가서 보는 현재이며, 미래의 역사가 오늘의 대통령에게 요구하는 덕목과 자질을 표현하는 어휘다. 우리는 오늘날의 시대 정신을 깨닫기 위해 미래로 가는 대신 과거의 역사 속으로 들어가 지난 세 차례의 대선 토론을 꼼꼼히 살펴봤다. 그리고 지난 수십 년간 미국, 영국, 프랑스, 호주, 우리나라에서 치러진 대선 토론을 다시 보았다. 당시 사람들이 당시의 대선 토론을 어떻게 예측했으며, 누구를 지지했고, 왜 지지했는지를 조사했다. 그리고 결국 누가 당선되었는지, 당선된 대통령이 어떤 정책을 펼쳤는지를 생각해보았다. 누가 당선되었고 그 사람이 임기 동안 어떤 행정을 펼쳤는지를 빤히 알고 다시 보는 대선 토론은 신선했고, 또 매우 난감했다. 혹시 그런 경험이 있지 않은가. 나이가 한참 들어서 초등학교 교정을 다시 방문했을 때의 느낌 말이다. 분명히 기억에서는 너무나도 넓었던 운동장이 왜 그렇게 손바닥처럼 작은지, 하늘만큼 높았던 교실 천장은 또 왜 그렇게 낮은지…….

역사 속으로 들어가서 다시 보는 대선 토론 역시 똑같은 경험이었다. 세상을 뒤집어엎을 듯 자신에 찬 후보의 말은 지금 들어 보니 왜 그렇게 황당한 허세였는지. 상대를 잡아먹을 듯이 공격하던 후보의 비난은 왜 또 그렇게 의미 없는 것이었는지. 어눌해 보이던 후보의 숨어 있는 한마디는 지금 돌아보니 어찌 그리 지혜 넘치는 혜안이었던지.

우리는 그것들을 모두 모아서 지금의 시대정신이 요구하는 10가지(더 세부적으로는 30가지) 대통령의 요건을 정리했다. 유권자들이 대선 토론을 채점하듯 날카롭게 볼 수 있는 평가표를 만들어보았다. 나이가 들어 초등학교를 방문하듯, 유권자들께 과거의 대선 토론을 통해 미래의 대선 토론을 보는 요령을 준비했다. 우리의 몸은 현재에 있지만 우리의 머리는 5년 후로 보내고자 했다.

끝으로, 이 평가표는 책에 관여한 우리가 보는 관점이다. 따라서 또 다른 분들은 또 다른 관점으로 볼 수도 있다. 아니, 그래야만 한다. 그래서 평가표가 더 단단해지고 계속 진화하기를 기대한다. 유권자들이 한 분이라도 더, 일 분이라도 더 이 평가표에 대해 논의하고 비판하고 수정하고, 그리고 대선 토론을 더 꼼꼼히 본다면 우리 작업은 의미가 있을 것이다. 그것이 우리가 바라는 바이고 우리가 노리는 바다.

국민이 지혜로워져야 좋은 대통령을 뽑고 만든다. 그리고 대선 토론은 딱 아는 만큼 보인다. 국민과 유권자들이 이번 대선 토론은 좀 더 알고 볼 수 있는 계기를 이 장이 선사하기를 기대한다. 가족과 함께 내기를 해보자. 그 후보가 몇 점인지, 왜 그 점수인지, 맥주도 걸고 설거지도 걸자. 유권자가 토론할 때 대선 토론도 토론다워진다.

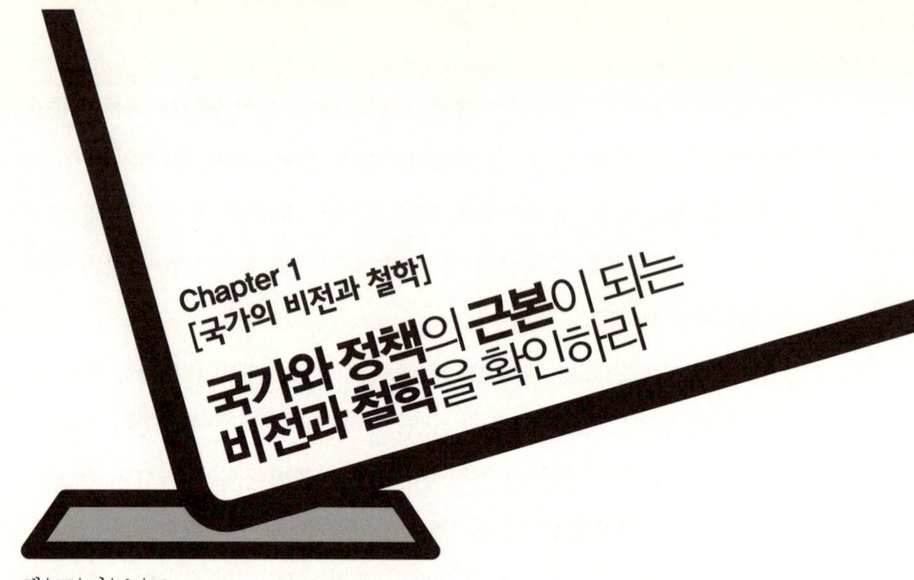

체|크|리|스|트

☑ **비전** 미래에 이루고자 하는 국가·정책의 모습에 대한 가슴 설레고, 눈에 그려지는 비전이 있는가?

☑ **전략** 국가·정책의 비전을 달성하기 위해 어떤 선택과 집중, 포기가 필요한지를 담은 전략이 있는가?

☑ **철학** 국가·정책 운영에 대해 일관되고 균형있으며 깊은 고민이 담긴 철학이 있는가?

2007년 대선 토론에서 비전, 철학, 원칙, 신념 등의 단어는 각각 10여 회 이상 사용되었을 정도로 인기 있는 단어다. 그러나 단어를 쓰는 후보도, 듣는 유권자도 비전, 철학, 원칙, 신념 등의 단어가 정확하게 무엇을 뜻하는지, 왜 중요한지, 서로 어떻게 다른지, 혹은 어떤 비전과 철학이 좋은 것인지를 깊이 고민하고 성찰하는 경우는 드물다. 특히 후보들의 경우 이런 단어들을 사용할 때 의미에 맞는 내용을 제대로 담고 있는 경우는 많지 않다. 담고 있다고 해도 매우 피상적이고 때로는 실체 없는 수사적 표현으로, 불완전한 정책을 겉포장하는 용도로 남용한다.

"내 개그는 재미있다"는 주장이 개그를 재미있게 만들지는 않는다. 마찬가지로 "나만의 비전과 철학을 가지고 있다"는 주장이 비전과 철학을 설명하지는 않는다. 비전, 철학, 전략, 원칙 등의 단어를 쓴다고 후보의 주장과 정책이 비전 있고, 철학적 원칙을 담고 있고, 전략적이 되는 것은 아니다. 유권자들은 속지 말자. 대선 후보가 근사한 단어를 쓸수록 그 근사한 어휘에 구체적이고 실제적인 내용이 담겨 있는지 살펴보아야 한다.

그래서 우리 유권자가 대선 토론에서 살펴야 할 첫 번째 항목은 바로 후보의 비전과 전략, 철학이다. 이 세 가지는 어떻게 다른가?

비전은 국가의 청사진이다. 초등학교 어린이에게 꿈이 뭐냐고, 커서 어떤 사람이 되고 싶냐고 물었을 때 나오는 대답이 바로 청사진이다. 마찬가지로, 후보가 꿈꾸는 우리나라 미래상의 단면적 묘사가 비전이다. 따라서 좋은 비전은 유권자들의 가슴을 뜨겁게 만들 수 있어야 하고, 사진을 보듯이 머릿속에 그려질 수 있어야 한다. 우리나라의 미래 모습이 미국인가? 스웨덴인가? 싱가포르인가? 이도 저도 아닌 제3의 모습이라면 그것은 도대체 무엇인가? 이것이 바로 국가에 대한 비전이다.

비전이 청사진이라면, 전략은 그 청사진에 어떻게 도달할 것인지에 대한 방법과 계획이다. 전략이란 단어는 본질적으로 '선택과 집중'의 개념을 담고 있다. 모든 것을 다 잘하는 것은 전략적인 것이 아니다. 눈앞의 것을 버리되 더 중요한 것을 취하는 것, 남들과 다르게 하는 것, 그것이 전략이 담고 있는 의미다. 성적이 중간쯤 되는 대입 수험생이 시험을 앞두고 전 과목에 똑같은 시간을 배정하고 공부하는 것은 결코 전략적인 것이 아니다. 국어 30분, 수학 30분, 영어 30분, 그렇게 똑같이 하면 딱 중간밖에 못한다. 마찬가지로 국가 운영도 정치·경제·문화·사회 등의 전 부문과 전 계층, 전 연령대, 전 지역을 동일한 비중으로 똑같이 발전시킬 수는 없다. 따라서 후보의 좋은 전략은 국가의 발전 과정에서 무엇을 취할 것인지와 동등하게 또는 그 이상으로 무엇을 포기할 것인지가 명쾌하게 설명되어야 하고, 다른 후보와 어떻게 다른지도 논리적이고 명쾌하게 전달되어야 한다.

끝으로 철학은 비전과 전략을 달성할 때 지켜야 할 가치다. 돈을 버는 장사꾼도 사기는 치지 않고 신용을 지킨다는 믿음이 있다. 그게 철학이다. 비전을 향해 가는 과정, 전략을 실행하는 과정에서 후보가, 우리 국가가, 우리 국민 모두가 함께 지켜야 할 원칙과 가치가 무엇인지가 철학이다. 지켜야 한다는 것은 곧 유혹이 있다는 것을 의미하고, 그만큼 반대되는 가치도 존재한다는 것을 의미한다. 장사꾼에게 신용의 대가는 이익의 포기일 것이다. 국가 운영도 마찬가지다. 국가와 시장의 서로 다른 역할, 자유와 평등의 갈등, 결과적 정의와 과정상 정의의 대립, 지도자의 신념과 국민 요구의 상충…… 이 모든 것들이 상황에 따라 서로 대립하고 상충할 수 있는 가치들이다. 이러한 갈등은 국가를 운영하는 매 순간 의사 결정에 기준이 될 수 있는 가치들을 요구한다. 이 상충된 가치를 어떻게 조화시키고 무엇을 어떻게 지켜나갈 것인가에 대한 생각이 바로 후보가 국민들에게 보여주어야 하는 철학이다. 따라서 좋은 철학이란 균형적이고 일관되어야 하며 고민의 깊이가 있어야 한다.

대선 토론은 유권자가 후보의 비전과 전략, 철학의 단면을 가장 적나라하게 볼 수 있는 기회다. 다시 한 번 말하지만 비전과 철학, 전략이라는 단어 자체에 현혹되지 말자. 내용을 보아야 한다. 자, 이제 과거의 대선 토론에서 이 단어들이 어떻게 사용되었는지를 살펴보자.

공수표 속에서 가슴 뛰는 비전을 찾아라

비전은 바라는 미래의 궁극적인 모습이다. 어떻게 그 모습을 달성할 것인가는 부차적인 요건이다. 비전은 목표와 다르다. 대선 후보들은 흔히 GDP 몇 퍼센트 성장, 국민소득 몇 만 달러, 세계 경제 10대국 등을 비전으로 말하는데 그것은 목표치이지 비전이 아니다. GDP 규모가 세계 10위 안에 들고 국민소득이 3만 달러가 넘는 국가는 전 세계에 20개국 가까이 된다. 그들 국가의 모습이 모두 동일한가? 아니다. 미국의 정치·사회 체계와 사람들의 삶이 다르고, 일본이 다르고, 스웨덴이 다르고, 독일 역시 다르다.

비전은 정량적일 뿐 아니라 정성적인 모습도 함께 담고 있어야 한다. 유권자들이 마치 사진을 보듯이 머릿속에 생생히 그려지는 이미지로 느낄 수 있어야 한다. 준비된 대통령, 훌륭한 대통령을 자임하는 후보가 제시하는 비전은 국민 개개인의 머리와 가슴속에 뚜렷한 잔상을 남길 수 있어야 한다. 유권자의 가슴을 쿵쾅거리게 만들고 감동과 열정을 부여할 수 있는 비전이라면 더욱 좋을 것이다. 또한 비전은 슬로건과 명확히 다르다. 비전은 그것이 달성되었을 때 국가의 정치, 경제, 사회, 문화적 체계가 어떤 모습을 띠고, 현재와 어떻게 달라져야 하는지 명시되어야 한다. 예를 들어, 최근 크게 주목받았던 '저녁이 있는 삶'의 경우 머릿속에 이미지가 그려진다는 점에서는 좋은 비전의 요건을 갖추고 있다. 하지만 비전이라기보다는 슬로건에 가깝다. 이 슬로건이 비전다운 비전이 되기 위해서는 '저녁이 있는 삶'이 되면 우리나라의 정치, 경제, 사회, 문화 등의 체계가 지금과 어떻게 달라지는지 From-to가 명쾌하게 설명될 수 있어야 한다. 설명될 수 없다면, 그저 잘 만들어진 근사한 광고 카피와 다를 바 없다. 그런 점에서 판단할 때 우리나라의 과거 대선 토론에서 후보들이 외치는 비전은 결코 흡족한 수준은 아니었다. 다음 예를 보자.

다른 후보들의 반론 후,

중소기업, 중견 기업을 만들어내고, 서민 경제를 살리겠다는 취지는 좋다. 하지만 이것을 경제 비전으로 보기에는 어려움이 있다. 경제 비전이 되기에는 지나치게 지엽적이고, 그와 동시에 "무엇을 하겠다"이지 그걸 했을 때 이루어지는 '모습'이 아니다. 중소기업을 살리는 대통령이 되겠다는 취지는 좋지만, 그렇게 되면 우리의 삶이 독일처럼 되는 것인가? 혹은 대만처럼 되는 것인가? 아니면 일본? 아니면 제3의 또 다른 모습인가? 우리가 지향해야 할 방향에 대한 국민적 공감대가 없는 상황에서 중소기업부를 신설하고 중견 기업을 살린다는 것은 바람직한 추진 과제일 수는 있지만 대통령의 비전이라고 보기에는 너무 시야가 좁고 짧다. 게다가 국민을 하나로 묶어야 할 국가 비전을 제시하는 과정에서 다른 당에 대한 비난이 거칠다는 것도 아쉬운 점이다. "우리 경제는 10년 전에 죽었다, 한나라당이 부도낸 나라"와 같은 표현은 비전을 설명하는 데 불필요하다.

반면 2007년 1차 토론의 이회창 후보 발언은 대통령 후보의 비전 제시로서 절반의 성공을 보여주었다.

위에서 제시된 연방제가 옳으냐 옳지 않으냐를 떠나서, 이회창 후보의 발언은 비전이 가져야 할 몇 가지 요소를 가지고 있다. 일단 현 체제와는 다른 연방제라는 변화를 명시하고 있다. 둘째, 50년, 100년을 내다본 장기적이고 궁극적인 청사진을 제시하고 있다. 끝으로, 싱가포르와 핀란드같이 비교가 되는 국가 모델을 제시함으로써 유권자들의 이해를 돕고 있다.

물론 이 비전에도 아쉬움은 있다. 다른 비전들과 견주어 자신의 비전이 왜 우월한지, 그런 비전을 달성하면 국민들에게는 무엇이 좋아지는지 등에 대한 설명이 없다. 물론 2분이라는 시간의 제약 때문일 수 있다. 이날 토론의 마지막 질문이었던 '권력 구조 개편과 헌법 개정'에서 이회창 후보는 연방제 국가론을 다시 한 번 펼친다. 핵심은 획기적인 분권화를 하자는 것이었다.

다시 말하지만, 이회창 후보의 연방제가 옳으냐 옳지 않으냐를 논하는 것이 아니다. 적어도 대통령 후보는 자신만의 비전을 제시할 수 있어야 한다는 것이다. 그리고 후보들은 자신들의 비전을 놓고, 왜 그 비전이 더 우월한지를 토론해야 한다.

그리고 그 비전을 가지고 국민을 묶고 감동시키고 분발토록 해야 한다. 반대로 유권자는 그 비전을 듣고 판단해야 한다. 누구의 비전에 한 표를 던질 것인지.

전략 없는 비전은 고장난 내비게이션보다 위험하다

다음은 2007년 한나라당의 대선 공약집 중 '5년 후에는 이렇게 달라집니다'의 내용이다.

5년 후에는 이렇게 달라집니다

• 국민성공시대의 개막 •

2030세대는 300만개 새 일자리 창출과 신혼부부 내집마련 정책으로 취업과 집걱정을 덜게 됩니다. 신바람 나는 기업과 상생의 노사 관계로 일하는 즐거움이 성취감으로 다가옵니다. 출산에서 취학까지 국가가 책임져 아이 키우는 걱정이 사라집니다.

4050세대는 생활비 절감과 중산층 복원정책에 따라 삶이 넉넉하고 편안해집니다. 평생교육을 통해 새로운 인생을 설계할 수 있습니다. 생애 희망 디딤돌 복지가 구현되면서 자녀 교육비 마련과 명예퇴직의 두려움에서 벗어나게 됩니다. 일자리를 쉽게 구하고 아파도 걱정없는 건강한 삶을 누립니다.

6080세대는 임금피크제와 정년연장으로 일할 기회를 더 많이 갖게 됩니다. 연륜과 지혜로 존중받고 사회를 위한 봉사로 대우받습니다. 노인 의료요양 보장체제 마련과 연금제도 개혁으로 노년의 삶을 실버보다 값진 골드 라이프로 설계할 수 있게 됩니다.

| 잘사는 국민 |

— 1인당 국민소득 3만달러 시대에 진입
— 취업자 연평균 60만명씩 증가, 5년간 300만명 증가
— 중소기업이 성공의 기회가 되는 사회
— 고용율은 선진국 수준인 70%로 상승
— 청년실업률은 현재 7~8%에서 3~4로 축소
— 합계출산율은 1.5명(2006년 1.13명)
— 중소기업과 대기업이 상생하면서 기술개발과 제품혁신
— 조세행정의 선진화로 소득배분의 공정화
— 여성 경제활동참가율은 OECD 평균인 60%(2005년 50.1%)

— 살기 좋고 편안한 농촌
— 실질적 주택보급률 100% 추진
— 푸른 한반도의 쾌적한 생활환경

| 따뜻한 사회 |
— 출산에서 취학까지 정부가 돌보는 사회
— 학교 교육의 내실화로 사교육비가 절반으로 감소
— 돈이 없어 학교에 다니지 못하는 사람이 없는 사회
— 서민주거권의 보호
— 신혼부부 보금자리 주택 공급
— 여성, 노인, 장애인 등 취약계층도 골고루 배려받는 사회
— 언제 어디서나 복지서비스가 가까이 있는 사회
— 국민연금, 기초노령연금 등 노후소득 보장
— 고령자의 일자리 확보 및 노인복지의 충실화
— 도시내 일인당 공원면적 파리수준인 10㎡ (2005년 8.2㎡)
— 장애인의 삶이 즐거운 복지사회
— 건강보험, 산재보험 등의 효율적 운영

| 강한 나라 |
— 세계 10위권의 경제규모(GDP 기준 2006년 13위)
— 세계 10위권의 교역규모(2006년 12위)
— 세계 10위권의 국가경쟁력(IMD 기준 2007년 29위)
— 문화예술, 과학기술 소프트파워가 강한 코리아브랜드의 나라
— 세계 최강의 디지털 인프라 구축으로 세계 첨단의 정보 유통
— 한반도대운하 개통으로 물류비용의 절감과 내륙지역 발전
— 5~7개의 광역경제권 형성과 지역균형발전의 실현
— 쾌적하고 편리한 도시교통 및 새로운 교통질서의 확립
— 일 잘하고 국민을 섬기는 실용정부의 나라
— 법이 지배하고 상식이 통하는 사회
— 불법파업과 불법시위가 사라진 사회
— 비핵·개방·3000으로 남북경제공동체 실현 단계 진입

아, 너무도 멋진 비전이다. 반대할 사람이 없다. 그러나 진심으로 안타까운 비전이다. 지켜진 것은 거의 없다. 비전이 무리한 것이었을까? 아니면 전략이 부족했기 때문이었을까? 아마도 현실은 둘 다일 것이다. 그렇다면 어떻게 했어야 이런 공수표를 막을 수 있었을까? 그것은 유권자가 이 멋진 비전에 대한 전략을 따져묻고 추궁할 때만 가능했을 것이다.

후보가 제시하는 비전이 국가의 궁극적인 청사진이라면, 후보가 제시하는 전략은 비전을 달성하기 위한 방법과 로드맵이어야 한다. 따라서 비전과 전략은 동전의 양면처럼 딱 붙어 있어야 한다. 제대로 된 전략이 제시되고 검증된다면, 무리한 비전은 설 자리를 잃는다.

전략은 본질적으로 자신의 특성에 맞는 선택과 집중을 의미한다. 씨름

의 경우 덩치가 크건 작건 목표와 비전은 언제나 승리다. 그러나 덩치가 작은 사람은 씨름에서 상대의 몸무게를 이용한 기술과 작전을 써야 한다. 그것이 전략이다. 모든 사람에게 적용되는 씨름 전략은 좋은 전략이 아니듯이 모든 국가에 적용되는 국가 전략은 좋은 전략이 아니다.

석유 한 방울 나지 않고, GDP의 대부분을 재벌이 차지하고, 북한과의 대치 상태가 지속되고, 인구는 고작 5000만인 데다 인구 밀도는 거의 세계 최고 수준이고, 가계 부채는 엄청나고, 자영업자 비중은 기형적으로 높은 나라에서 앞에 제시된 것과 같이 근사한 비전—도시 내 1인당 공원 면적을 파리 수준으로 만든다는 너무나도 근사한 비전—을 달성하려면 어떤 선택과 집중, 차별화된 전략이 필요한가?

2007년 우리나라 대선 토론에서는 국가의 비전에 대한 논의만이 아니라 국가 전략에 대한 논의 역시 부족했다. 정치, 경제, 사회, 문화 등 각 부문에서 논란이 되고 있는 쟁점의 개별 정책을 토의하기는 했지만, 그런 개별적 정책을 묶어 하나의 국가 비전과 전략으로 토의한 것은 거의 없었다. 게다가 개별 정책에서도 전략이라는 단어를 빈번히 쓰긴 했지만, 무엇을 포기할 것인지를 명확하게 언급한 적도 거의 없었다.

무엇을 포기할 것인지를 집요하게 묻고 답하는 모습을 2008년 미국 대선 토론에서 볼 수 있다.

사례 6 : 2008년 미국 2차 대선 토론(2007년 10월 7일, 21:00~22:30)

사회자(브로코) : (…) 현재 경제적 현실 앞에서 **우리 국민 모두는 불가피한 선택을 위한 결심과 결행이 필요하다는 것을** 알고 있습니다. 의료정책, 에너지정책, 국가 연금 및 의료보험 개혁, 이 중 당신의 우선순위는 무엇이고 순서는 무엇입니까? 이 중 첫해에 가장 시급한 과제는 무엇이고, 그다음 해에 실행할 과제는 무엇입니까?

공화당 매케인 후보 : 저는 **우리가 세 가지 다 해야 한다고 봅니다.** 저는 의료보

                                                                    Part 3

험과 연금 개혁에 대해 중요하게 생각합니다. (…) 우리는 핵발전소를 활성화해야 합니다. 그걸 통해 많은 일자리도 생길 것입니다. 우리는 앞서 언급된 세 가지 모두 해야 합니다. 대체에너지, 바람, 조류, 태양열, 천연가스, 무연탄 기술 등 이 모든 것을 미국은 할 수 있고, 그것이 우리의 미션이며 우리는 극복해 낼 수 있습니다. (…) 세 가지 모두 해야 합니다. 세 가지 모두 국가 안전에 관련된 사안입니다.

민주당 오바마 후보 : 저는 오히려 모든 것이 한꺼번에 될 수 있는지에 대해 의구심을 피력합니다. 우리는 우선순위를 정해야 합니다. 가계도 마찬가지입니다. 제가 가장 중요하다고 생각하는 전략적 과제를 말씀드리겠습니다.
에너지는 오늘 당장 처리해야 하는 문제입니다. (…) 따라서 지금 당장 처리해야 합니다. 그것을 위해 저는 대체에너지 부문에 향후 10년간 매년 150억 달러를 투자할 것을 제안한 것입니다. 우리는 10년 안에 중동의 기름으로부터 확실히 독립해야만 합니다. (…) 케네디 대통령이 당시 10년 안에 달에 사람을 보내자고 했을 때 아무도 믿지 않았습니다. 그러나 한번 결정하면 우리는 무조건 결과를 달성하고야 말았습니다. 그것이 우선순위라는 것의 의미입니다.
의료 개혁은 두 번째로 중요한 과제입니다. (…)
세 번째는 교육입니다. (…) 그리고 제가 앞에서 언급한 우리의 지출 부문뿐만 아니라 수입 부문(조세 부문)에 대해서도 반드시 우선순위를 정해야 합니다. 그 일을 대통령으로서 저는 반드시 할 것입니다.

앞의 사례에서 늘 '좋은 게 좋은 것'이고 '뭐든지 다 하겠다'는 정치인들과 대선 후보들을 추궁하기 위해 사회자 브로코^{Tom Brokaw}는 아주 잘 짜인 질문을 던졌다. 전략적 과제의 옵션을 딱 세 가지 주고, 그 안에서 우선순위를 물은 것이다. 그것도 올해 할 일과 내년에 할 일을 구별하라고 추궁하면서 말이다.

매케인^{John McCain}의 대답은 국가 정책의 전략적 측면에서는 거의 낙제에 가깝다. 일단 제시된 세 가지 영역 모두를 해야 한다고 대답한다. 물론 세 가지가 모두 다 중요할 수 있다. 그러나 그렇다면 세 가지를 세분화해서 각각의 분야 안에서 다시 어떤 것을 먼저 할지 나중에 할지를 제시해

주어야 한다. 그것이 없으면 전략이 없는 것이고, 구체적으로 생각해보지 않은 것이다. 특히 매케인의 답변 중에서 바람, 태양, 조류, 천연가스 등을 다 해내야 하고 다 할 수 있다는 언급은 전혀 전략적이지 않다. 어떻게 그 모든 것을, 한꺼번에, 동시다발적으로 잘할 수 있는가? 시험을 앞둔 학생이 영어, 수학, 과학, 체육, 사회, 미술을 다 하겠다고 하는 것과 무엇이 다른가.

반면 오바마의 대답은 전략적으로 상당히 잘 정리되어 있다. 물론 오바마도 더 구체적일 수 있는 부분이 있다. 하지만 적어도 에너지, 의료, 교육의 우선순위를 명확하게 밝히고 있다(우선순위의 근거는 내용이 길어 이 책에서는 생략되었다). 특히 연금이나 의료보험보다 교육을 먼저 언급한 것은 후보가 국가 정책에서 어떤 우선순위와 전략을 가지고 있는지를 명확하게 밝힌 것이다. 또 오바마는 케네디 대통령의 달 정복 사례를 비교해 말함으로써 우선순위라는 것이 얼마나 중요한지에 대해서도 주의를 환기시킨다. 끝으로 오바마는 정부의 지출 부문뿐만 아니라 수입 부문, 즉 조세 부문에도 명확한 우선화가 필요하다는 것을 밝혔다.

대선 토론에서 후보는 우선순위를 밝히도록, 전략을 밝히도록 더 추궁되어야 한다. 그래야 죄다 하겠다고, 모두에게 듣기 좋은 소리를 하지 못한다. 그리고 그렇게 되어야 무엇을 취하고 무엇을 포기할지, 즉 전략에 대해 미리 생각하고 집권하게 된다. 대선 토론에서는 그런 선택과 포기가 함께 담긴 전략을 밝혀야 한다. 그래야 국민도 후보의 전략을 알고 선택할 수 있고, 알고 선택해야 전략을 함께 밀어줄 수 있으며, 그래야 전략이 성공한다. 과거의 우리 대통령 대부분은 일단 다 하겠다고 말해서 집권하고, 한 반년 동안 학자들을 죄다 모아서 연구하고 소위 국정 전략이란 것을 공개했다. 하지만 이제는 더 이상 그러면 안 된다. 유권자와 국민은 전략을 보고 대통령을 뽑을 권리가 있다. 그냥 전략이라는 말이 아니

   Part 3

라 전략다운 전략, 그리고 그 전략의 내용 말이다. 이번 대선 토론에서는 누가 그 전략을 제대로 밝히는지를 우리 유권자들이 또렷이 기억하자. 그리고 화끈하게 그 전략을 밀어주자.

철학은 고민의 깊이를 가늠할 수 있는 리트머스 테스트다

유권자들이 후보의 국가관과 정책에서 살펴야 할 또 다른 평가 지표는 후보의 철학이다. 철학이란 비전과 전략을 달성하면서 지켜야 할 가치다. 그리고 그런 가치들이 서로 부딪힐 때 후보가 그 가치들을 어떻게 우선화하고 조화시킬 것이냐의 문제다. 자유와 평등이 부딪힐 때, 인간의 행복과 도시의 발전이 부딪힐 때, 이 모든 가치가 대립하고 갈등할 때 후보는 어떤 원칙과 기준으로 이 상반되는 가치를 조화시킬 것인가?

철학이 중요한 이유는 정책을 실현할 때 부딪히는 수많은 문제에 대해 대통령이 어떠한 판단을 하게 될지 그 잣대를 보여주기 때문이다. 세상의 대부분이 그렇지만 어려움은 총론에 있는 것이 아니라 각론에 있다. 그러나 정치·경제·사회·문화 등 모든 분야의 모든 각론에 대한 대통령의 의견을 유권자들이 모조리 검증하기란 쉽지 않다. 게다가 미래에 어떤 쟁점이 떠오를지 모르는 상태에서 후보의 의사 결정을 미리 가설적으로 검증하기란 더욱 어렵다. 그렇기 때문에 철학이 중요하다. 철학은 미래의 어떤 의사 결정이 대통령에게 요구되었을 때 대통령이 어떤 결정을 할 것인지, 대통령이 가진 근본적인 판단의 구조와 잣대를 보여주기 때문이다.

그렇기 때문에 유권자들은 대선 토론에서 후보의 철학을 반드시 물어야 하고 확인해야 한다. 다만 지금의 문제는 대선 토론에서 이런 철학을 제대로 묻지도 않고, 물어도 후보들이 '철학'이라는 단어의 빈껍데기만 사용할 뿐 자기 철학의 내용을 이야기하지 않는다는 데 있다. 어쩌면 일부 후보들은 철학을 말하지 않는 것이 아니라 못하는 것일 수도 있다. 진득한 고민을 깊이 있게 해보지 않았기 때문일 것이다.

철학은 포장지가 아니며, 철학이라는 단어를 쓴다고 후보가 철학을 가진 사람이 되지는 않는다. 철학이 철학다우려면, 철학의 내용을 듣고 유권자가 후보의 가치 판단 기준을 이해할 수 있어야 한다. 2007년의 대선 토론을 살펴보면, 철학이라는 단어가 가장 빈번히 사용된 것은 대북정책과 경제정책에 대한 공방이 펼쳐질 때였다. 그러나 안타깝게도, 이때 역시 각자의 정책을 주장하면서 '철학이 다르다, 그르다'는 말이 주로 오갈 뿐이었다. 정작 그 철학의 내용이 무엇인지에 대한 깊이 있는 설명은 대부분 생략되고, 자신의 주장을 '있어 보이게 하는' 단어로 철학이 남용되고 있었다. 다음 토론을 살펴보자.

일단 주술 구조가 어긋나서 이해하기가 조금 어려운 면이 있다. 어쨌든 중소기업과 약자를 위한 성장을 하겠다는 좋은 취지를 설명하고 있지만 그것이 과연 '철학'이라는 어휘에 맞는 내용인지 의구심이 든다. 게다가 '경영 철학'이라면 더욱 그렇다. 대기업과 중소기업의 이해관계가 상충될 때 후보는 과연 무슨 기준으로 가치 판단을 하겠다는 것인가?

어쨌든 최근의 결과를 보면 7퍼센트 성장도 이루지 못했고 그 성장이 약자한테 돌아가지도 못했으니, 결과적으로 당시의 철학은 공약公約이 아닌 공약空約이 되었다. 그리고 날카로운 유권자라면 후보의 답변에 그가 지닌 국가 운영 '철학'의 정의와 역할이 제대로 담겨 있는지 먼저 의구심을 가졌을 것이다. 중소기업과 약자를 위하겠다는 주장을 하지 않는 후보가 어디 있을까. 대기업과 중소기업의 문제는 경제 문제이지만 철학적으로는 자유와 평등 간의 갈등에 닿아 있고 정부의 역할에도 닿아 있다. 자유경쟁과 공정한 경쟁 사이의 균형을 어떻게 이룰 것인가? 그리고 그 균형을 확보하기 위해 정부가 어떤 부분에, 어느 정도로, 어느 시점에, 어떠한 방법으로 개입할 것이냐는 문제에 대한 후보의 판단 기준이 유권자에게 제시해야 할 철학이다. 결론적으로 위의 답변에는 철학이라는 단어는 있지만 그 철학이 없다. 그 철학의 내용이 당시 대선 토론에서 제대로 추궁되었더라면 7퍼센트까지는 아니더라도 적어도 성장의 더 많은 부분이 지금쯤 약자에게 돌아가 있을 수도 있다.

철학이라는 단어를 직접 쓰지는 않았지만 후보의 국가 운영 철학이 잘 드러난 예를 1984년 미국 대선 토론에서 볼 수 있다.

사례 8 : 1984년 미국 1차 대선 토론(1984년 10월 7일, 21:00~22:30)

패널(소여) : (…) 민주당 먼데일 후보에게는 없는 당신만의 리더십 특징은 무엇입니까?

공화당 레이건 후보 : 음, 그가 가지고 있는지 없는지 여부와 관계없이 리더십에 대한 제 생각을 말씀드리도록 하겠습니다. (…)

첫째, 몇 가지 원칙을 가지고 있어야 합니다. 제 경우에는 개개인 시민의 힘을 믿습니다. 질서 있는 사회에서는 정부가 아니라 개인이 스스로 자신의 삶에 대해 최대한 의사 결정할 수 있는 권한이 있어야 합니다.

그리고 정부 각 부처에서 필요로 하는 능력을 갖춘 사람들을 발견해야 합니다. 이 사람들이 정책의 전반적 가이드라인에 따르게 하되, 이들이 무슨 일을 하는지 어깨 너머에서 서성이거나 사소한 것에 트집 잡아서는 안 될 것입니

재선 도전을 앞두고 열린 대선 토론에서 패널 중 한 명이었던 〈ABC 뉴스〉의 소여Diane Sawyer는 리더십에 대한 질문을 던진다. 그리고 레이건은 본인의 리더십 철학 세 가지를 제시한다(비록 상대 민주당 후보에게는 없는 레이건만의 리더십을 물어보는 질문 자체에 대한 답은 아니었지만).

첫째, 정부보다 시민 개개인의 의사 결정 권한을 존중한다. 둘째, 같이 일하는 팀에게 스스로 판단하고 결정하는 권한을 적극 부여하되 최종 책임은 대통령 본인이 진다. 마지막으로, 정치적 파급효과가 아니라 국민을 위해 필요한 일인지, 윤리적으로 올바른 일인지를 기준으로 의사 결정을 한다. 이 세 가지는 레이건 대통령 개인의 리더십 철학에 그치는 것이 아니라 레이건 정부 8년을 이끈 국정 철학이기도 했다.

개인의 자유와 의사 결정을 존중한다는 것은 거칠게 말하자면 결국 자유와 평등에서 자유에 방점을 찍는 것이며, 정부의 역할을 제한할 것임을 의미한다. 공화당 특유의 자유주의 철학을 반영하고 있는 것이다. 결국 이 철학이 함의하는 바는 개인의 자유를 침해하면서까지 사회적 평등이나 정의를 정부가 나서서 구현하지는 않을 것이라는 것을 의미하는 것일 수도 있다. 이 철학적 믿음이 옳으냐, 옳지 않느냐는 것은 이 책에서 지적하고자 하는 것이 아니다. 단지 후보들이 이런 철학을 밝히고 유권자들이 그 철학이 의미하는 바를 이해해야 한다는 것이다.

한편, 큰 그림은 그리되 세부적 사안에 대해서는 실무 팀에게 전권을 부여하던(때로는 방치하던) 레이건 대통령 특유의 리더십은 이란-콘트라 스캔들 같은 몇몇 외교적 문제를 일으키기도 했다. 그러나 레이건 대통령은 이러한 리더십 철학을 일관되게 실행했고, 그렇기 때문에 유권자들은 정부의 의사 결정 방향을 어렵지 않게 예측할 수 있었다. 이는 정부에 대한 신뢰성을 높이는 동시에 양당 간의 이해관계를 넘어 레이건 대통령을 인기 있고 존경받는 지도자로 자리매김한 원동력이 되기도 했다.

유럽 역시 후보의 철학을 캐묻는 질문을 하고 또 후보가 본인의 철학을 밝히고 이를 정책의 형태로 연결하는 답변을 한다. 영국의 사례를 보자.

> **사례 9 : 2010년 영국 1차 총리 후보 토론(2010년 4월 15일, 20:30~22:00)**
>
> 방청객 : 저는 고등학교 3학년입니다. 지금 영국 교육 시스템은 지나치게 점수 중심적입니다. 그래서 교육 자체의 중요성이 희생되고 있다고 생각합니다. 학생들은 시험만 많이 보지 제대로 된 교육은 받지 못하고 있습니다. **각 후보들은 어떻게 교육 체계를 개선할 계획이십니까?**
>
> 자유민주당 클레그 후보 : 지금 질문한 분이 제기한 문제는 우리 모두가 느끼고 있을 것입니다. 온갖 군데에서 그 문제가 발견되고 있기 때문입니다. 정부가 만든 현재의 공교육 커리큘럼은 600페이지입니다. 훌륭한 교육 시스템을 갖춘 스웨덴은 겨우 16페이지입니다. 요전에 읽었는데, 작년 교장 선생님들이 교육부로부터 받은 정부 지침이 4000페이지짜리였다고 합니다. 정말 말도 안 되죠.
>
> 교장 선생님도 제 역할을 하고, 교사도 제 역할을 할 수 있게 해드려야 합니다. **학생이 교육을 받는 방식에 열정과 창의성이 녹아 들어가 있어야 합니다.** 우리 자유민주당이 교육자유법(Education Freedom Act)을 만들려고 하는 이유가 바로 이것입니다. 정부는 모든 학교와 교실에서 진행되는 자유로운 교육 방식에 간섭해서는 안 됩니다. 이것은 큰 변화를 만들어낼 것입니다.

학교 내 규율의 중요성을 언급하며 규율을 강화해야 한다는 다른 후보 두 명과 자유토론을 한 후,

자유민주당 클레그 후보 : 물론 학교에서 규율은 중요합니다. 하지만 창의성, 교장 선생님과 교사를 위한 자율성 역시 중요하다고 생각합니다. 학교에서 규율과 창의성, 자율성을 보장하는 가장 간단하고 좋은 방법은 교실 내 학생 수를 줄이는 것입니다.

현재 영국에서는 다섯 살에서 일곱 살 사이의 아이들 8000명이 법에서 규정한 것보다 지나치게 큰 교실에서 지내고 있습니다. 제 친구 중 교사들이 말하길, 학생 수가 많으면 문제를 일으키는 학생들에게 주의를 기울일 수도 없고 똑똑한 학생들의 지적 호기심 해결을 도와줄 수도 없다고 합니다.

그래서 우리 자유민주당은 교실당 평균 학생 수를 초등학교는 20명, 중고등학교는 16명으로 낮추는 교육 정책을 추진할 계획이며, 이는 전액 정부 재정으로 부담할 것입니다.

2010년 영국은 역사상 처음으로 총리 후보 토론을 TV로 생중계했다. 후보 세 명이 참가해 세 차례 토론이 열렸는데, 세 번 모두 미국의 타운홀 형식으로 치렀다. 모든 질문은 토론 현장에 참가한 관객들이 후보에게 직접 질문한 것이다.

1차 토론에서는 런던에 사는 고등학교 3학년생이 본인이 느끼는 영국 교육의 문제점을 언급하면서 질문을 던졌다. 시험과 성적 위주의 학교 체계 때문에 제대로 된 교육을 받지 못하고 있다고 지적한 것이다. 이에 대해 자유민주당 클레그Nick Clegg는 학교 현장에서 자율성과 창의성을 보장하자는 교육 철학을 수차례에 걸쳐 강조했다.

다른 두 후보가 교사의 바람직한 권위를 보장하기 위한 규율을 언급하자, 클레그는 규율의 중요성을 인정하는 한편 규율과 본인이 중시하는 자율성과 창의성까지 함께 정책으로 구현하는 방법으로 교실 내 학생 정원을 줄이자고 제안한다. 이에 대한 근거로 통계 수치와 더불어 본인 주변의 사례를 설명함으로써 정성적 근거와 정량적 근거의 균형도 맞춘다. 곧이어 목표치까지 명시한 정책을 자신 있게 설명함으로써 설득력을 높이고 있다.

토론 후 실시된 여론조사의 "누가 토론에서 승리한 것으로 보느냐"는 질문에서 클레그는 61퍼센트라는 압도적인 지지를 얻었다(보수당 캐머런 David Cameron은 22퍼센트, 노동당 브라운Gordon Brown은 17퍼센트를 얻었다). 토론 승리에 힘입어 클레그는 '영국의 오바마'라는 별칭을 얻기도 했다.

대선 과정에서 철학적 질문을 중요시하는 것은 뭐니 뭐니 해도 프랑스가 압권이다. 2012년 프랑스 대선에서 이색적인 책이 발간되었다. 바로 철학 박사이자 시사주간지 기자인 프랑수아 고뱅François Gauvin이 쓴 《바이루, 올랑드, 졸리, 르 펜, 멜랑숑, 사르코지…… 그들의 철학관》이다. 이 책에는 재임 도전에 실패한 전임 사르코지Nicolas Sarkozy 대통령과 이번에 당선된 올랑드François Hollande 대통령을 포함한 총 15명의 대선 후보들의 철학적 견해가 담겨 있다.

고뱅은 대선판에서 후보들이 표를 얻기 위해 유권자들을 속이는 발언을 서슴지 않는다고 생각했다. 따라서 그는 후보의 진짜 생각을 알기 위해서는 근본적인 가치관을 묻는 철학적인 질문을 해서 후보의 정치적 견해와 판단의 잣대를 알아내야 한다고 믿었다. 예를 들어 국가란 무엇인가, 행복이란 무엇인가, 권력과 국민의 관계는 무엇인가 등의 다소 정치적 현실과 바로 닿아 있지 않을 법한 철학적 질문을 통해 후보가 실제로 대통령이 되었을 때 어떤 판단을 하게 되는지를 가늠해보고자 하는 책이었다.

좌파전선의 멜랑숑Jean Luc Melenchon은 이런 철학적 질문에 대해 역시나 상당히 진보적인, 어쩌면 다소 급진적으로 보일 수도 있는 철학적 견해를 보였다. 그는 국가가 국민의 동의 없이 어떤 결정을 했다면, 국민은 그 결정을 따르지 않을 권리가 있을 뿐 아니라 더 나아가 그 결정을 뒤집을 의무가 있다고 역설했다. 재미있는 것은 이번에 낙선한 사르코지 대통령의 답변이다. '국민이란 무엇인가?'라는 질문에 사르코지는 국민은 이리 저리 떠밀리는 걸 좋아하며 제대로 된 지도자를 만났을 때 비로소 국민이 된다고 약간은 마키아벨리와 비슷한 철학을 피력했다. 그는 희망이란 자신을 믿지 않는 사람이 가지는 일종의 무능력의 표현이라면서, 자신은 희망보다는 일과 노력에 더 많은 가치를 둔다고 말했다. 행복이 무엇이냐는 질문에는 '아름다운 여자'라고 대답하기도 했다. 이 대답들을 보면 각 후보가 가지고 있는 가치 판단의 날카로운 단면이 보이지 않는가.

끝으로, 다른 나라의 정치 토론에서 흔히 다뤄지는 철학적 질문 몇 가지를 소개한다. 이번 대선 토론에서는 이런 질문들에 대한 후보의 견해를 꼭 들을 수 있기를 기대해본다.

"대통령이 믿는 국가의 발전 방향과 국민이 믿는 방향이 부딪히는 경우, 당신은 대통령으로서 그중 어느 것을 따를 것이며, 이 둘 사이의 갈등 해소와 선택을 위해 당신은 어떤 요소를 고려할 것인가?"

"5년 재임 기간 중 '국가 발전을 위한 신속한 의사 결정'과 '의사 결정 과정의 절차적 민주성' 중 당신은 대통령으로서 어디에 더 비중을 둘 것이고, 이 두 가지가 부딪히는 경우 무엇을 기준으로 판단할 것인가?"

《정의란 무엇인가Justice : What's the right thing to do?》라는 책과 강의로 유명한 하버드 대학 마이클 샌델Michael Sandel 교수의 철학적 질문 역시 유용한 질문이 될 수 있다. 우리 사회에 접목한다면 후보들의 판단의 잣대와 고민의 깊이를 알 수 있는 좋은 리트머스 테스트가 될 수 있을 것이다.

"돈으로 살 수 있는 것과 살 수 없는 것의 기준과 원칙에 대해 대통령으로서 당신은 어떤 견해를 지니고 있는가? 더 나은 교육은 돈으로 살 수 있는 매매의 대상이어야 하는가? 예를 들어, 초·중·고등학교 중 일부 사립학교는 많은 돈을 내는 사람을 입학시켜준다. 혹은 일부 부유한 사람이나 유명 정치인들은 자식들을 해외의 명문 사립학교로 보낸다. 우리는 이를 원하건 원치 않건 받아들인다. 그럼 대학교에 대한 기부금 입학 역시 허용되어야 하나? 대학교는 기여 입학을 허용하지 않으면서 중고등학교는 허용하는 근거는 무엇인가? 판단의 기준과 철학은 무엇인가? 돈을 내고 군대를 안 가는 것은 허용되어야 하나? 돈을 내고 더 좋은 병원을 가는 것은 허용하면서 고속도로에 한 차선을 돈을 내고 빨리 가게 하는 것은 왜 허용하지 않나? 그 차이는 무엇인가?"

후보들은 대선 토론에서 이런 질문들에 대해 국민들에게 자신의 생각을 솔직하게 말해야 한다. 그리고 그들의 대답을 평가할 수 있기 위해서는 유권자인 우리가 먼저 그런 질문에 대답을 해보아야 한다. 유권자인 우리의 고민과 대답의 수준이 대선 토론에서 후보들이 하는 대답을 평가할 수 있는 좋은 바탕이 될 것이다. 그리고 이번 대선 토론에서는 후보가 쓰는 단어에 현혹되지 말자. 비전, 전략, 철학이라는 단어를 쓴다고 해서 그 사람이 비전이 있는, 전략을 가진, 철학을 지닌 후보는 아니라는 점을 간파하자.

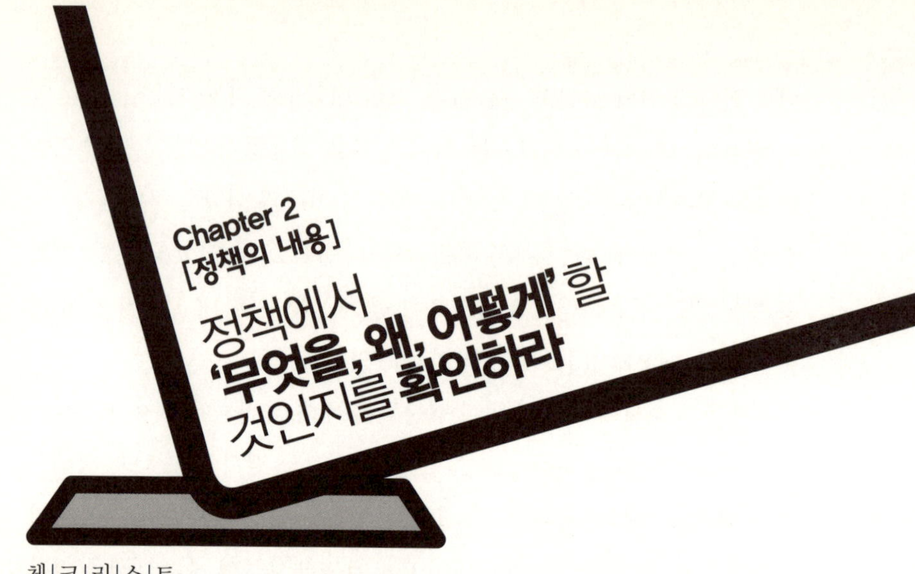

체|크|리|스|트

☑ **무엇을** 관념적이고 뻔한 구호가 아닌 정책이 지향하는 구체적인 변화와 목표가 있는가?

☑ **왜** 정책이 선정된 이유와 국민의 삶에 와닿는 예상 효과를 설명하는가?

☑ **어떻게** 목표 달성을 위해 추진해야 할 과제와 구체적인 실행 방안을 제시하는가?

후보의 비전과 철학이 큰 그림이라면, 유권자가 그다음으로 살펴야 할 것은 구체적인 정책의 내용이다. 우리는 늘 구체적이고 명확한 정책이 있어야 한다고들 한다. 그렇다면 정책이 명확하다는 것은 무엇을 의미할까? 도대체 어느 정도로 구체적이어야 할까? 어느 정도로 구체적이어야 충분하다고 할 수 있을까? 정책이 구체적이고 명확하다는 것은, 근본적으로 '무엇을', '왜', '어떻게' 하겠다는 것이 명시되어 있다는 뜻이다.

"온 국민이 다 잘사는 나라를 만들겠다.""정부 재정을 건전하게 만들겠다.""문화한국을 만들겠다."

이런 말은 정책이 아니다. 누구나 동의하고, 되기만 하면 당연히 좋은 것. 그것은 관념적인 구호이고 거룩한 말일 뿐 정책이 아니다.

정책은 그 좋은 나라를 어떻게 달성하겠다는 것인지, 무엇을 어떻게 해서 그 거룩한 미래를 만들 것인지가 과제 수준으로 정의되어야 한다. 과제 수준이라는 것은 누가, 언제, 무엇을, 어떻게 과거와 다르게 하겠다는 것이 정의된다는 뜻이다. "세금을 낮추겠다"는 발언도 엄격히 말해 정책으로 구체화되려면 누구를 대상으로 하는 어떤 세금을, 어느 시점에, 어느 정도나 낮추겠다는 것인지 명시되어야 한다. 그렇지 않으면 정책이 아니라 구호이고 이데올로기일 뿐이다.

정책다운 정책의 요건이 무엇인지, 국내외 지난 대선 토론에서 그 요건이 어떻게 무시되거나 존중되었는지 살펴보자.

무엇을 : 정책의 방향과 목표

정책이 정책다우려면 우선 구체적인 변화의 방향과 목표가 명시되어야 한다. 변화가 명시된다는 것은 지금과 무엇이 달라지는지 그 변화의 방향이 명시된다는 것이고, 목표가 명시된다는 것은 그 정책이 완수되었을 때의 모습과 변화의 속도가 측정할 수 있게 가시적으로 표현된다는 것이다.

다음은 우리나라 대선 토론과 영국 총리 후보 토론의 일부다. 두 토론 모두 '새 정부의 경제정책'이라는 공통된 주제에서 나온 답변이다. 각 발언에서 언급된 정책이 어떻게 다른지 살펴보자. (참고로, 우리나라의 토론에서도 정책이 구체적으로 언급된 경우가 있고, 영국 총리 토론에서도 개념적인 토론이 오고간 경우가 있다. 다만 독자와 유권자들의 이해를 돕기 위해 극단적으로 비교되는 발언을 뽑은 것이니, 특정 발언이나 후보에 대한 비판이 아닌, 정책이 가져야 할 구체성의 수위와 요건을 함께 고민해보는 계기로 삼아주시기 바란다.)

무소속 이회창 후보 : 경제는 기업으로 하여금 마음껏 뛰게 만드는 것에 요체가 있다고 봅니다. 대기업은 그저 규제를 풀어주면, 획기적으로 규제를 풀면 **열심히 뜁니다.** 그러나 중소기업은 기업을 푸는 것만 가져서는 안 됩니다. 중소기업은 또한 획기적으로 정부와 지원을 해서 도움을 주어야 합니다. 저의 경제정책은 그렇게 여러분처럼 화려하고 포장지에 싸지 않았지만 정말 국민들에게 필요한 경제정책을 담았습니다.

창조한국당 문국현 후보 : 부패에서 벗어나면 중소기업이 살 수 있습니다. 500만 일자리가 만들어질 수 있습니다. 비정규직이 반으로 줄 수 있습니다. 농촌이 살아날 수 있습니다. 어르신들이 공경받을 수 있는 사회가 될 수 있습니다. 환경 파괴가 없어지면서 아토피 같은 병 때문에 어린아이들이 고생하지 않을 수 있습니다. 저는 그런 녹색 경제, 생명 경제, 지식 경제를 하겠습니다.

한나라당 이명박 후보 : 첫째, 우리나라는 너무 반기업·반시장적 정서가 있습니다. 아마 **대통령이 친기업적 또 친시장적 대통령이 된다면 확실히 달라질 것입니다.** 두 번째, **규제 완화를 해야 합니다.** 지금 상장 기업이 300조 원이라는 현금을 보유하고 있습니다. 그것뿐만 아니라 우리 사회의 기초 질서, 노사 문화 바뀌면 GDP 1퍼센트 성장시킬 수 있습니다. 이것을 개혁하면 경제성장 10퍼센트 할 수 있습니다.

보수당 캐머런 후보 : 자유민주당 클레그 후보는 170억 파운드 세금 감면을 공약으로 걸었습니다. 1만 파운드 이하의 소득 구간에는 저도 당연히 세금을 면제해드리고 싶지요. 멋진 아이디어입니다만, 실현 불가능합니다.

자유민주당 클레그 후보 : 어떻게 달성할 수 있는지 제가 설명드리죠. 우선 최고 부유층에게만 혜택이 돌아가는 불공정한 조세제도를 고쳐야 합니다. 지금은 연금을 낼 때 **상위 10퍼센트의 고소득자가 나머지 전체를 합한 것보다 2배 수준의 세금 보조금 혜택을 받고 있습니다.** 우리 모두가 공정한 수준의 보조금 혜택을 받도록 개선해야 합니다. 그리고 그 돈으로 1만 파운드 이하의 소득 구간에 세금을 면제해주는 것이지요.

노동당 브라운 후보 : 저와 클레그 후보 둘 다 동의하는 것은, **최고 부자 3000명**

차이가 느껴지는가? 우리 대선 토론의 후보 발언은 무엇을 하겠다는 것인지가 구체적이지 않다. '무엇을 하겠다'는 발언 자체는 있다. 문제는 그 발언의 내용이 너무 일반적이고 상위 개념이어서 판단의 근거를 제공하지 못한다는 것이다.

이회창 후보와 이명박 후보가 대기업에 대한 규제를 풀고 중소기업에 지원하겠다고 말한 것만으로는 그것이 옳은지 그른지를 판단할 수가 없다. 대기업의 기준은 무엇이고, 어떤 규제를 언제, 얼마나 풀 것인가? 왜 그 기준과 속도로 규제를 푸는 것이 다른 기준과 속도로 푸는 것보다 낫다고 생각하는가? 과거와 견주어 무엇을 얼마나 다르게 하겠다는 것인가? 과거 정권들은 대기업 규제를 지속적으로 늘리고, 중소기업 지원을 줄여왔기 때문에 문제였던가? 지난 20년(노태우, 김영삼, 김대중, 노무현 정권)을 보면, 대부분 기업에 대한 규제는 줄이고, 지원은 늘려오지 않았던가? 그럼 무엇을, 얼마나 더 다르게 하겠다는 것인가? 과거의 정권보다 더 많이, 더 급속하게 규제를 감축하고 지원을 확대하겠다는 것인가? 그럼 얼마나 더 급속하게, 얼마나 더 많이 그러겠다는 것인가?

대기업 규제 완화와 중소기업 지원 강화는 충분히 구체적이지 않다. 대기업 규제 완화가 정답이냐 규제가 정답이냐는 논쟁으로 토론이 이루어지면, 그건 정책 토론이 아니다. 그건 이데올로기 토론이다. 자유와 평등 중 어느 것이 더 중요한지 하나를 선택하라는 토론은 이데올로기 토론이다. 이데올로기 토론이 정책 토론이 되기 위해서는 "어떤 상황에, 언제, 어느 정도의 자유는 평등에 앞선다" 또는 "또 다른 어떤 상황에서, 또 다른 어떤 사람들에게는 평등이 자유보다 더 중요할 수 있다"는 형태의 토론이 되어야 하며, 그때 비로소 국민들의 판단과 합의가 가능해진다. 그것이 정책 토론이다.

부패를 없애면 중소기업이 살 수 있다는 문국현 후보의 말도 마찬가지다. 부패가 나쁘다는 것은 온 국민이 다 알고 동의하는 사실이다. 그래서 뭐 딱히 좋고 나쁘고를 판단할 것이 없고, 따라서 유권자 입장에서 보면 정책으로 보기 힘들다. 부패를 없애면 중소기업에도 반드시 도움이 될 것이다. 비정규직이 줄어들 수도 있다. 논리를 아주 넓혀서, 후보가 말한 대로 부패를 없애면 농촌이 살아나고 심지어 아이들의 아토피가 사라져 녹색 경제에 도움이 된다고 치자. 그래도 그건 부패를 모두 없앴을 때 예상되는 효과이지 부패를 어떻게 없애겠다는 계획이 아니지 않은가. 우리 모두가 중요하다고 동의하는 그 부패 척결을 위해 후보가 구체적으로 무엇을, 어떤 정책을 하겠다는 것인지가 명확하지 않은 것이다.

반면 영국 총리 후보 토론에서 클레그의 발언은 정책적 내용이 매우 명확하다. 상위 10퍼센트의 최고 부자 3000명의 세금 보조금을 전면 폐지하겠다는 것과 1만 파운드 이하 소득 구간에 세금을 면제해 주겠다는 것이다. 후보가 이렇게 발언하면 유권자는 판단하기가 쉬워진다. 왜냐하면, 자신의 소득과 자산 규모에 따라 정책으로 얻게 될 득실이 매우 명확하게 보이기 때문이다. 또 후보가 당선되었을 때 나타날 변화의 방향과 정도가 명확해짐으로써 단순히 부유층의 세금을 늘리고 저소득층에 대한 지원을 늘리겠다는 개념적인 방향 제시가 아니라 구체적인 정책이 되는 것이다.

대선 토론에서 이렇듯 정책을 구체적으로 발언하는 것이 중요한 것은 단지 유권자의 판단에 도움이 될 뿐 아니라 그런 구체적 발언으로 후보 스스로 책임의식을 갖게 되고, 더 나아가 후보들이 대통령이 되기 전에 정책에 대해 좀 더 깊이 구체적으로 고민하게 되기 때문이다.

한편 무엇을 얼마나 하겠다는 것인지, 정책적 목표로써의 공적인 약속과 개인적인 바람이 섞여서 명확하게 구별되지 않는 발언도 있다.

사회자는 '비정규직 문제 및 노동시장의 양극화 문제를 해결할 정책'을 묻고 있다. 하지만 이명박 후보의 답변은 "동일 장소에서 동일 노동을 할 때 임금 수준이 90퍼센트 정도여야 한다"는 견해를 밝히는 데 그친다. 그것도 답변의 대부분을 양극화 문제 해결 방안이 아닌 문제 자체에 대한 설명으로 일관하다가 해결책은 마지막에 잠시 언급될 뿐이다. 비정규직 제도가 문제라는 것은 누가 모르겠는가. 온 국민이 다 아는 문제를 문제라고 설명하는 데 답변 시간의 대부분을 보내는 것은 아쉬운 일이다. 게다가 90퍼센트라는 것 역시 '생각한다'라는 표현을 사용함으로써 정책적 내용이나 목표라기보다는 후보의 견해와 바람 그 이상도 이하도 아닌 것이 되고 있다. 결국 지켜도 그만, 안 지켜도 그만인 바람이 되는 것이다.

또 곰곰이 생각해보면 머릿속에 자연스레 떠오르는 질문들이 있다. 80퍼센트나 70퍼센트가 아니라 딱 '90퍼센트 수준의 임금'이 나온 논리는 무엇인가? 이 수준의 임금만 지급되면 비정규직 문제의 본질이 모두 해결될 수 있는 것인가? 원래 질문이 의도했던 노동시장 양극화 문제를 풀기 위한 다른 정책은 없는가?

정책의 기본은 변화의 방향from where to where과 목표how much다. 후보가 도대체 '무엇을' 하겠다는 것인지가 후보 정책의 시작이다.

왜 : 정책의 이유와 근거

대선 토론에서 유권자들이 정책이 정책다운지를 확인하기 위해 두 번째로 살펴야 하는 것이 '왜'다. 정책이 추구하는 변화의 방향과 목표가 있다면, 왜 그런 정책을 추구하는지 이유가 있어야 한다. 이유는 다른 정책적 대안과의 비교여야 하고, 그와 동시에 국민에게 제공되는 효용의 표현이어야 한다.

대선 토론에서 후보들이 추구하는 정책적 목표와 근거에 대해 유권자들이 가장 쉽게 현혹되는 것 중 하나가 거시 지표다. 국가적 거시 지표는 중요할 수 있다. 그러나 그것이 정책의 근거와 당위를 제공해주지는 않는다. 왜냐하면 인과관계가 너무 멀기 때문이다.

앞에 언급한 사례에서처럼, 대기업 규제를 완화하고 중소기업 지원을 늘리면 우리나라 GDP가 2퍼센트 더 늘어난다고 주장한다면, 그것은 정책에 대한 유용한 근거일까? 그렇게 말하면 유권자로서는 판단하기가 어렵다. 대기업 규제를 완화하고 중소기업을 지원하면 GDP가 2퍼센트 늘어난다는 말이 맞는지 틀린지 직관적으로 판단할 방법이 없다. 그냥 후보의 입을 믿느냐 안 믿느냐는 문제가 되어버린다. 물론 많은 연구소에서 복잡한 계량 분석과 시뮬레이션을 했을 수도 있다. 그것은 학자들이나 전문가들을 대상으로 한 연구 발표회장에서 발표할 때 적절한 근거이지 일반 유권자들을 대상으로 하는 토론에서 적절한 근거는 아니다.

정책의 근거와 혜택은 유권자가 삶에서 가까이 느끼고 납득할 수 있는 근거로 전환해주어야 한다. 예를 들어, 규제로 인해 지난 해 국내 50대 기업에서 투자를 중단한 사례는 총 몇 건이고 그 금액은 얼마였는지, 그래서 그 투자가 이루어졌다면 직원 1000명 규모의 중소기업이 어떤 분야에 몇 개나 더 생길 수 있었는지를 이야기해주는 것이 'GDP 2퍼센트 성장'보다 유권자로서는 더 판단하기 쉬운 근거다.

대선 토론에서 이런 국가적 거시 지표가 어떻게 유권자의 삶과 괴리되어 허공에 붕 뜬 채로 사용되었는지를 살펴보자.

정동영 후보의 대답을 요약하면 '100만 명의 일자리, 5대 문화 산업 강국'을 만들어내겠다는 것이다. 우선, 이 답변은 본래 질문이었던 '한국 전통문화, 문학 등 콘텐츠 개발이 상대적으로 미흡한 분야를 어떻게 더 장려할 것인지'에 대한 정책적 답이 아니다. 문화 산업 전반의 시장이 크니, 그 안에서 일자리 몇 개를 더 늘리겠다는 목표치를 제시하는 데 불과하다. 목표치 자체를 구체적으로 제시하는 것은 좋은 일이다. 다만, 목표치로 제시된 숫자가 거시적인 지표라서 유권자로서는 그것이 자신의 삶에 어떤 의미가 있는지 판단할 근거가 없다. 5대 문화 강국이 되면 내 삶이 뭐가 달라질까? 영화 요금이 싸져서 일 년에 두 번 보던 영화를 세 번 볼 수 있나? 집에서 보는 케이블 방송 요금이 떨어지나? 이도 저도 아니면, 방송국이 하나 더 생겨서 옆집 대학 졸업생의 취업이 더 쉬워지나?

정책의 목표와 근거는 사람들의 삶에 훨씬 더 붙어 있어야 한다. 사람들이 쉽게 평가할 수 있어야 좋은 정책적 근거다. 모든 혜택을 국가적 거시 지표인 GDP, 실업률과 국가 등수로 환산해서 제시할 것이라면, 어느 후보건 높은 숫자를 부르는 사람이 좋은 후보가 되지 않겠는가. 후보가 자신의 정책으로 GDP가 2퍼센트 성장한다고 할 때 유권자는 어차피 2퍼센트가 맞는지 틀린지 확인할 방법이 없으니 기왕이면 높은 게 좋지 않을까. 그래서 2007년에 나온 공약이 '747'이지 않은가.

후보로서는 거시 지표를 제시하는 것이 좋은 전략일 수도 있다. 매우 그럴듯해 보이고 책임 소재도 모호하며 향후 변수도 많고 빠져나갈 구멍도 많다. 그러나 유권자로서는 공허한 구호일 뿐이다. 인과관계도 명확하지 않고 판단하기도 어렵다. 따라서 대선 토론에서 후보가 국민에 대한 혜택을 공중에 하염없이 떠 있는 거시적 지표로 제시하면, 유권자는 후보의 정책이 아직 구체적이지 않다고 판단하면 된다. 정책이 추구하는 변화의 이유와 근거는 유권자들이 생활에서 느낄 수 있는 혜택으로 제시되어야 한다. 그렇게 설명하지 못하는 정책은 아직 구체적인 효과가 충분히 검토되거나 준비되지 않은 정책임을 잊지 말자.

어떻게 : 실행 방안과 추진 과제

후보가 정책의 방향과 목표, 근거를 잘 제시했다면, 그다음에 유권자들이 주목해야 할 것은 실행 방안('어떻게' 할 것인가)과 추진 과제다. 엄밀히 말해, 목표를 실행할 구체적 방안이 없으면 그 목표는 허구에 지나지 않는다.

다음의 답변은 앞의 사례 13에서 언급했던 한국 전통문화 콘텐츠 개발에 대한 질문에 이인제 후보가 한 답변이다. 정책이 정책다운 구체성을 가졌는지 살펴보자.

아쉽게도 투자를 하겠다는 것 이외에는 정책적 요소를 찾기 힘들다. 측정 가능한 목표도 없고 무엇보다 문화 강국을 어떻게 달성하겠다는 과제 혹은 계획이 없다. 어떻게든 우리나라의 전통문화를 강화하겠다고 하지만 정작 필요한 답변은 '어떻게'다.

구체적이고 설득력 있는 정책 설명 대신 '대통령이 되면 모든 것을 다 해결하겠다'는 식의 의지만 넘쳐난 답변들도 있다.

그런 장애가 있습니다. 제가 대통령이 되면 이 모든 것을 해결하겠습니다. 지금 공직 진출 쿼터에 있어서 30퍼센트인데 제가 대통령이 되면 40퍼센트로 끌어올리겠습니다. 그리고 제가 대통령이 되면 정부 장관도 50퍼센트는 여성으로 하겠습니다. 여성들이 사회·경제 활동을 할 기회를 확대하고, 사회·경제 활동을 함에 있어서 승진의 기회나 임금에 있어서 절대로 차별받지 않는 이런 사회를 제가 반드시 실현하겠습니다.

대통령 후보로서 이인제 후보가 가진 의지와 진심을 믿지 못하는 것이 아니다. 그러나 안타깝지만, 이인제 후보의 대답 중 대부분은 '당선되면 어떻게든 해결하겠다'는 답변의 반복이다. 또 답변에서는 '여러 가지 정책', '최선의 정책', '다양한 정책'을 추구해서 문제를 해결하겠다고 하지만 유권자가 진짜 알고 싶고, 반드시 알아야 할 것은 '그놈'의 다양한 정책의 내용이 도대체 무엇이냐는 것이다. "어떻게 해서든지 제가……모든 것을 동원해서 꼭 해결하겠다"는 후보의 의지만 달랑 믿고 투표할 수는 없지 않은가.

유권자를 대상으로 정책의 핵심 내용과 실현 방안—무엇을, 왜, 어떻게—을 상대적으로 명료하게 전달하는 대선 토론의 사례는 어떠한 모습일까? 물론 미국의 대선 토론 역시 정책이 아닌 구호가 난무하는 경우가 많다. 하지만 2008년 미국 대선에서 오바마의 의료보험제도 개혁 정책은 정책을 어떻게 실행할 것이며, 그것을 실행하면 유권자 입장에서 어떤 것이 달라지는지를 쉽게 설명하는 좋은 예다.

참고로, 미국은 65세 이상 노년층과 빈곤층을 제외한 나머지 인구에 대해서는 민간 보험사가 의료보험을 대부분 맡고 있다. 소규모 자영업자 또는 회사가 보험 혜택을 제공하지 않는 근로자라면 한 달에 1000달러가 넘는 보험료를 지불하기가 어려운 형편이다. 그렇다 보니 미국인 여섯 명 중 한 명꼴인 약 5000만 명이 의료보험에 가입하지 못하고 있으며, 2008년에는 극심한 경기 악화로 실업률이 높아지면서 이 수치가 급등했다.

미국의 의료보험이 어떤 문제에 직면했는지를 단적으로 보여주는 것이 마이클 무어Michael Moore 감독의 다큐멘터리 영화 〈식코Sicko〉다. 이 영화에는 절단기를 사용하다 약지와 중지, 두 손가락 끝을 잘리는 사고를 당한 남성이 등장한다. 불행히도 그는 의료보험에 가입하지 못했다. 이에 '중지 봉합에 6만 달러(약 7000만 원), 약지 봉합에 1만 2000달러(약 1500만 원)'가 든다는 의사의 말을 듣고 이 남성은 둘 중 어느 손가락을 봉합할지 심각히 고민한다. 보험에 가입하지 못한 저소득층은 '그저 안 아프길 기도하는 수밖에 없는' 상황인 것이다.

오바마 공약의 핵심 골자는 의료보험의 사각지대로 내몰리고 있는 빈곤층을 구제하여 미국 사회의 경제적 불평등과 심각한 양극화를 개선한다는 데 있었다. 오바마는 의료보험을 이제 상품commodity이 아니라 미국인으로서 당연히 누려야 할 인권human right으로 여겨야 한다고 주장했다. 공영보험으로 무보험자들을 구제함으로써 의료보험 가입률을 84퍼센트에서 97퍼센트로 높이자는 것이다. 하지만 이에 대해 공화당은 연방 정부가 개인이 자유롭게 선택할 권리를 제한하는 사회주의 정책이라며 거세게 비판했다.

다음은 의료보험제도 개혁에 대한 논쟁이 한창이던 2008년 미국의 3차 대선 토론의 내용이다.

사례 16 : 2008년 미국 3차 대선 토론(2008년 10월 15일, 21:00~22:30)
사회자(시퍼) : 지금처럼 어려운 경제 상황에서 **의료보험 혜택을 늘리기보다 의료보험 비용을 통제해야 한다**는 생각에 대해 어떻게 보십니까?

민주당 오바마 후보 : 우리는 두 가지—혜택을 늘리고 비용도 통제하는 것—를 다 해야 합니다. (…) 제 계획은 이렇습니다.

이미 의료보험을 가지고 있다면, 아무것도 하실 필요가 없습니다. 만약 고용주를 통해 보험에 가입되어 있다면 그대로 현재의 보험을 유지하시면 됩니다. 대신 정부는 보험료를 낮추기 위해 노력할 것입니다. 가구당 평균, 연간 최대 2500달러만큼의 보험료를 낮출 수 있을 것으로 전망합니다.

만약 의료보험이 없다면, 매케인 상원의원과 제가 가입되어 있는 연방 정부 공무원용 의료보험과 동일한 종류의 보험에 가입할 수 있는 선택 기회를 드릴 것입니다. 이 보험은 이미 가입자가 많기 때문에 저비용으로 고품질의 의료 혜택을 제공할 수 있습니다.

정부는 보험회사들이 개인의 질병 전력을 이유로 보험 가입 시 개인을 차별하는 것을 막을 것입니다. 환자들이 저렴한 가격에 약을 살 수 있도록 제약 회사들과도 협상할 계획입니다. 정보기술에 투자해서 관료주의를 타파하는 동시에 더욱 효율적인 의료 정보 관리 체계를 구축하겠습니다.

당뇨병과 심장병같이 치료 비용이 매우 많이 드는 만성 질환에 대해서는 사전 예방을 할 수 있는 정책에 투자하겠습니다. 초반에는 비용이 들 수 있겠지만, 장기적으로는 미국 가정을 건강하게 유지할 수 있는 유일한 방법입니다. 또한 급증하는 비용을 막고 재정 건전성을 확보할 수 있는 방법이기도 합니다.

'의료보험 혜택을 늘리는 것과 비용을 통제하는 것 중에 어떤 것을 지지하는지' 묻는 사회자 시퍼^{Bob Schieffer}의 질문에 대해 오바마는 두괄식—두 마리 토끼를 모두 잡는 정책이 필요하다—으로 대답을 시작한다.

그런 후에 오바마는 이해관계가 서로 다른 두 유권자 그룹에게 각각의 혜택을 명확하게 약속하고 있다. 보험 가입자에게는 보험료 인하를, 정책의 최대 수혜자가 될 무보험자에게는 공영보험에 가입할 수 있는 선택의 기회를 부여하겠다는 것이다. 대선 토론을 지켜보고 있는 유권자로서는 오바마가 대통령이 된다면, 자신이 속한 그룹에 따라 어떤 혜택을 얻게 되는지를 쉽게 이해할 수 있다. 또 보험회사에 대한 규제 문제 역시, 가입자의 질병 전력을 이유로 보험 가입을 차별하는 것을 막겠다고 상당히 구체적인 변화를 제시하고 있다. 마지막으로, 특정 질병에 대해서는 발병 후 치료가 아니라 사전 예방에 집중 투자하겠다는 장기적인 정책 방향도 밝히고 있다.

이 모든 설명은 2분 안에 이루어졌다. 물론 우리나라 대선 토론은 답변 시간이 1분 또는 1분 30초로 제한되어 있다. 이 점을 감안하더라도 오바마의 사례를 보면, 후보가 본인의 정책을 논리정연하게 설명하는 것은 시간과는 큰 관계가 없다. 오히려 후보의 지적 능력과 정책에 대한 고민 및 준비 수준에 직결된다고 봐야 할 것이다. 우리나라 대선 토론 중 간혹 등장하는 "시간이 부족해서 여기서 설명을 다 드리지는 못한다"는 후보의 발언은 핑계에 불과해 보인다.

대선 토론에 나오는 후보의 정책과 발언이 구체적이고 명료해야 한다는 데에는 누구나 동의할 것이다. 그러나 대선 토론을 보는 많은 유권자들은 후보의 발언을 듣고 난 후 무엇이 달라지는지, 무엇이 좋아지는지, 무엇을 하겠다는 것인지를 알게 되는 개운함 대신 찝찝함을 금할 수 없을 것이다. 왜냐하면 구호와 의지만 난무하고 내용이 없기 때문이다.

후보의 어떤 발언이 구체적이고 명료한지에 대해 유권자들이 판단할 수 있는 잣대는 의외로 쉽다. 후보의 발언이 끝난 후에 후보가 '무엇을', '왜', '어떻게' 한다는 것인지를 유권자 스스로 메모지에 한번 써보시라. 후보의 발언을 듣고 난 직후에도 그것이 잘 쓰이지 않는다면, 그 정책은 충분히 명확하거나 구체적이지 않은 것이다. 우리 유권자가 후보의 발언을 제대로 정리하지 못해서 그런 것이 아니다. 후보의 생각과 정책 자체가 명쾌하면, 유권자의 이해도 명료해진다. 후보별로 무엇을 어떻게 할지, 그렇게 되면 유권자에게 무엇이 좋아지는지를 각자 적어서 대선 토론을 함께 보는 가족이나 친구들과 한번 비교해보자. 그것이 후보의 정책을 정책답게 만들기 위한 우리 유권자 노력의 시작이다.

체|크|리|스|트

☑ **혜택과 대가** 국민에게 돌아갈 혜택뿐만 아니라 치러야 할 대가까지 솔직하게 고려하고 있는가?

☑ **단기와 장기** 정책 실행 및 효과의 실현에 있어 단기와 장기를 균형 있게 고려하고 있는가?

☑ **지지층과 반대층** 후보 본인의 지지 기반뿐 아니라 반대 측 입장과 논리 및 다양한 이해관계자들의 견해를 충분히 검토·반영하고 있는가?

대선 토론에서 후보들이 가장 흔히 하는 말이 '~하겠다' 또는 '~해드리겠다'는 식의 장밋빛 공약이다. 그래서 후보들이 말하는 순간 느껴지는 확신과 자신감만 보면, 마치 5년 안에 대한민국 전체를 뒤집어엎을 기세다. 지난 수십 년 동안 대선 토론에서 약속된 공약만 모두 실현되었어도, 우리나라는 지금쯤 지상낙원이 되고도 남았을 것이다. 경제성장률만 보더라도, 노무현 대통령이 후보 시절 7퍼센트 경제성장을 외쳤고, 이명박 대통령도 '747'을 외쳤으니, 그것만 제대로 이루어졌어도 우리 국민들의 소득 수준이 아마 지금쯤은 북유럽 정도는 되어야 정상일 것이다.

이렇게 공수표가 남발되는 것은 후보들이 동전의 양면을 살피지 않고 발언하기 때문이다. 동전의 양면을 살피지 않기 때문에 좋은 면만 극단적으로 부각해서 제시하는 것이다. 세상 모든 것에는 동전의 양면이 있기 마련이다. 혜택이 있으면 대가가 있고, 단기적인 득이 있으면 장기적인 실이 있으며, 나에게 좋은 소식은 어떤 누군가에는 슬픈 소식일 수 있다.

정치인은, 특히 대선판에 나선 후보는 그 동전의 양면을 살피지 않기 십상이다. 아니, 설령 살핀다고 해도 그것을 국민과 유권자에게 투명하게 발언하지 않는 경우가 태반이다. 표가 떨어지기 때문이다. 유권자가 진실을 말하는 후보는 싫어하고 온갖 달콤한 말을 하는 후보에게 표를 주기 때문이다. 아이가 사탕을 주는 어른을 따라다니면 이빨만 썩는다. 후보가 '~해주겠다'고 하는 말은 결국 국민들이 '~을 부담해야 한다' 혹은 '~을 참아야 한다'는 말이나 다름없다. 그것을 쏙 빼고 뒤집어서 좋은 말만 하는데 국민이 속으니, 후보는 계속 공수표를 날리는 것이다.

"영리한 정치인이란 국민에게 해야 할 말을 하는 사람이 아니라 국민이 듣고 싶은 말을 하는 사람이다"라는 말이 있지만, 사실 그런 정치인은 직업 정치꾼이지 정치 지도자라고 보기는 어렵다. 후보가 자신의 정책에서 혜택만 말하고 대가는 숨긴다면, 장기적인 의義보다는 눈앞의 이利를 추구한다면, 반대층보다는 지지층이 듣고 싶어 하는 말만 한다면, 그는 정치판의 정략가이지 지도자가 아니다. 후보를 직업 정치꾼이 아니라 정치 지도자로 만드는 방법은 쉽다. 국민이 먼저 동전의 양면을 보고 후보가 동전의 앞쪽만 말할 때 그 뒤쪽에는 무엇이 있냐고 추궁하면 된다. 그리고 앞뒤 모두를 말하는 후보에게 표를 주면 된다.

혜택과 대가, 그 상반된 가치를 파악하라

아버지가 집에서 가족회의를 열었다고 가정해보자. 아버지는 큰소리로 호언장담을 한다. "엄마에게 외제 승용차를 사주겠다", "대학 졸업하는 아들은 삼성에 입사시켜 주겠다", "고등학교에 다니는 딸은 서울대에 들어가게 해주겠다"고 하면, 가족들이 뭐라고 하겠는가? 우리 아빠 좋은 아빠라며 반색할까? 사실 가족 모두가 코웃음을 칠 일이다. 엄마가 외제 승용차를 사려면 스스로 십 년치의 옷값과 외식비를 줄여야 하고, 아들이 삼성에 입사하려면 스스로 실력과 스펙을 쌓아야 하며, 딸 역시 서울대에 가려면 본인이 스스로 공부를 열심히 하는 수밖에 없다.

제대로 된 아버지는 "내가 사주겠다", "내가 입사시켜 주겠다", "내가 합격시켜 주겠다"고 하지 않는다. 그것은 허세일 뿐이며 진정으로 가족을 위하는 길이 아니라 가족을 망치는 길이다. 좋은 아버지는 "넌 할 수 있다", "우린 함께 할 수 있다", "대신 네가 노력을 해야 한다" 그리고 "우리 모두 돕겠다"라고 한다. 가세가 기울어가는 집의 아버지라면 가계부를 감추고 "다 잘될 거다", "나만 믿어라", "니들은 걱정 말고 공부만 해라"라고 말할 것이 아니라 가계부를 펴서 보여주며 "우리는 씀씀이를 줄여야 하고 더 열심히 일해야 한다", "나부터 절약하고 더 노력하마", "대신 5년 동안 노력하면 우리에겐 분명 희망이 있다"라고 말해야 한다.

우리 대선 토론에서 후보들이 말하는 정책의 가장 큰 문제점은 대가, 노력, 비용, 희생은 없고 보상, 혜택, 수혜, 지원만 있다는 것이다. 대통령이 신도 아니고 마술사도 아닌데, 그리고 정부가 할머니 복주머니도 아닌데, 어떻게 나오는 것만 있고 들어가는 것은 없겠는가.

햇살이 비치면 그늘이 지듯이, 세상 모든 것에는 대가가 따르기 마련이다. 정책도 마찬가지다. 선택을 하면 거기에는 반드시 대가가 따른다.

수익return에는 위험risk이 있고, 혜택benefit에는 비용cost이 따르기 마련이다. 모든 면에서, 누구에게나, 언제나 좋은 정책은 없다. 그러나 선거가 임박하면 후보는 수익과 혜택을 과장해서 말하고 위험과 비용은 감춘다. 혹은 깊이 고민하지 않는다. 나쁜 후보다. 그러나 후보들이 그렇게 행동하는 데는 이유가 있다. 유권자들이 좋아하기 때문이다. 유권자들이 속기 때문이다.

후보가 대가를 말하지 않음으로써 유권자를 어떻게 속이는지 해당 사례를 살펴보자. 다음은 2007년 3차 대선 토론 중 고령화 시대의 복지정책 방향에 관한 대화다.

사례 17 : 2007년 한국 3차 대선 토론(2007년 12월 16일, 20:00~22:00)
대통합민주신당 정동영 후보 : (…) 65세 이상 국민연금 혜택 못 받는 사각지대도 70퍼센트나 되지 않습니까. 급한 대로 내년 1월부터 시작하는 8만 3000원 드리는 기초 노령연금은 너무 적습니다. 다른 후보들도 다 동의하십니다. 제가 당선되면 임기 내에 2배 올리도록 하겠습니다. (…)
민주노동당 권영길 후보 : (…) 오늘 여러분들께서 기초 노령연금 액수를 말씀하셨습니다. 지금 8만 4000원인데 3배 정도 늘려야 됩니다. 지급 대상도 80퍼센트로 늘리겠습니다. 민주노동당은 국민 1인당 주치의 제도를 내걸고 있습니다. 특히 노인분들의 건강을 책임지도록 하겠습니다. 일자리가 가장 중요한 문제입니다. 정년 65세로 늘려야 됩니다. 업종별 정년제를 택하겠습니다. 그런데 정년 연장하면서 피크임금제 해야 됩니다. 연장 안 하고 피크임금제 하면 임금이 삭감되기 때문에 반대합니다. (…)
무소속 이회창 후보 : (…) 그래서 일자리 문제는 노인분들께서 하실 일이 참 많습니다. 도서관이나 또는 환경공원이나 기타 여러 가지 공공기관에도 그렇고 하실 일이 많습니다. 이런 부분을 정부가 적절하게 찾아서 반드시 일하실 수 있도록, 움직이실 수 있도록 해야 된다는 것입니다. 소득 부분은 기초 노령연금을 현재 8만 원 수준에서 20만 원으로 올리려고 합니다. 조금은 아마 도움이 되실 것이다, 지급 범위도 60퍼센트에서 80퍼센트로 늘리려고 합니다. 건강 부분은 장기 요양 보험 대상을 넓혀서 확대하고 그다음에 틀니 또는 침해,

기타 당뇨, 노인성 질환에 대해서는 **본인 부담 부분을 건강보험에서 정부가 부담하는 안을 실시하려고 합니다.** 아무튼 건강하고 힘차게 여생을 보내시기 바랍니다.

위의 토론을 보면, 노인 문제 해결을 위한 각종 혜택이 쏟아지고 있다. 토론 자체만 보면, 노인분들께 제시하는 혜택의 수치가 높을수록, 수혜 받는 노인분들의 수가 많을수록 좋은 후보인 것처럼 느껴질 태세다. 과연 그런가? 어느 후보 하나 수혜에 따르는 대가와 노력에 대해서는 언급하지 않는다. 톨게이트와 주차장 관리를 노인분들께 맡기면 거기서 일하던 젊은 사람들은 어디로 가나? 기초 노령연금을 2배 올리면, 그 재원은 어디에서 오나? 정년을 65세로 늘리면, 신규 일자리의 감소는 어떻게 감당하나? 실제로 3차 대선 토론 다음 날 MBC 라디오 〈손석희의 시선집중〉 '대선 후보 TV 토론회에서 못 다한 이야기'에서는 이러한 대가에 대한 질문이 이어졌다.

사례 18 : 2007년 한국 3차 대선 토론 다음 날 〈손석희의 시선집중〉 '대선 후보 TV 토론회에서 못 다한 이야기'(2007년 12월 17일, 06:00~08:00)

진행자(손석희) : (…) 고령화 사회 복지 정책 방향, 그중에서 특히 기초 노령연금을 8만 원에서 20만 원으로 늘린다, 수혜 대상을 60퍼센트에서 80퍼센트로 확대한다, 이렇게 공약을 하셨는데요. (…) **그런데 이렇게 갑자기 8만 원에서 20만 원으로 늘리고 수혜 대상도 대폭 확대를 한다면 그 예산은 어떻게 충당을 합니까?** 그러니까 대부분의 후보들이 이런 경우에 어디서 줄이면 된다, 이렇게 얘기하는데요. 마찬가지 입장이십니까?

이회창 후보 정책특보 표학길 : 네, 아니 뭐…… **줄이는 것도 줄이는 겁니다만 기본적으로 기초 노령연금이 8만 원이라는 것은 사실 얘기가 안 되는 얘기죠. 우선 20만 원으로 늘리는 게 절대적으로 필요한데요.** 저희 특히 이회창 후보께서는 두 가지 소스에서 가능하다고 생각을 하고 계십니다. 첫 번째는 복지 예산 중에서도 노무현 정부하에서 선심성 복지 예산, 그러니까 엄청난 낭비

위의 토론에는 정책의 대가에 대한 질문과 답변이 있다. 이런 논의는 매우 도움이 된다. 하지만 이런 대화는 대선 토론 이후의 라디오 프로가 아니라 대선 토론 중에 이루어져야 한다. 대가에 대한 토론이 이루어져야 후보가 대가와 재원에 대해 고민을 하게 된다. 그리고 결과적으로 후보가 자기 정책의 내용과 목표에 좀 더 신중해지고 책임감을 가지게 된다.

그러나 위의 대답에도 아쉬움은 있다. "재원을 이전 정부의 선심성 복지 예산, 낭비된 예산에서 조달하겠다"고 했는데, 그 표현은 충분히 구체적이지 않다. 선심성 복지 예산이나 낭비가 전혀 없는 정부가 어디 있는가. 그런 선심과 낭비가 어디에서, 얼마나 있었는지 밝혔어야 하지 않을까. 그리고 그것을 언제, 어떤 방식으로 줄이겠다는 것인지도 밝혀야 한다. 대선 토론에서 후보는 이런 예산의 감축이나 재원 조달에 대해서는 절대 구체적으로 말하지 않는다. 예산을 줄이면 국민 가운데 누가 당장 피해를 입는지에 대해서도 절대로 말하지 않는다. 국방 예산과 외교 예산에서 줄이겠다는 표현도 마찬가지다. 국방, 외교, 복지 수준의 범주에서 예산을 줄이고 늘린다는 대답 역시 너무 크게 분류한 이야기라서 그것이 가능한지 혹은 옳은지를 판단하기 어렵다.

선거에서 패배했지만 2008년 공화당 매케인의 대선 토론 답변은 대가를 묻는 질문이 어떻게 후보에게서 좋은 답변을 유도할 수 있는지를 단적으로 보여준다.

또 하나 재미있는 예는 2008년 미국 대선 3차 토론이다. 이 토론에서 사회자는 두루뭉술하게 이야기하는 후보들에게 정책의 대가를 집요하게 추궁한다. 모든 후보들이 재정 적자를 줄이겠다고 공약했지만, 실제로 당시 후보들이 만든 정책을 보면 결국에는 적자가 더 늘게 되어 있었던 것이다. 이에 사회자는 "현실을 무시하는가?", "어떤 예산을 실제로 줄일 거냐?", "구체적으로 얘기해라" 등의 후속 질문을 반복적으로 하면서 후보를 집요하게 추궁하였다.

사회자(시퍼) : (…) 지금 두 후보 모두 재정 적자를 줄일 거라고 말하고 있습니다. 그러나 양당으로 구성된 위원회에 따르면 두 후보가 예상한 비용 절감을 모두 합하더라도, 두 사람의 정책은 결국 2000억 달러 추가 적자를 야기할 것으로 추정됩니다. 두 분 다 현실을 무시하고 있는 건가요? 아니면 두 후보께서 말했던 정책 중 일부를 폐기하거나 연기할 건가요? 도대체 어디서 절감할 것인지 구체적으로 예를 들어주십시오.

민주당 오바마 후보 : (…) 미국민들은 7500억 달러의 구제금융을 더 잘 이해해야 합니다. 구제금융이 제대로 활용된다면—저는 그렇게 만들 겁니다—세금을 내는 미국민들에게 궁극적인 혜택이 돌아갈 겁니다. (…)

사회자(시퍼) : 어쨌든 일부 예산과 지출을 줄이실 거죠?

민주당 오바마 후보 : 물론입니다. (…) 제가 제안한 모든 지출은 그만큼의 재정 감축을 통해 메워질 것입니다. (…) 한 가지 진실은 우리가 이번 경제 위기를 겪음으로써 과거와 같은 낭비적인 생활로는 돌아갈 수 없다는 겁니다. (…)

사회자(시퍼) : 알겠습니다. 하지만 질문의 요지는 '그래서 도대체 어디서 지출과 적자를 줄이실 겁니까?'라는 겁니다.

공화당 매케인 후보 : 에너지 부분입니다. 우리는 핵연료 에너지를 활용해야 합니다. 우리를 싫어하는 나라를 위해 일 년에 7000억 달러씩 쓰는 것을 멈춰야 합니다. (…) 전 부분에 걸쳐 예산을 동결할 겁니다. (…) 정부 재정 적자는 10조 달러에 이르고 있으며, 눈덩이처럼 불어나고 있습니다. (…) **저는 어떤 프로그램에서 예산을 줄일지 알고 있습니다.**

사회자(시퍼) : 도대체 예산을 줄이신다는 그 프로그램이 뭡니까?

공화당 매케인 후보 : (…) 예를 들면 **마케팅 보조 프로그램입니다. 다른 한 가지는 에탄올 보조금입니다.** (…) 저는 브라질산 사탕수수 에탄올의 관세를 없앨 겁니다. 모든 정부 보조금들에 하나하나 비토(반대권)를 행사할 겁니다. (…)

위의 대화에서 일부 생략되기는 했지만 오바마와 매케인 모두 "재정 적자는 중요한 이슈다", "나는 줄일 수 있다", "정말 중요한 이슈다"라는 당위론적 대답만을 반복한다. 그리고 사회자는 "그게 도대체 뭐냐"고 집요하게 추궁하고 있다. 끝내 매케인은 몇 가지 구체적인 부분을 말하게 된다.

이러한 추궁이 꼭 사회자에게서만 나오는 것은 아니다. 2007년 대선 토론에서도 교육정책과 관련하여 이인제 후보가 직접 상당히 날카로운 질문을 하기도 했다.

창조한국당 문국현 후보 : (…) 그러면서 저는 공교육에 2배 이상의 예산을 쓰겠습니다. 그래서 우선 교사 수를 현재보다 2배 늘리겠습니다. 한 교사당 학생 수가 세계 평균의 2배를 넘고 있습니다. 이것을 바로잡겠습니다. 그리고 지방분권화와 함께 학부모의 손에, 선생님의 손에 교육의 자율권을 넘겨드리겠습니다. (…)

민주당 이인제 후보 : 문국현 후보께서는 상당히 이상적인 수치를 잘 제시하시는데 지금도 말씀을 들어보니까 우리 선생님 수를 2배로 늘려버리겠다고 너무 쉽게 말씀을 하셔서 깜짝 놀랐습니다. 그렇게 늘릴 수 있는 재원이 있다면 얼마나 좋겠습니까. 문 후보님께서 아마 제시하신 교육비가 GDP의 4.5퍼센트 수준인데요. 7~8퍼센트까지 충격적으로 늘려서 과연 재정이 견딜 수 있겠는가 걱정입니다. 또 다른 후보들이 임기 내에 일자리 300만 개, 500만 개 말씀하시는데 그러려면 연평균 10퍼센트 넘는 성장이 되어야만 되는데, 물론 그렇게 되면 얼마나 좋겠습니까만 대단히 어려울 것 같습니다. 그래서 우리는 현실성 있는 이야기를 해야 되지 않느냐 생각하고, 우리 교육은 누구나 다 걱정하는 과제입니다.

위의 토론을 보면 이인제 후보는 상대 후보의 정책이 이루어지기 위한 전제 조건에 현실적인 의구심을 제기하고 있다. 물론 이인제 후보 역시 문제 제기를 할 뿐 문제의 해결책을 제시하고 있지는 않지만, 문제 제기의 내용과 방식은 상당히 설득력이 있다.

2010년 영국의 3차 총리 후보 토론에서 젊은 세대의 기수를 표방한 자유민주당 클레그의 대답 역시 특정 정책의 대가를 있는 그대로 국민들에게 알려주고 있다.

이 토론에서 클레그는 유권자들에게 기본적으로 도깨비 방망이는 없음을 말한다. 또 어떤 부분에서는 정부 지출 감축으로 피해를 보는 사람들이 있음을 숨김없이 구체적으로 명시하고, 국민들에게 모든 정책에는 대가가 따른다는 것을 상기시키고 있다.

대통령은 릴레이 주자, 임기 내에 해결될 문제는 없다

정책이 수익과 위험, 혜택과 비용을 충분히 고려하고 국민에게 숨김없이 제시되고 있는지를 감시하는 것과 더불어 유권자는 대선 토론에서 후보가 장·단기 과제의 균형을 고려하고 있는지 꼼꼼히 살펴야 한다.

대선 토론에서 후보들은 대부분 자신의 임기 내에 모든 것을 해결하겠다고 한다. 5년이면 우주도 구할 기세다. 하지만 우리가 직면하고 있는 대부분의 문제가 과연 5년짜리인가? 빈부 격차, 대기업 집중, 남북통일, 입시교육…… 어느 것 하나 5년 안에 속 시원히 해결될 수 있는 이슈가 아니다. 그래도 후보들은 5년 안에 다 해결할 거라고 약속한다. 정작 무서운 것은, 대통령은 5년 후에 떠나지만 국민은 남는다는 사실이다. 좋은 후보는 국민들에게 5년짜리 섣부른 기대가 아니라 50년간 지속될 수 있는 변화에 대한 큰 합의와 겸손한 출발, 인내의 단초를 제공해야 한다. 유권자는 후보가 5년 임기 내의 성과가 아니라, 국가의 존망이라는 장기적 관점까지 고려한 정책을 설계하고 있는지를 살펴야 한다.

후보들이 얼마나 임기 내의 극단적이고 가시적인 성과에 매달리는지, 2007년 2차 대선 토론의 사례를 보자. 교육정책에 대한 답변에서 권영길 후보는 다소 극단적인 정책을 제시하면서 그에 따라 예상되는 장기적 부작용에 대한 설명에는 소홀함을 보여준다.

> **사례 23 : 2007년 한국 2차 대선 토론(2007년 12월 11일, 20:00~22:00)**
>
> **민주노동당 권영길 후보 :** (…) 대학 평준화를 통한 입시 폐지가 근본적 해결책입니다. 저는 대학 평준화를 통한 백년지계의 교육정책을 세우겠습니다. 국공립 대학을 통폐합하고 서울대 수준으로 집중 육성하겠습니다. 사립대학을 통폐합한 다음에 대학입시제를 폐지하겠습니다. 고교 졸업 자격 시험만으로 대학 입학이 되도록 하겠습니다. 입학은 쉽게, 졸업은 어려운 대학, 특수화 교육이 가능한 대학은 유럽에서 다 하고 있습니다. 저는 24조 원의 교육정책을 추가로 마련해서 12조 6000억 원을 육아부터 고등학교까지의 무상교육을 사립학교 상한제에 쓰고, 12조 6000억 원은 장애인 등 교육에 투입하겠습니다. 반드시 입시 지옥, 사교육비 해결하겠습니다.

권영길 후보의 정책이 얼마나 옳은지 틀린지에 대한 검증은 차치하더라도, 정책이 급격하다는 것은 부인할 수 없다. 급격하다는 것 자체가 나쁜 것은 아니다. 그러나 급격한 변화의 실행에는 많은 논의와 합의가 필

요하다. 권영길 후보의 발언에서 대학 평준화에 따른 잠재적 부작용과
그에 대한 해결책이 언급된 것은 하나도 없다. 대통령으로 뽑혔다고 자
신이 믿는 모든 정책을 밀어붙일 수 있는 것은 아니다. 자신의 임기 내에
"말뚝을 확 박아서 뽑지 못하게 하겠다"고 한 노무현 대통령의 발언도,
"4대강 사업을 임기 내에 완료해버리겠다"는 이명박 대통령의 의지도
모두 자신의 임기 내에 뭔가 끝을 보려는 사고의 결과다. 권영길 후보는
백년지계의 교육정책을 세우겠다고 말하지만, 백년지계에 맞는 고민과
준비는 부족하다.

　반면, 장단기에 걸친 정책의 허와 실이 좀 더 균형 잡힌 대답을 2008년
미국 2차 대선 토론에서 볼 수 있다. 경제위기를 당장, 가장 빨리 해결해
줄 수 있는 방법이 무엇이냐는 질문에 오바마는 자신의 경제정책을 설명
하면서 마지막에는 장기적 과제를 함께 설명했다. 그럼으로써 국민들이
문제를 보는 시각과 속 시원한 해결에 대한 기대의 호흡을 길게 가지고
가도록 유도하고 있다.

방청객 : 경기 침체에 허덕이는 국민, 퇴직자 그리고 실업 인구 등을 가장 효
과적이고 신속하게 구제하기 위한 당신의 해결책은 무엇입니까?
민주당 오바마 후보 : (…) 당장 첫 번째로 해야 할 일은 지난주에 통과된 구제
금융이 제대로 작동하도록 관리·감독하는 것입니다. (…) 재무부는 구제금융
이 지급된 금융회사들로부터 이후 구제금융을 제때 갚을 것을 요구해야 합니
다. 그리고 해당 회사의 경영진들은 해고되어야만 합니다. 그러나 그것은 단
기적인 첫 단추에 불과합니다. (…) 그리고 장기적으로는 우리의 의료 체계를
개혁해야만 합니다. 석유에 지나치게 의존하고 있는 에너지 시스템도 고쳐야
만 합니다. 이 두 가지가 우리 국민들에게 커다란 부담이 되고 있습니다.

　대선 후보는 당연히 자신의 임기 내에 가시적인 성과와 업적을 남기고

싶다는 유혹을 느낀다. 그러나 우리 국민이 정말로 고통받고 있는 과도한 사교육, 늘지 않는 일자리, 대기업과 중소기업 간의 양극화, 빈부 격차, 남북문제 같은 쟁점들은 절대로 5년짜리 호흡으로 해결되지 않는 것들이다. 따라서 후보들이 느끼는 유혹을 유권자가 막아주어야 한다. 모든 대통령이 자신의 임기에 맞는 성과를 추구하면 우리나라는 5년짜리 과제로 넘쳐흐른다. 이 땅에서 수십 년, 아니 수백 년을 살아갈 유권자들이 그것을 막지 못하면, 4년 중임제를 해도 8년짜리 과제만 넘쳐날 것이다.

따라서 유권자들은 대선 토론에서 후보가 5년 안에 뭔가 대단한 해결을 하겠다고 호언장담하면 먼저 의구심을 가지고 봐야 한다. 오히려 "이 문제는 장기적인 문제다", "5년 내에 문제 해결의 기초를 닦겠다", "일단 해결 방향에 대한 국민적 공감대를 형성하겠다"고 말하는 후보가 더 사려 깊고 국가의 긴 앞날을 진심으로 고민하는 사람일 수 있다는 것을 명심해야 한다.

정파의 수장 vs. 국민의 대표

끝으로 유권자는 후보가 정책을 내놓을 때 후보를 지지하는 집단과는 다른 견해를 가진 사람들을 배려하고 고려하고 있는지 확인해야 한다. 대선 중 논쟁의 쟁점은 대부분 해결 방향에 대한 국민적 합의가 없고, 서로 다른 해결책을 주장하기 때문에 생기는 것들이다. 그런 상황에서 후보가 자신을 지지하는 집단과 계층의 주장만을 반복적으로 되풀이한다면 그는 정파의 대표일 뿐, 국가를 대표하는 대통령이 해야 할 역할에 대해 아직 잘 모르고 있다고 보아야 한다.

대통령은 국민 50퍼센트의 지지로 당선되어 나머지 50퍼센트에게 인내와 굴종을 강제하면서 50퍼센트의 지지자가 믿는 바대로 세상을 5년간 한번 화끈하게 바꾸어보는 사람이 아니다. 나라가 청군 백군 운동회 하듯 운영하는 것인가. 대통령은 국민 50퍼센트에 의해 당선되어도, 운영은 국민 전체를 대표해서 하는 것이다. 그리고 반대편의 인내 이상으로 자신을 지지하는 그룹에게 변화와 개선을 더 강력하게 요구해야 하는 것이 대통령이다. 자신을 지지하는 사람들에게조차 변화를 설득할 수 없는 대통령이 어떻게 자신을 반대하는 사람들에게 변화를 요구하고 설득할 수 있겠는가.

우리나라 국민들의 생각이 가장 크게 갈리는 대북정책에 대한 2007년 대선 토론을 보자. 어떤 후보도 서로 다른 두 생각을 어떻게 합칠 것인지, 혹은 어떻게 양보할 수 있는지에 대해 제안하지 않았다. 모든 후보가 본인이 속한 정당의 이념과 사상만을 강조할 뿐 반대쪽에 서 있는 국민의 생각을 고려하고 존중하면서 한 국가로서 '통합'되어야 한다고 강조하지 못했다.

사례 25 : 2007년 한국 1차 대선 토론(2007년 12월 6일, 20:00~22:00)

무소속 이회창 후보 : (…) 여러분, 가만히 앉아 있는데 자꾸 와서 돈 주고 지원하면 어느 바보가 핵을 포기하겠다고 하겠습니까. 돈 주고 지원하면 핵 문제 해결된다고 하는 말, 저는 아주 정신 나간 소리라고 생각합니다. 분명하게 원칙을 정하고 그리고 협조할 때는 협조하되 협조하지 않을 때는 불이익을 준다는 이러한 분명한 원칙 있는 태도가 북으로 하여금 핵 포기를 하게끔 결의하게 하는 가까운 길이다, 저는 이렇게 생각합니다. 감사합니다.

대통합민주신당 정동영 후보 : 저는 이회창 후보님과 생각이 분명히 다릅니다. 철학이 다릅니다. 이명박 후보와 이회창 후보 두 분의 생각은 시대착오적입니다. 왜냐하면 미국이 햇볕정책으로 돌았습니다. 지금 두 분께서는 한미 동맹을 강화하자고 하면서 미국과 엇박자 나고 있는 셈입니다. 부시 정부는 지난 7년 동안 대북 적대시 대북 무시 정책으로 일관해왔습니다. 그러다가 몇 달 전에 백팔십도 바꾸었습니다. 미국 국무부와 부시 대통령의 정책은 정동영의 정책과 가장 닮았습니다. (…)

우리나라 대선 토론에서 대북정책과 더불어 가장 의견이 대립되는 사안은 성장과 분배 문제다. 대북정책과 성장·분배 정책은 국민의 생각이 반반씩 나뉘는 대표적인 이슈다. 다음의 토론 역시 대부분의 후보들이 문제 해결을 위해 어떻게 국민을 통합할 것인지보다는 자신과 지지자들의 믿음을 어떻게 강변할 것인지에 초점이 맞춰져 있다.

앞의 토론에서 권영길 후보는 근본적인 틀을 바꿔야 한다고 주장하고 있지만 여전히 편가르기식 답변을 보여주고 있다. 권영길 후보의 정견이 맞냐 틀리냐를 말하는 것이 아니다. 장담컨대, 적어도 상당수의 국민들은 그 발언이 과격하다고 느낄 것이고, 그렇게 되는 순간 그 정책은 현실적으로 힘을 받아 실행되기 어렵다. 다시 한 번 말하지만, 대통령은 국가의 대표이지 정파의 대표여서는 안 된다.

이런 정파적 논쟁은 최근 들어 미국에서도 점점 더 심해지는 경향이 있다. 하지만 드물게 몇 가지 좋은 답변의 사례도 있다. 2004년 3차 대선 토론에서 민주당의 케리John Kerry 후보는 공화당 대통령과 정치인들의 좋은 점에 대해서 칭찬하고, 본인이 정파의 대표가 아니라 국가의 통합자로서 어떻게 미국이라는 나라를 이끌 것인지에 대해 답변하고 있다.

리는 바뀌어야만 합니다. 대통령 후보로서 저는 진심으로 그런 모습을 바꿀 의지를 가지고 있습니다. 저는 의견과 정책이 어느 당에서 나온 것인지 상관하지 않습니다. 우리는 함께 일해야 하고 함께 변화해야 합니다. (…) 끝으로 만일 미국인들이 저를 대통령으로 신임해주신다면, 저는 맹세할 수 있습니다. 저는 상대 정파 사람들을 배제하거나 백악관에서 끼리끼리 은밀하게 회의를 하지 않고, 국민과 함께 미국의 희망과 미래를 일궈나가겠습니다. 그렇게 하기 위해, 저는 제 친구인 매케인 후보(상대 공화당 의원)와 함께 선거 비용 개혁(매케인의 정책)을 위해 노력할 것입니다. 그것을 통해 우리는 금권 선거를 정치권에서 몰아낼 수 있고, 정치를 국민의 것으로 되돌려놓을 수 있을 것입니다.

또 다른 사례는 2008년 미국 3차 대선 토론이다. 상대방 헐뜯기, 네거티브 광고에 관한 사회자의 질문에 오바마는 소속 정당과 무관하게 모두가 함께 미국이 당면한 문제를 해결하자고 촉구한다.

사례 28 : 2008년 미국 3차 대선 토론(2008년 10월 15일, 21:00~22:30)
사회자(시퍼) : (…) 두 후보 모두 선거 유세 때 상대방을 힐난하거나 비방하지 않겠다고 했지만, 결과적으로 많은 비방전이 오고 갔습니다. (…) 이제 서로 얼굴을 보고 있습니다. 두 분께서는 상대의 비방 광고에 대해 어떻게 생각하십니까?

중간에 한동안 상호 반론과 재반론을 거친 후,

민주당 오바마 후보 : (…) 우리가 서로의 선거 광고에 대해 논쟁을 계속 벌일 수도 있을 겁니다. 하지만 우리 둘 다 그것에 대해 쉽게 동의하기는 어려울 겁니다. 그보다 제가 가장 중요하게 생각하는 것은 우리가 당면한 문제를 함께 해결해야 함을 서로 인정하는 것입니다. (…) 만약 우리가 지난 8년간 감소한 국민의 소득과 일자리를 개선할 수만 있다면, 민주당이건 공화당이건 혹은 특정 정당을 지지하지 않는 사람이건 우리 모두 함께 노력할 수 있어야만 합 대선 토론에서 후보들은 수없이 많은 정책을 쏟아낸다. 유권자들은 두 눈을 부릅뜨고 살펴야 한다. 후보의 정책이 비용보다 혜택을, 장기적 토대보다 눈앞의 성과를, 국민 전체의 의견보다 자기 정파의 견해를 앞세우고 있지는 않은지 살펴야 한다. 대부분의 후보는 유권자들의 귀에 달콤하고, 자신의 지지자들이 열광할 정책에 매달린다. 내 귀에 달콤하고, 내가 열광하는 정책은 그만큼 나와 반대쪽에 서 있는 사람에게는 쓰고, 말도 안 되는 정책일 가능성이 높다.

유권자인 내가 먼저 동전의 양면을 보아야 한다. 그래야 그런 후보를 뽑을 수 있고, 그래야 후보들이 동전의 양면을 보려고 노력하기 시작한다.

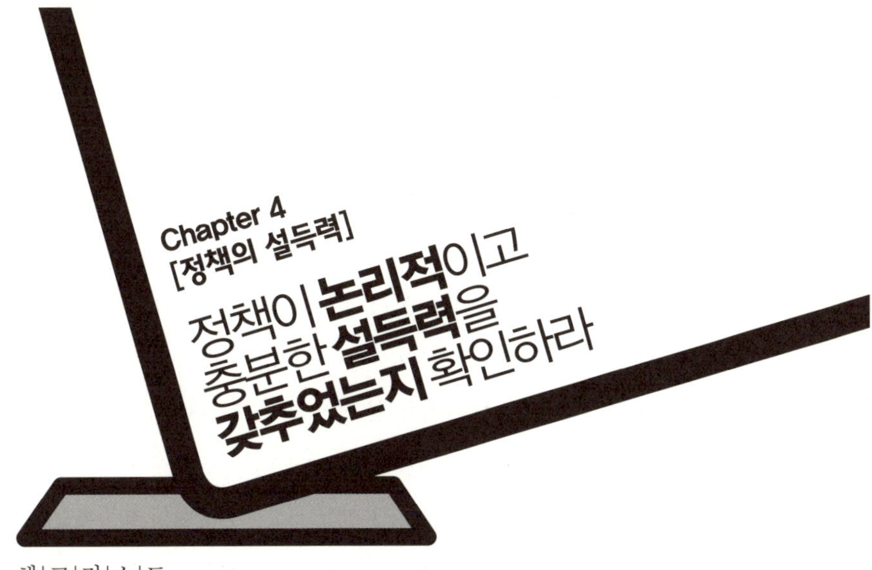

체|크|리|스|트

☑ **정확한 사실** 정책의 근거가 충분하고 정확한 사실관계에 기초하는가?

☑ **탄탄한 논증** 정책의 이유, 내용 및 효과 사이의 논리적 연결 고리가 탄탄한가?

☑ **손쉬운 설명** 정책과 주장이 날카롭고, 적절한 설명과 비유를 통해 쉽게 설명하는가?

"우리 사회의 언어가 '의견'과 '사실'을 구분하는 능력을 상실한 지 오래다. '의견'을 '사실'처럼 말하고 '사실'을 '의견'처럼 말하기 때문에 언어가 소통이 아니라 단절로 이르게 된다. 이것은 지배적 언론이나 담론들이 당파성에 매몰돼 그것을 정의, 신념이라고 믿기 때문이다. (…) 우리 사회, 우리 젊은이들은 현실을 과학적으로 인식하기보다는 정서적, 이념적으로 인식한다. '이것이 무엇인가'라는 사실이 아니라 '내 편이냐 아니냐', '내게 유리하냐 아니냐'로 인식한다."

시사 토론 사회자로 유명한 정관용 한림대 국제대학원 교수의 저서 《나는 당신의 말할 권리를 지지한다》에 인용된 김훈 선생의 글이다.

우리는 후보의 정책이 설득력 있는가를 뭉뚱그려 판단하는 경향이 많다. 후보의 발언과 정책을 대충 듣고서도 머리에 쏙쏙 들어오고 평소에 자신이 갖고 있던 생각과 비슷하면, 정책이 설득력이 있다며 좋아한다. 설득력을 몇 가지 요소로 쪼개어 생각하는 것이 아니라 한 묶음으로 보는 것이다. 그러나 정책과 주장의 설득력을 묶음으로 판단하면, 결국에는 전체적으로 자기 마음에 맞느냐 안 맞느냐라는 문제로 귀결된다.

자기 마음에 맞느냐 안 맞느냐라는 문제는 개인적 선호의 문제가 되기 때문에 논의의 여지가 사라지게 된다. "좋다는데 무슨 상관이냐?"라고 해버리면 상대가 할 말이 없다. 그렇기 때문에 논리적 설득력은 쪼개서 생각해야 한다. 무엇이, 어떤 부분이 '옳으냐, 옳지 않으냐?'라는 문제로 옮겨져야 토론과 합의가 가능해진다.

논리적 설득력을 쪼개서 본다는 것은 무슨 의미일까? 우선은, 과학적 사실의 제시다. 한마디로 의견view이 아니라 사실fact을 제시하는 것이다. 둘째는, 사실fact로부터 유추된 후보의 정책적 견해view/implication의 인과관계가 탄탄한가라는 문제다. "지난 3일 동안 까마귀 날자 배 떨어졌으니, 우리 모두 배를 얻기 위해서는 까마귀를 날립시다"라고 하면 그 후보의 판단은 틀린 것이다. 원인과 결과, 사실과 시사점의 논리가 명확하고 탄탄해야 한다. 셋째는, 설명이 쉽고 직관적으로 이해되고 설득력이 있어야 한다. 결국 정책과 주장에는 사실fact과 분석analysis과 비유analogy가 모두 함께 있어야 설득력이 있다. 후보가 주장하는 정책이 맞는지 궁금한가? 그럼 후보가 말하는 정책이 사실과 분석을 담고 있는지 확인하자. 그리고 후보가 말한 비유가 문제의 본질을 정확하게 전달하는지 확인하자.

정확한 사실의 근거를 요구하고 검증하라

예전에 어딘가에서 벌어진 토론의 장면이다. 진보 진영과 보수 진영의 대표가 나와서 4대강의 효과에 대해 논쟁을 벌이고 있었다. 논쟁은 "낙동강 유역의 홍수 및 가뭄 방지에 4대강 사업이 과연 유용하냐?"라는 것이었다. 20분가량을 한쪽은 "예방에 좋다", 다른 한쪽은 "별 도움이 안 된다"라고 싸웠다. 꽤 긴 시간이 지나고 난 후에야 양쪽 주장에 차이가 있는 것은 "4대강 사업 이후에 강 수심이 얼마나 깊어지느냐?"에 대해 서로 다른 정보를 가지고 있었기 때문임을 발견했다.

양 진영이 서로 강 수심이 3미터냐 10미터냐를 두고 논쟁을 벌이는데, 국민들로서는 답답하기 그지없는 일이었다. 다시 20분 정도를 "3미터냐, 10미터냐?"만을 가지고 논쟁을 하는 것이었다. 곰곰이 생각해보면 강의 수심이라는 것이 강의 어떤 부분을 측정했는지, 또 어느 계절에 측정했는지에 따라 다 다를 터인데, 그에 대한 검증은 없고 서로 강이 얕다 깊다만 가지고 싸우고 있으니 답답할 따름이었다.

토론은 사실에 바탕해야 판단이 가능하다. 하늘이 높다, 낮다만 가지고 싸우면, 평생 가도 판단과 합의가 이루어지지 않는다. 하늘과의 거리가 몇 미터인지를 얘기해야 판단이 된다. 대선 토론에서 토론을 하는 후보들과 토론을 보는 유권자들도 마찬가지다. 후보들은 정책을 말할 때 객관적으로 입증되는 근거를 가지고 해야 하고, 유권자는 그 근거가 사실인지를 확인해야 한다. 그것이 없으면 주장이며 의견일 뿐이다. 의견은 사람마다 다른 것이 정상이고, 주장만으로는 시시비비를 다툴 수 없다. 2002년 대선 토론은 상대적으로 객관적 정보와 사실에 의한 토론이 힘을 발휘했다.

앞의 토론을 보면 노무현 후보와 이회창 후보 공히 복지 예산을 얼마나 많이, 얼마나 빨리 증가시킬 것인가를 놓고 상당히 구체적으로 토론을 하고 있다. 복지 예산을 단순히 '많이 늘린다' 혹은 '적게 늘린다'가 아니라 GDP의 몇 퍼센트까지 늘릴 것인지, 그리고 그 몇 퍼센트라는 것의 계산 기준이 무엇인지를 놓고 사실관계 논쟁을 벌인다.

사실과 수치에 기반한 토론은 유권자들의 이해와 판단을 도울 뿐 아니라 후보 본인에게도 정책을 좀 더 구체적으로 고민하게 하고 또한 말에 대한 책임을 강화하는 효과가 있다. 따라서 대선 토론에서 특정 후보가 구체적인 사실, 수치, 통계 등을 사용해 토론한다면 유권자는 해당 후보의 정책 연구에 더 깊은 신뢰와 믿음을 줄 수 있다.

우리나라 2007년 대선 토론에서는 많은 수치와 근거가 제시되었지만, 사회자도 상대 후보도 그 수치와 근거에 대해 추궁하거나 더 구체적인 근거를 들어 반박한 경우는 많지 않았다.

> 창조한국당 문국현 후보 : 이제 우리나라만 전체 근로자의 55퍼센트가 비정규직입니다. 미국처럼 4퍼센트가 비정규직인 사회를 만들어야 합니다.
>
> 한나라당 이명박 후보 : 운하에는 기본적으로 독극물이나 기름 탱크는 다닐 수 없게 되어 있습니다. 그렇기 때문에 그런 사고가 날 수 없습니다. 200년 역사에 세계에서 그런 사고도 없었지만 실제 다닐 수 없게 규제되어 있습니다. 이 것은 유럽에서 2010, 21세기의 친환경, 지구온난화를 막기 위해 운하를 만들어야 되겠다고 해서 정부가 지원하는 운하 계획을 2010계획에서 발표를 한 바 있습니다.
>
> 민주당 이인제 후보 : 일본 대학 졸업생들 올해 취업률이 97퍼센트입니다. 지금 우리나라 대학 졸업생들 변변한 일자리, 자기 마음에 드는 일자리 가는 대학 졸업생 10퍼센트도 안 됩니다.
>
> 민주노동당 권영길 후보 : 국제에너지위원회는 앞으로 30년 동안 연 30퍼센트씩의 성장을 전망하고 있습니다. 그래서 저는 2020년까지 전력 소비를 재생에너지 산업으로 전환하도록 하고 있습니다. 이 재생에너지 산업은 2020년까지 85만 개의 일자리를 만들어내게 됩니다.
>
> 대통합민주신당 정동영 후보 : 168조 원, 한나라당이 부도낸 나라 살리기 위해 대기업에 168조 원 넣었습니다. 주식이 올라서 10조 원의 잉여가 났습니다만. (…)

이 발언을 들으면서 유권자들은 이렇게 생각해볼 수 있다. 이인제 후보가 말한 "변변한 일자리", "마음에 드는 일자리"의 기준은 도대체 뭘까? 무엇을 기준으로 삼으면 10퍼센트라는 결과가 나올까? 정동영 후보가 "주식이 올라서 10조 원의 잉여가 났다"는데 어느 시점의 주가를 기준으로 잡은 결과일까? 주가는 매시간 변화하는데, 언제부터 언제까지를 평가했기에 10조 원의 잉여금이 도출되었을까? 한편 "재생에너지 산업으로 85만 개의 일자리를 만들어낸다"는 권영길 후보의 말은 도대체 어느 단체에서, 어떤 방법으로 계산한 것인가?

그러나 토론에서는 막상 사회자도, 경쟁 후보도 위의 질문과 같은 추궁이나 반박을 하지는 않았다. 특정 후보의 주장에 대한 근거로 수치가 사용되었지만, 그 수치가 사실인지, 출처가 어디인지, 기준은 또 무엇인지에 대한 확인 없이 주장만 후루룩 지나가버린 것이다.

영어 속담에 "틀린 정보가 들어가면 틀린 판단이 나온다Garbage in, Garbage out"라는 말이 있다. 잘못된 정보가 들어가면 잘못된 판단이 나온다는 말이다. 엄밀히 말하면, 앞의 사례도 마찬가지다. 토론과 정책에 사용된 정보와 데이터가 틀렸는지 맞았는지 알 수 없기 때문에 그것으로 이루어진 정책적 판단도 옳은지 그른지를 판단할 수 없다는 것이다.

특히 우리나라 대선 토론은 후보들이 기준과 출처 없이 자기 입맛에 맞는 수치와 자료만 골라서 제시하는 경향이 있다. 따라서 유권자들은 반드시 검증을 해야 한다. 뒤에서 언급하겠지만 이런 검증에는 유권자들의 노력뿐만 아니라 여러 시민 단체와 언론사의 협조와 책임이 반드시 필요하다.

실제로 2002년 대선 토론에서 설왕설래된 노무현 후보와 이회창 후보의 GDP 대비 교육비 비중에 대한 논박을 보자.

Part 3

주시고, 만일 6퍼센트라고 하면, 1퍼센트가 대충 6조 원입니다. 지금 수도 옮기는데 지금 6조 원을 지금 주장을 하시는데 그 6조 원을 느닷없이 수도 옮긴다는 얘기로 그렇게 막 분란을 일으키고 그럴 게 아니라 바로 서민을 위한 서민 교육을 위한 교육 투자 쪽에 써서 7퍼센트로 하실 의향은 없으신지 한 번 여쭤봅니다.

민주당 노무현 후보 : 어디서 무슨 자료를 보시고 말씀을 하시는지 모르겠습니다. 저는 시종일관 교육 예산은 6퍼센트입니다. 5퍼센트 수준에서 7퍼센트 수준으로 수치를 바꾼 것은 경제 성장률에 관한 문제이지요. 그건 사실과 다릅니다. 다르고. 그리고 행정수도 이전 비용 6조를 말씀하셨는데, 40조를 주장하셨다가 6조를 말씀하시는데 좋습니다. (…)

한나라당 이회창 후보 : 지금 그 6조 원은 노무현 후보께서 하시는 말씀이고 저희는 40조입니다. 그건 혼동하신 것 같고요. 그리고 7퍼센트의 GDP 7퍼센트의 교육투자 재정 문제는 〈국민일보〉와의 최근에 인터뷰에서 그렇게 나온 걸로 봤습니다. 그건 분명히 자료를 가지고 본 것이고요. (…)

민주당 노무현 후보 : 한나라당도 교육 재정 7퍼센트, 민노당도 7퍼센트여서 지금 한 6퍼센트 하기가 참 부담스러웠습니다. 그러나 소신을 가지고 6퍼센트 한 것이기 때문에 어디 〈국민일보〉에 7퍼센트 이런 것 기록이 나갔을 리가 없습니다. 이건 확실합니다. 6퍼센트입니다. (…)

당시 노무현 후보는 교육 예산 공약으로 GDP 대비 7퍼센트를 말한 적이 없다고 확신에 차서 발언했다. 그러나 3차 대선 토론 6일 전 〈국민일보〉에는 이런 인터뷰 기사가 실렸다.

〈국민일보〉 기자 : "공교육 정상화 방안은?"

민주당 노무현 후보 : "교육 개혁의 핵심은 공교육 강화에 있다. 사교육비를 댈 수 있는 능력이 좋은 대학을 갈 수 있는 기준이 돼서는 안 된다. 사교육비 때문에 차별받지 않는 교육제도를 마련하기 위해 2002년 GDP 대비 4.73퍼센트인 교육 재정을 7퍼센트로 확충하겠다."

물론 당시 노무현 후보가 〈국민일보〉와의 인터뷰 사실을 의도적으로 속였다기보다는 까먹었거나 노무현 후보의 발언 기사 자체가 오보일 수도 있다. 어쨌든 이러한 사실관계를 유권자들이 엄격하게 확인하는 한, 후보들이 대선 토론에서 하는 자신의 발언에 대해 훨씬 더 신중해지고 책임감을 느낄 것이다.

사후적으로 유권자가 사실관계를 확인하지 않아도, 대선 토론 진행 중에 사실관계(통계)에 대한 반론이 제기된 예도 있다.

이 토론에서는 다행히도 후보들 간에 특정 정보에 대한 사실관계가 검증되었지만, 대선 토론에서 언급되는 다른 수많은 정보들은 과연 얼마나 사실일까? 우리 유권자들이 신경도 쓰지 않고 듣고 지나가는 수많은 정책 효과들은 과연 모두 사실일까?

사실관계를 검증해야 할 것이 객관적 숫자나 자료뿐만은 아니다. 후보들이 자신의 업적으로 내세우는 것들 역시 마찬가지다. 다음의 발언 역시 대선 토론에서 나온 것들이다.

후보들의 이런 자기 자랑을 보면 사실관계 확인을 해봐야겠다는 생각이 들지 않는가? 이명박 후보는 정말 세 번의 표창을 모두 양성 평등에 대한 공헌으로 받았는지? 이인제 후보가 말한 남녀고용평등법 통과는 노동부의 업적인지, 아니면 국회의 업적인지? 이회창 후보가 말한 국회의원의 여성 비율이 30~50퍼센트까지 늘어난 것이 여당 총재의 공헌인지, 아니면 공천심사위원회의 공헌인지?

우선 후보들이 자신의 재임 기간에 이뤄진 모든 성과가 마치 자신의 업적인 것처럼 말하는 태도가 문제다. 시장이나 도지사로 재임할 당시 해당 시도에서 무슨 일이 이루어졌건 좋은 것은 죄다 자신의 업적이고, 나쁜 것은 죄다 외부 여건의 탓으로 돌린다. 동네 마을의 강아지가 열 쌍

둥이를 낳아도 도지사와 시장의 업적이 될 판이다.

대선 토론에서 각 후보 간의 주장이 판이하게 갈리는 경우, 그 근거에 대한 사실관계 검증은 더욱 필요하다. 특히 우리나라처럼 해외 벤치마킹에 잘 설득되는 곳에서는 국민들의 판단이 어려운 해외 사례에 대한 주장은 더욱더 검증이 필요하다.

2007년 2차 대선 토론에서 이뤄진 교육정책 관련 토론에서 든 해외 사례가 좋은 예다.

권영길 후보가 말한 특수화 교육이란 무엇인가? 일단 정의도 애매하다. 그리고 특수화 교육이 가능한 대학은 유럽에 진짜 많은가? 대학 평준

　　　　　　　　　　　　　　　　　　　　　　　　　Part 3

화는 이제 정말 프랑스밖에 남지 않은 것인가? 핀란드 대학은 정말 완전 평준화되어 있는 것인가? 핀란드 대학의 경쟁력은 정말 세계 1위인가? 그럼 왜 세계 최고 대학 리스트에는 매번 미국과 영국 대학들이 상위를 휩쓰는가?

반면 미국에서는 일단 토론에 들어가면 상대방의 과거 발언 기록이나 국회에서의 법안 투표 기록을 직접 언급하면서 사실관계에 대한 검증을 매우 엄격하고 활발하게 한다. 무엇보다도 토론 직후에는 언론사, 시민 단체의 주도로 후보가 토론 중에 발언한 내용의 사실관계 검증이 엄격하게 이루어진다.

예를 들어, 미국의 팩트체크^{Factcheck.org}나 폴리티팩트^{Politifact.com}라는 비영리 기구 등에서는 대선 토론에서 언급된 후보의 발언뿐만 아니라 중요한 정치인들의 모든 발언에 대한 사실관계를 수시로 검증하고 이를 일반 유권자가 쉽게 찾아볼 수 있도록 하고 있다. 그리고 사실관계가 명확하지 않은 것은 명확하지 않다고 다시 명시하고, 명확하지 않은 이유를 명시해 유권자들의 판단을 돕고 있다. 최근에는 대선 후보들의 발언에 대한 사실관계를 손쉽게 확인할 수 있는 스마트폰 어플리케이션도 등장해서 인기를 끌고 있다. MIT 미디어랩 연구소가 만든 슈퍼팩^{Super Pac}과 비영리법인 선라이트 재단이 제작한 애드호크^{Ad Hawk}라는 어플리케이션은 팩트체크와 폴리티팩트의 누적된 데이터베이스를 활용하여 대선 TV 광고의 사실관계를 진단한다.

이런 민간단체가 아니더라도 〈워싱턴 포스트〉나 CNN 등의 언론사 역시 대선 토론을 전후해 후보 발언의 사실 여부를 조사하여 유권자에게 제공하고 있다. 대선 토론이 있을 때는 그때그때 사실 확인 페이지^{fact check page}를 만들어서 보고하는 것은 물론이다. (이에 대해서는 Part5의 Chapter 9 '유권자의 예습과 복습을 돕는 4가지 비결'에서 자세히 설명할 것이다.)

사실 현실적으로 우리나라 유권자들이 대선 토론에서 언급되는 모든 자료의 사실관계를 알아낼 재간은 없다. 그래서 후보는 정보의 출처를 밝혀야 하는 것이고, 언론사나 시민 단체가 나서서 사실관계를 밝혀주어야 하는 것이다. 우리나라 대선 토론의 사실관계는 대선 토론이 끝나고, 대선도 끝나고, 정권 말기에 가서야 검찰이 기소하고, 정권이 바뀐 뒤 법원 판결이 나오면 검증된다. 갑갑할 따름이다.

이제부터 유권자는 대선 토론에서 자신이 발언하는 정보의 출처를 밝히는 후보에게 표를 주어야 한다. 언론사와 시민 단체는 토론 직후에 사실관계를 조사해서 발표해야 한다. 그리고 유권자는 토론이 끝난 후에 언론사나 시민 단체에서 발표하는 사실관계 확인 자료를 보고 공부해야 한다. 공부는 학생이 하지만 책상과 교과서는 부모가 사주어야 하는 것과 같은 이치다. 유권자가 그렇게 행동하기 시작하면 대선 후보도 함부로 사실을 왜곡하지 못한다. 검찰을 못 믿고 법원까지 갈 것도 없다. 속아주지 않으면 더이상 소년은 "늑대가 나타났다"는 거짓말을 못하게 된다.

논리적 연계성을 검증하라

사실관계 검증과 더불어 유권자들은 후보들의 정책 발언에 논리적 연계성이 있는지 검증할 필요가 있다. 대선 토론에서 하는 후보들의 발언을 곰곰이 듣고 있으면 논리적 비약인 경우가 허다하다. 상관관계correlationship와 근인관계causality를 혼동하는 경우도 빈번하고, 충분조건sufficient condition과 필요조건necessary condition을 섞어 쓰는 경우도 많다. 들을 때는 그럴듯해 보이지만, 곰곰이 생각해보면 논리적 정교성이 떨어져서 과연, 늘, 모든 경우에, 왜, 그럴까 싶은 발언이 한두 개가 아니다.

우리나라의 기초 질서, 노사 문화의 변화와 GDP 1퍼센트 성장을 연결시킨 것은 도대체 어떻게 나온 논리인가? 왜 1.5퍼센트도 0.5퍼센트도 아니고 딱 1퍼센트일까? 무슨 계산법인가? 또 공공 부문 개혁으로 나온 10퍼센트는 어떤 계산으로 나온 수치인가? 논리라고 제시된 것이 서울시장 때의 경험인데, 그럼 대전시장을 해본 사람이 20퍼센트라고 주장하면 어떻게 반박할 수 있나?

R&D를 제대로 해야 한다는 데는 동의할 수 있다. 그런데 왜 3퍼센트에서 5퍼센트로 늘어나는 것이 적절한지에 대해서는 논리가 없다. 왜 10

퍼센트는 아닌가? 왜 4퍼센트는 아닌가? 그리고 5퍼센트로 늘리면 무슨 과정을 거쳐서 어떻게 먹을거리가 생기나? 먹을거리는 또 얼마나 많이, 언제 생길 것인가? R&D를 5퍼센트로 늘리면 무슨 근거로 20~30년 후에 우리에게 먹을거리가 생긴다는 것인가?

또 다른 예를 보자. 다음은 2007년 2차 대선 토론에서 이뤄진 교육 관련 토론이다.

사례 37 : 2007년 한국 2차 대선 토론(2007년 12월 11일, 20:00~22:00)

대통합민주신당 정동영 후보 : 제 교육 철학은 선진국 표준으로 가자는 것입니다. 우리의 목표가 선진국 아닙니까. 교육도 선진국 표준으로 가야 됩니다. 대학 입시 폐지가 왜 말이 안 됩니까. 미국의 하버드 대학이 수능시험 봅니까? 거기에 SAT라고 물론 영어, 수학 점수를 참고합니다만 만점짜리 1년에 1000명 이상 떨어뜨립니다. 아까 카이스트 예도 든 바 있습니다.

하버드가 수능시험 안 보면, 우리도 안 봐도 되나? 하버드가 하면, 우리도 해야 되나? SAT와 수능은 뭐가 다르기에 수능을 없애도 괜찮다는 것인가?

사례 38 : 2007년 한국 2차 대선 토론(2007년 12월 11일, 20:00~22:00)

민주노동당 권영길 후보 : 한미 FTA가 들어오면 우리 전통문화 지켜낼 수 없는 것입니다. 전부 우리 문화가 미국화로 되게 되어 있습니다. 지금 미국의 영화가 세계 80퍼센트 지배를 하고 있습니다. 방송, 외화도 79퍼센트를 점하고 있습니다. 가장 중요한 것은 무엇보다도 우리의 전통문화를 지키고 콘텐츠를 개발하기 위해서라도 바로 한미 FTA를 막아내야 된다, 문화 다양성을 유지하도록 하는 것이 가장 중요하다고 보고 있습니다.

한미 FTA와 문화적 다양성은 무슨 상관이, 얼마나 있나? 그렇다면 반대로 미국과 FTA를 하지 않는 수많은 나라들은 문화적 다양성 보호에 늘

성공했나?

사례 39 : 2007년 한국 2차 대선 토론(2007년 12월 11일, 20:00~22:00)

창조한국당 문국현 후보 : 우리나라의 **우수한 대학인 카이스트 그리고 포항공대 대학생들이 대통령감 1위로 저를 선출했습니다.** 인터넷에서도 지지도가 제일 높습니다. 국민 여러분, 왜 그럴까요? 우리 젊은이들이, 대한민국이 가야 될 방향을 알고 있다고 생각합니다. 투명성, 교육, 문화 이 모든 것이 경쟁력의 원천입니다. 특히 여성의 사회적 진출은 국제경쟁력 강화에 아주 중요한 요소입니다. **이런 모든 것을 해낼 대통령으로서 젊은이들이 저를 선택하고 있습니다.**

우리나라 젊은이의 대표가 카이스트이고 포항공대인가? 두 곳에 다니지 않는 수많은 20대들은 그들과 같은 생각일 것이라고 무슨 근거를 델 수 있나?

물론 요구되는 논리적 정교성이라는 것의 정도가 사람마다 다를 수 있다. 그러나 "까치가 울면 기다리던 임이 온다"는 말을 듣고 매일같이 까치만 날리면서 떠나간 임이 오기를 목 빠지게 기다릴 수는 없지 않은가.

좋은 정책은 이해하기 쉽다

대선 토론에서 내놓는 후보의 주장은 쉬워야 한다. 듣는 사람이 이해되지 않으면 동의할 수 없고, 동의할 수 없으면 듣는 사람의 행동이 바뀌지 않는다. 따라서 좋은 후보는 쉽게 설명한다. 아니, 쉬운 설명을 하는 후보가 좋은 후보다. 왜냐하면 국민이 후보의 정책과 주장을 이해할 수 없으면 정책 실행에 힘을 받을 수 없고, 그러면 아무리 좋은 정책도 성공하기 어렵기 때문이다.

우리는 간혹 후보들이 자신의 주장에 복잡한 경제 이론을 동원하거나 유명인의 말을 빌려 형이상학적인 설명을 하는 경우를 본다. 본인의 지식과 경험을 과시하기 위해서일 때도 있고, 때로는 이슈 자체가 정말 복잡해서일 때도 있다. 그러나 어떤 경우에도 좋은 후보는 자신의 뜻을 국민에게 쉽게 전달해야 한다.

원래 명강의는 쉬운 법이다. 말하는 사람이 완벽히 이해하면 설명이 절대로 어렵지 않다. 정책도 마찬가지다. 좋은 정책은 이해하기가 쉽다. 무릎을 탁 치면서 직관적으로 이해될 때, 듣는 사람들은 설득된다. 대통령은 국민과의 소통과 설득을 위해 국민 대다수가 이해할 수 있도록 쉽게 전달하는 능력이 있어야 한다. 사람들은 200페이지짜리 수학 공식으로 이해되는 것이 아니다. 분석은 그렇게 자세히 해야 할 수도 있다. 그러나 대통령이 국민에게 설득을 목표로 설명할 때는 200페이지짜리 분석을 던져 주고 읽으라고 하거나 혹은 자신을 믿고 따르라고 하는 것이 아니라 국민의 눈으로 국민이 이해할 수 있도록 해주어야 한다.

적절한 비교와 비유는 손쉬운 설명에 매우 효과적이다. 물론 비교와 비유가 적절치 않은 경우도 많다. 하지만 적절한 비교와 비유는 주장의 설득에 있어 사안의 핵심을 꿰뚫어주기 때문에 대단히 효과적이다. 이에 중요한 대통령의 자질이다. 우리나라 대선 토론에서 매우 손쉬운 설명과 비유가 사용된 경우는 흔치 않다. 주장은 난무하지만 주장이 세련되지 않은 것이다. 그나마 2007년 3차 토론에서 이회창 후보의 비유는 성장과 분배 문제를 손쉽게 설명한 편이다.

"성장이 먼저냐, 분배가 먼저냐?"라는 복잡한 쟁점을 비교적 쉽게 설
명하고 있다. 물론 쌀뒤주에 쌀이 얼마나 남았고 얼마나 들어오고 얼마
가 나가고 있는지를 설명하자면 결국 분석과 데이터가 따라야 하겠지만
경제를 쌀뒤주에 비유한 것은 쉬운 설명이다. 가정컨대, 만약 이 문제를
수요 공급 곡선의 탄력성이나 차트를 가지고 설명했으면 십중팔구 국민
의 절반 가까이는 발언에 흥미를 갖지 못했거나 제대로 이해하지 못했을
것이다.

효과적인 비유를 들어 손쉽게 설명하면 부연 설명을 하지 않아도 듣
는 사람이 직관적으로 이해할 수 있다. 2004년 3월 총선을 앞두고 열린
KBS〈심야토론〉에서 당시 노회찬 민주노동당 사무총장은 "50년 묵은 정
치를 이제는 갈아엎어야 합니다. 50년 쓰던 고기 판에 삼겹살을 구우면
새까매집니다. 이제 삼겹살 판을 갈아야 합니다"라는 비유로 국민들에
게 큰 공감을 얻었다. '노회찬 어록'이라는 말이 처음 등장한 것도 바로
이때다.

또한 그는 2010년 지방선거를 전후해 현행 선거법으로 트위터를 단속
하는 것에 대해 "트위터가 없던 시절에 만든 선거법으로 트위터를 규제
하는 것은 우주왕복선에 도로교통법을 적용하는 것과 같다. 우주왕복선
이 번호판을 달지 않았다고 처벌하는 것과 무슨 차이가 있는가"라고 말
함으로써 자신의 주장을 비교적 쉽게 전달한 바 있다.

이해하기 쉬운 설명과 비유의 또 다른 예는 '시골 의사' 박경철 씨다.

그 역시 2011년 8월 서울시 무상급식 주민투표 이후 홍준표 전 한나라당 대표가 투표율 25.7퍼센트에 대해 "사실상 승리했다"고 발표하자, "25.7퍼센트가 사실상 승리면, 파리도 사실상 새다"라고 표현함으로써 홍준표 전 대표의 논리를 반박한 바 있다. 이 역시 두 사람의 주장 중에서 어느 것이 맞느냐를 떠나 "파리도 사실상 새다"라는 표현과 설명을 통해 문제의 본질을 듣는 사람들이 쉽게 알 수 있게 했다는 것이 중요하다.

　해외 대선 토론에서도 이와 같은 손쉬운 비유와 설명은 흔히 보인다. 다음은 2008년 미국 2차 대선 토론의 내용이다. 당시 핵 발전과 미국 내 석유 시추를 추진하자고 외치는 매케인에 대해 오바마는 자신이 추구하는 신에너지 산업을 과거의 컴퓨터 산업에 비유하고, 매케인의 일관성 없는 의회 투표 기록의 사실관계를 보여줌으로써 상대 후보의 논지를 반박했다.

사례 41 : 2008년 미국 2차 대선 토론(2008년 10월 7일, 21:00~22:30)

민주당 오바마 후보 : 에너지 문제는 우리 시대의 가장 큰 도전입니다. 그러나 그것은 도전이며 동시에 기회라는 것을 우리 모두는 이해해야 합니다. 신에너지는 새로운 산업, 500만 개의 일자리를 미국에서 창출해낼 수 있습니다. 이것은 마치 지난 수십 년간 컴퓨터가 미국의 성장을 이끌어왔듯이 향후 수십 년을 이끌어갈 우리의 엔진이 될 수 있습니다. (…)

그리고 그렇게 되려면 우리는 투자를 해야만 합니다. 그것은 마치 과거 컴퓨터 산업이 정부의 일부 과학자들에 의해 방위산업의 일환으로 많은 초기 투자를 통해 이루어진 것과 같은 이치입니다. (…) 사실 매케인 후보와 제가 동의하는 부분도 있습니다. 그것은 에너지 문제를 의회가 지난 30년간 사실상 방치해왔다는 것입니다.

그러나 여러분, 그 30년 중 26년을 매케인 후보는 의회의 지도자로 일해왔습니다. 그리고 그 26년 동안 그는 대체에너지 관련 법안에 23차례나 반대표를 던져왔습니다. (…) 매케인 후보는 국내 석유 시추를 주장하고 있고, 그것은 중요합니다. 그러나 우리는 전 세계 석유 보유량의 불과 3퍼센트밖에 없지만 현재 전 세계 소비량의 25퍼센트를 쓰고 있습니다. 따라서 우리의 에너지 문제는 국내 시추를 통해서 결코 해결될 수 없습니다. (…)

오바마가 대체에너지 투자에 대한 논리를 투자 대비 수익 곡선과 방정식을 사용해 설명했다면, 국민들의 이해도는 훨씬 떨어졌을 것이다. 그러나 에너지 산업을 과거 컴퓨터 산업에 대입해서 설명하는 것은 직관적으로 이해하기가 훨씬 쉽다. 특히 마지막에 언급한 석유 소비량과 보유량의 비교는 미국 자국 내 시추의 한계를 명확하게 설명하는 데 더 없이 효과적인 방법이다.

대선 토론에서 후보는 자신에게 유리한 데이터와 정보를 사용해서 자기에게 유리한 논리를 전개한다. 그러나 그것을 검증하고 확인하는 것은 유권자의 몫이다. 이번 대선 토론에서 어느 후보가 제대로 된 사실과 자료를 가지고 논쟁하는지를 꼼꼼히 살피자. 그리고 그 말의 사실관계도 꼭 추후에 확인하자. 논리적인 인과관계가 있는지, 이해하기가 정말 쉬운지도 확인하자. 주장과 정책에 쉽게 설득되지 말자. 후루룩 듣지 말자. 꼼꼼히 따져가며 듣자.

꼼꼼히 따져 들으면 엉성한 곳이 보인다. 아이가 학교 수업에 빠지고 놀다 들어와서는 공부하고 왔다고 하면 부모는 가끔 학교에 전화해서 확인해야 한다. 그리고 무슨 공부를 얼마나 했는지도 물어봐야 한다. 그래야 아이가 거짓말을 못한다. 아이의 거짓말은 부모 탓이다. 유권자가 속으면 후보는 계속 거짓말을 하게 된다.

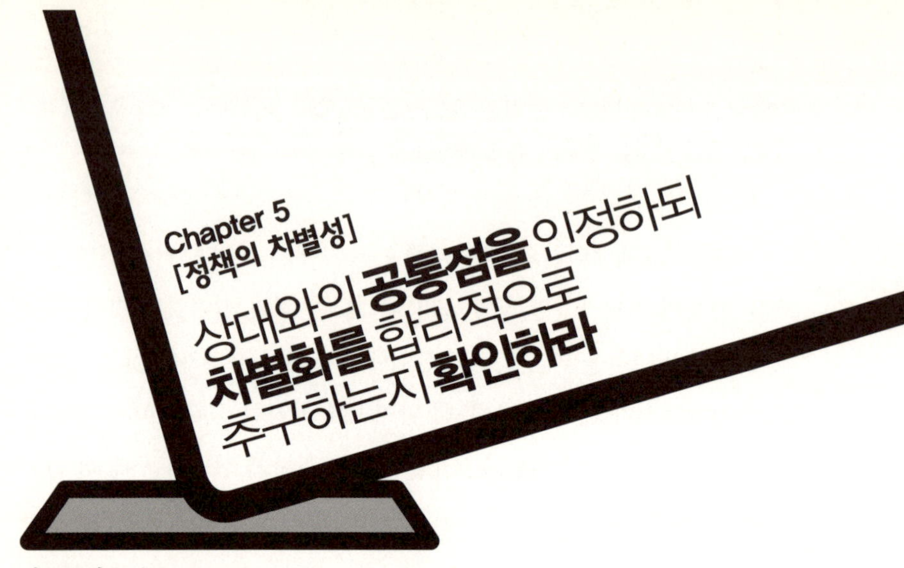

체|크|리|스|트

☑ **과거와의 차이** 정책이 과거의 정책과 어떻게 다른지 대안을 갖고 설명하는가?

☑ **상대와의 차이** 정책이 상대 후보의 정책과 어떻게 다르고 왜 우월한지 구체적으로 설명하는가?

☑ **공통분모의 인식** 과거 정책 및 상대방 정책과 자신의 정책이 어떤 공통분모를 갖고

있는지 찾아내고, 인정하며, 어떻게 계승·협력할 것인지를 밝히는가?

"그래서 후보들의 공약이 서로 무엇이 같고 무엇이 다르다는 거지?"

"결국 그놈이 그놈이네!"

대선 토론 과정에서 다뤄지는 무수한 정책 공방을 지켜보면서 유권자들의 머릿속에 떠오르는 질문과 아쉬움일 것이다.

대선 토론은 대통령 선거를 목전에 두고 하는 토론인 만큼, 각 후보들은 한 표라도 더 얻기 위해 상대 후보와 견주어 본인만의 색깔이 무엇인지를 뚜렷이 부각하려 애쓴다. 그러나 애석하게도 그 차이를 명확하게 이해시키지 못하는 경우가 대부분이다. 2012년 4월 총선에서 주요 정당이 한목소리로 외친 '경제 민주화'와 '복지정책'이 각 정당별로 어떤 부

분에서 얼마나 같고 다른지 제대로 된 설명을 들어본 유권자가 과연 몇 명이나 될까? 그리고 그 차이를 온전히 이해하고 한 표를 행사한 유권자는 얼마나 될까? 이번 대선 역시 박근혜, 문재인, 안철수 씨가 주장하는 복지와 경제 민주화가 얼마나 다른지 알고 있는 유권자가 과연 몇 명이나 될까?

정책으로 정정당당히 경쟁하고 승부하는 선거를 해보자는 목적하에 시작된 대선 토론이건만, 유권자들에게 '그 나물에 그 밥'이라는 시큰둥한 평가를 받게 된 까닭은 무엇일까? 정책을 차별화하려면 자신의 정책이 과거의 정책과 어떻게 다른지를 명확히 해야 하고, 상대 후보의 정책과 무엇이 다른지도 명확히 해야 한다. 또 본인의 차별화된 정책이 상대 후보의 정책과 견주어, 왜 향후 5년간 우리나라를 위해 더 긴요하고 타당한지에 대해서도 설득력이 있어야 한다. 그리고 자신과 상대 후보의 정책에 공통분모가 있다면, 이를 시원하게 인정하고 협력하려는 노력도 필요하다. 이에 관해 상대 후보와 건설적인 반론과 재반론이 자연스레 이어지는 것이야말로 유권자를 위한 대선 토론인 것이다.

과거 정책을 비판하면 합리적 대안을 말하는지 봐라

대선 토론에서 후보는 먼저 자신의 정책이 과거의 정책과 어떻게 다른지, 그 차이를 부각해서 보여줄 수 있어야 한다. 사실 과거 정권과의 차이는, 우리나라 대선판에서는 너무 과해서 오히려 문제일 성싶다. 과거 정권의 정책에 대해서는 여야를 막론하고 물어뜯기 바쁘기 때문이다. 심지어 대통령과 한 정당인 여당이 더한 경우도 부지기수다.

진실로 아쉬운 것은 "1부터 100까지 모두 틀렸다", "뿌리부터 뜯어고

치겠다"는 말은 많이 하지만 정작 "무엇은 계승하겠다" 혹은 "대안이 이 것이다"라고 말하는 경우는 드물다는 점이다. 특히나 새누리당이건 민주통합당이건 야당일 때는 정부 정책에 대한 비판 일색으로 서슬이 퍼렇다. 그야말로 일단 반대하고 모두 바꾸고 보자는 식이다. 2007년에 한나라당이 그러했고, 지금 민주통합당 역시 크게 다르지 않다.

과거와의 차별화에서는 그 중심에 반드시 대안이 있어야 한다. 현 정부의 정책이 틀려 민생이 엉망이 되었다는 식의 발언이 필요한 것이 아니다. '그래서 어떻게 하자'는 대안이 중심이 되어야 하는 것이다.

합리적 대안보다 무조건적 비판이 더 큰 비중을 차지하는 경우란 어떤 것인지, 2007년 3차 토론에서 나온 '비정규직 정책' 토론을 보자.

> **사례 42 : 2007년 한국 3차 대선 토론(2007년 12월 16일, 20:00~22:00)**
>
> 창조한국당 문국현 후보 : 경제와 일자리는 전문가한테 맡겨야 합니다. 이 법을 맡길 때 저희가 그토록 많이 반대했습니다. 이것은 악용될 것이다, 그리고 비정규직 근로자들한테 재앙이 될 것이라고 이야기했는데 그야말로 경제에 대해서, 일자리에 대해서 하나도 모르는 여야 정치인들이 이런 현상을 만든 것입니다. 그래서 한나라당 정치인도, 대통합민주신당 정치인도 더 이상 국민을 대변할 수 없는 그런 무식하고 경제를 모르는 그런 사람들이라는 것을 국민이 아셔야 됩니다. 일자리에 대한 확신, 사람에 대한 사랑, 그리고 사람들의 잠재력을 키우면 무한히 발전할 수 있다는 그런 확신이 없는 정치 지도자와 경제 지도자는 이제 더 이상 필요 없습니다. 저는 IMF 외환위기 때 저희 회사에서 한 명도 해고하지 않았습니다. 전부 정규직으로 그 어려움을 뚫고 세계 최고의 기업을 키웠습니다. 이제 우리나라만 전체 근로자의 55퍼센트가 비정규직입니다. 미국처럼 4퍼센트가 비정규직인 사회를 만들어야 합니다. 그러려면 비정규직 악법 고쳐야 됩니다. 그리고 많은 기업에서 직접시공제 해야 됩니다. 그리고 제가 말씀드렸듯이 80조 원의 구조조정 자금을 비정규직 정규화에 집어넣고 중소기업과 벤처 기업을 세계화에 집어넣으면 되는 것입니다. 이런 방법을 통해서 저는 비정규직을 반으로 줄이는 확실한 프로그램을 가지고 있다는 것을 믿어주십시오.

경제·노동, 복지·과학을 주제로 열린 2007년 마지막 토론에서는 비정규직 해결 방안이 첫 번째 질문으로 제시되었다. 문국현 후보뿐 아니라 대부분의 후보들이 노무현 정부에서 통과된 비정규직 보호법에 대해 비난의 화살을 멈추지 않았다. 그러나 대부분의 후보가 비난에는 열심이었지만 정작 대안을 제시하는 데는 게으르기 짝이 없었다. 앞의 예시에서 보듯, 대안은 전체 발언 시간에서 상대적으로 적은 부분을 차지할 뿐이고 비난이 대부분이었다.

"현 정부가 틀렸다", "현 정부의 정책이 틀렸다"는 말이 차별화를 제공해주지는 않는다. '후보의 비전과 철학'에서도 언급되었지만 '틀렸다', '다르다'라는 어휘 자체가 무엇이 다른지를 말해주지는 않는다. 정말 다르다면, 뭐가 다른지를 설명하는 데 1분 30초를 아껴 써야 한다. 자기 정책의 우수성을 가지고 유권자의 한 표 한 표를 사로잡아야 할 1분 30초가 타 후보에 대한 비방으로 사용되는 것은 '낭비'가 아닐 수 없다. 아니, 엄격히 말하면 그것은 낭비가 아니라 유권자에 대한 무책임이며 국민을 존중하지 않는 태도다.

유권자들은 대선 후보가 과거의 정책을 비난할 때, 그 순간을 잘 보시라. 비난이 대안을 포함하고 있는지, 그리고 그 대안이 얼마나 설득력 있는지를 살피고 그 후보의 비난을 인정할지 말지를 결정하시라.

나쁜 후보는 차이를 강조하고 좋은 후보는 차이의 내용에 집중한다

과거 정책과의 차이와 더불어 유권자가 대선 후보에게서 두 번째로 확인해야 할 것은 후보가 자신의 정책이 경쟁 후보의 정책과 어떻게 다른지를 얼마나 잘 설명하는가 하는 점이다. 자신의 정책이 상대 후보의 정책과 무엇이 어떻게 다른지 구체적으로 밝힐 수 있다는 것은 말솜씨가 좋다는 것을 의미하는 것이 아니다. 엄밀히 말해, 차이를 구체적으로 제시할 수 있다는 것은 정책을 더 깊이, 더 구체적으로 잘 준비한 후보라는 뜻이다.

상대 후보와의 정책적 차이를 억지로 만들어낼 필요는 없다. 차이를 위한 차이, 반대를 위한 반대는 옳지 않다. 다만 어떤 주제에 대해서는 후보 본인조차 다른 후보의 정책과 구체적으로 무엇이 같고 무엇이 다른지 명쾌하고 구체적으로 모르기 때문에 "나는 상대 후보와 이것이 다르다"고 말하지 못하고 "나는 이렇게 하겠다"는 식으로 정책을 표현하게 되는 것이다. 예를 들어 2007년 대선 토론의 경우 남북문제, 경제정책, 교육정책 등의 주제는 후보 간의 정책적 차별성이 상대적으로 명쾌했다. 그러나 복지, 문화, 과학기술 정책 등의 분야로 가면 후보별 정책이 조금씩 비슷해지고 차이가 흐릿해지면서, '다르다'는 말은 많은데 '무엇이 다른지'는 모호해졌다. 2007년 대선 토론의 한국 전통문화 콘텐츠 개발에 대한 토론을 보자.

사례 43 : 2007년 한국 2차 대선 토론(2007년 12월 11일, 20:00~22:00)

대통합민주신당 정동영 후보 : (…) 젊은이들에게 꿈과 희망을 줄 수 있는 것은 문화 콘텐츠 분야입니다. 저는 5년 동안 100만 명의 일자리와 일거리를 여기에서 만들어낼 계획을 가지고 있습니다. (…) 이제 문화 산업은 세계 10등 턱걸이하고 있습니다. **5년 내에 이것을 5등으로, 문화 산업 5대 강국으로 만들 비전을 가지고 있습니다.** (…) 문화 산업 강국 만들어내겠습니다.

한나라당 이명박 후보 : 문화 콘텐츠 산업을 21세기 세계화 전략 산업으로 삼고 있습니다. 한국은 2.2퍼센트를 차지하고 있어서 세계 9위로 되어 있습니다. 그래서 장차 5퍼센트 정도 임기 내에 올리려고 합니다. **5퍼센트 올라가면 세계 5위 정도가 되지 않을까 생각합니다.** 문화 콘텐츠 시장은 1200조 원입니다. 만약에 5퍼센트를 저희가 차지하게 되면 60조 원이 됩니다. 그래서 저는 국가가 제도적으로 지원하면 이제까지 개별적으로 하는 것보다는 훨씬 효과를 내서 제 목표를 달성할 수 있다고 생각합니다.

두 후보의 정책에서 차이가 보이는가? 사실 두 발언을 보면 두 후보의 이름을 서로 바꿔놓아도 어떤 것이 정동영 후보의 발언이고 어떤 것이 이명박 후보의 발언인지 구별하기 힘들 것이다. 심지어는 한 사람의 발언으로 묶어도 큰 문제가 없을 정도다. 앞의 두 후보의 정책이 맞느냐 틀리느냐를 가리는 것은 개별 유권자들의 몫이다. 하지만 두 후보 간 정책의 차이가 유권자들에게 명쾌하게 제시되는 않는 한 유권자가 누구를 찍을 것인지 판단할 수가 없다.

정책적 차이에 대한 토론이 감정 섞인 비난으로 이어져서 차이의 구체적 내용은 묻히고 차이 자체만 남은 경우도 있다. 진보와 보수의 견해가 매우 뚜렷하게 갈라지는 대북정책에 대한 2007년 대선 토론을 보자.

사례 44 : 2007년 한국 1차 대선 토론 (2007년 12월 6일, 20:00~22:00)

무소속 이회창 후보 : (…) 이제 이러한 북핵 문제를 해결하기 위해서는 분명한 원칙과 또 거기에 합당한 아주 효율적인 협상 방법이 있어야 됩니다. (…) 여러분, 가만히 앉아 있는데 자꾸 와서 돈 주고 지원하면 어느 바보가 핵을 포기하겠다고 하겠습니까. 돈 주고 지원하면 핵 문제 해결된다고 하는 말, 저는 아주 정신 나간 소리라고 생각합니다. (…)

대통합민주신당 정동영 후보 : 저는 이회창 후보님과 생각이 분명히 다릅니다. 철학이 다릅니다. 이명박 후보와 이회창 후보 두 분의 생각은 시대착오적입니다. 왜냐하면 미국이 햇볕정책으로 돌았습니다. 지금 두 분께서는 한미 동맹을 강화하자고 하면서 미국과 엇박자 나고 있는 셈입니다. (…)

민주노동당 권영길 후보 : 이회창 후보님, 남북 적대 시대 60년대의 반공 투사 모습 같네요. (…) 제 임기 내에 국방비 줄여서 75조 원으로 무상교육, 무상의료에 쓰겠습니다. 이회창 후보님 말씀대로 하면 절대로 우리는 전쟁 상황으로 가는 것을 면할 수 없습니다. 평화통일을 만들어야 합니다.

무소속 이회창 후보 : 제가 말씀을 듣고 있으면 참 답답하다는 생각이 듭니다. 우리 한반도 문제는 이중구조의 모순 구조라는 것을 모두 무시하고 있습니다. (…) 한마디로 남북문제의 본질을 모르고 있는 이야기이다, 저는 이렇게 주장합니다. 미국이 지금 햇볕정책으로 갔다, 이것도 저는 참 어처구니없다

2007년 1차 대선 토론에서 북핵 문제 해결이라는 주제는 후보 여섯 명의 정책 대립각이 가장 크게 벌어진 안건 중 하나였다. 유권자를 대상으로 정책 차별화 마케팅을 하기에 이보다 더 좋은 것도 없다. 정책을 통해 전 세계 국제 정세의 흐름에 대해 후보 본인이 가진 전문적 식견을 보여 줄 수 있었다. 북한의 최근 동향과 향후 전망에 대한 체계적 정보 수집 능력과 해석력, 통찰력을 강조할 수도 있었다. 서로 간의 차이를 좀 더 세련되게 논리적으로 전개함으로써 자신의 정책을 세일즈할 수 있는 절호의 기회가 아닌가.

그러나 이날의 토론에서는 감정과 극단이 뒤섞인 표현들이 날아다녔다. 북핵이라는 공동의 위기 앞에서도 상호 존중과 협력에 기초한 정책 차별화 토론은 사라지고, "당신은 틀렸다"는 주장만 남았다. "정신 나간 소리", "시대착오적", "반공 투사", "어처구니가 없다" 등 비난은 난무하지만 해결책의 차이에 대한 풍부한 논의는 절대적으로 아쉽다. 정책 토론을 한 것이 아니라 그저 후보들 간의 갈등이 대선 토론에서 표출되고 더욱 심화된 것이다.

다시 말하지만, 좋은 후보는 다른 후보와의 차이에 집중한다. 다르다는 사실 자체에 집중하는 것이 아니라 차이의 내용에 집중한다.

같은 점을 인정해야 다른 점이 드러난다

유권자들이 대선 후보들의 정책 차이를 관찰할 때 중요한 또 다른 가치가 있다. 그것은 '후보가 정책

간의 공통분모를 인정하고 타협하려고 노력하는가'다. A부터 Z까지 모든 면에서 완전히 다른 정책이라는 것은 사실상 존재하기 어렵다. 또 지금 대한민국에는 어느 한쪽의 입장만을 지지하고 대표하는 대통령은 필요치 않다. 국민 개개인이 가진 다양한 스펙트럼을 존중하고 통합과 연대의 가치를 실현할 수 있는, 국민을 아우를 수 있는 리더를 우리는 원한다. 따라서 본인의 정책과 상대 후보의 정책에 공통점이 있다면 이를 흔쾌히 상호 협력과 연대의 자산으로 인정하고, 우리나라를 어떻게 하나로 이끌 것인지에 대해 진지한 고민의 노력을 보여주는 후보가 필요하다.

그런데 2007년 대선 토론에서는 상대 후보와의 정책적 공통점을 오히려 상대방에 대한 공격의 근거로 사용하는 웃지 못할 경우가 종종 발생했다.

정책의 방향이 같으면 양손 들고 환영할 일이고, 함께 어떻게 일할지를 고민하면 될 일이다. 그것이 국민에게 좋은 일이면, 내가 하건 다른 후보가 하건 무엇이 중요한가? 잘되는 것이 중요한 것 아닌가? 또 다른 사례를 보자.

> 무소속 이회창 후보 : 국민 여러분, 경제는 나라가 첫째로 안정이 되어 있어야 경제가 됩니다. 나라가 불안하고 안정 기초가 깨지면 경제도 될 수가 없습니다. (…) 이제 이렇게 안정된 기초를 닦은 후에 경제는 기업으로 하여금 마음껏 뛰게 만드는 것에 요체가 있다고 봅니다. (…) 중소기업은 또한 획기적으로 정부와 지원을 해서 도움을 주어야 합니다. 강소기업, 저는 작지만 세계시장에서 뛰는 이러한 기업을 우리가 키워내야 됩니다. 얼마든지 우리가 해낼 수 있습니다. (…)
>
> 대통합민주신당 정동영 후보 : 이회창 후보님께서는 늦게 출마를 하셨습니다. 다른 후보들의 정책 가운데 좋은 부분을 많이 고르신 것 같은데요. 공약집을 보면 6퍼센트 성장, 50만 개 일자리, 중소기업 강국, 제가 내놓은 정책들이 많이 채택된 것 같습니다. 저는 젊고 역동적인 대통령으로서 좋은 일자리 만드는 데 집중하겠습니다. 그러기 위해서는 역시 경제·사회적 분위기를 확 바꾸겠습니다. (…)

위의 사례들에서 특히 안타까운 것은 두 가지 사례 모두 한 후보의 모두발언 후 다른 후보가 반론을 제기하는 과정의 일부라는 사실이다.

반론이 훌륭한 반론으로서 의미를 가지려면, 유권자를 대신해 대표로 발언한다는 책임감과 대표성이 담겨 있어야 한다. 유권자가 모두발언을 듣고 난 후 궁금해할 점 또는 유권자가 미처 생각하지 못했던 사안들에 관해, 대선 토론 참가자로서 유권자를 대신해 반론을 제기할 때 그 발언의 힘은 배가된다. 모두발언에서 제시된 공약의 맹점을 논리적 근거를 들어 조목조목 지적하거나 새로운 시각에서 문제를 재조명할 수 있는 관

점을 제시하는 반론은, 훌륭한 답변만큼이나 토론의 흐름을 뒤바꿔놓을
수 있는 힘을 가진다.

하지만 앞의 사례에서 보이는 반론들은 반론의 본질적인 의미를 살리
지 못하고 있다. 오히려 상대 후보와 자신 사이에 선을 분명히 그으려는
마음에, 정책적 공통점이라는 귀한 자산을 얼른 털어버려야 할 부채로
인식하는 데에서 문제가 시작된다. 1분이라는 길지 않은 반론 시간의 절
반이 '당신의 공약은 내 것을 베낀 것이 아니냐'는 식의 직간접적 공격
에 사용되고 있다는 것이 이 점을 잘 보여준다. 머릿속으로는 여전히 자
신들이 선거에서 이겨야 하는 정파의 대표가 아니라 국민의 대표로서 발
언대에 서 있다는 것을 인지하지 못하고 있는 것이다.

게다가 이 공격은 유권자의 마음을 사로잡는 데는 낮은 성공률을 보인
다. 대선 후보가 국민들에게 멋진 반론으로 정당하고 지적인 카타르시스
를 안겨주는 것이 아니라, 교묘히 '비꼬는' 말로 상대를 공격하는 것은
유권자가 대통령에게 기대하는 모습이 결코 아니다.

이에 반해 2002년 대선 토론에서는 정책적 공통점을 협력의 첫 단추로
흔쾌히 받아들이는 바람직한 모습을 보여준 경우가 있었다.

> **사례 47 : 2002년 한국 2차 대선 토론(2002년 12월 10일, 20:00~22:00)**
> **한나라당 이회창 후보** : (···) 우리가 시장 개방으로 먹고 삽니다마는, 동시에
> 이것도 지켜야 합니다. 이래서 저는 이 문제를 여야 간을 떠나서 초당적으로,
> 가령 시장 개방 논의 기구를 만들어서 시장 개방을 어느 정도로 할 것인가, 또
> 거기에 따라서 지켜야 할 산업에 대한 보호와 그 손실 전보를 어떻게 할 것인
> 가, 이런 부분에 관해서 범국민적인 협의를 하고 결정을 해나가는 기구를 뒀
> 으면 좋겠다, 이렇게 생각합니다. 이렇게 하면은 국민적 합의가 이루어지고
> 아마 그 분야 즉 농업이면 농업에 농민들도 신뢰를 두실 것입니다. 이 부분을
> 두 분께 여쭤봅니다. 이런 기구에 대해서 어떤 생각을 가지시는지.
> **민주당 노무현 후보** : (활짝 웃으며) 예. 이회창 후보님하고 항상 의견이 맞부

2002년 대선 토론 영상을 보면 더욱 실감나겠지만, 이회창 후보와 노무현 후보의 대화에서 두 후보 공히 상대방과의 공통분모를 찾으려는 진심이 느껴진다. 이회창 후보는 자신의 아이디어에 대해 진심으로 상대의 의견과 협조를 구하고 있다. 이에 대해 노무현 후보 역시 진심으로 웃으면서 협조를 약속하는 것이다.

한편, 2008년 미국 대선은 차별화된 정책 대결의 모범 사례를 보여주고 있다. 2008년 9월 15일 미국 월스트리트의 4대 투자은행 중 하나인 리먼브라더스가 갑작스레 파산 신청을 한 이래, 하룻밤 자고 일어나면 금융기관들의 사망 선고가 줄줄이 이어지는 살얼음판이 시작됐다. 서브프라임 모기지 사태는 금융 부문에 그치지 않고 실물 경기에도 급속도로 냉각기를 불러왔고, 미국을 넘어 세계 각국에도 위기가 빠르게 전염되었다.

또 다른 경제 대공황이 다가올 것이라는 전 세계의 공포심이 치솟는 가운데, 미국 대통령 선거를 약 3주 앞두고 10월 15일 마지막 3차 토론이 열렸다. 사회자는 "왜 당신의 경제 위기 극복 정책이 다른 후보의 정책보다 더 우수한가?"를 첫 번째 질문으로 골랐다.

사회자(시퍼) : 두 분 다 잘 아시겠지만, 오늘은 월스트리트 최악의 날 중 하나였습니다. 이번 주에 두 분 모두 경제 위기를 극복하기 위한 새로운 정책을 제시하셨지요. (…) 두 분 모두에게 묻습니다. 왜 당신의 정책이 상대 후보의 정책보다 더 낫다고 생각합니까?

민주당 오바마 후보 : (…) 대공황 이후 가장 어려운 시기를 겪고 있다는 것을 우리 모두가 잘 알 것이라고 생각합니다. 매케인 후보와 제가 제안한 경제 위기 해결 방안은 중요한 첫 단추가 될 것입니다. 저는 몇 가지 핵심 원칙을 강조합니다. 우선은 재정 투입을 위한 세금을 납입한 국민들은 그 돈을 돌려받아야 한다는 것입니다. 대신 이 구제금융의 과정에서 문제를 일으킨 경영진이 돈벌이를 하는 것은 막아야 합니다. (…) 그리고 네 가지 세부 계획을 제안합니다.

첫째, 일자리에 집중하겠습니다. 해외로 일자리를 내보내는 기업들에 대해서는 세금 감면을 중단하고, 미국 안에서 고용을 늘리는 기업에 세제 혜택을 줄 것입니다.

둘째, 가계를 대상으로 즉각적인 세금 감면을 하겠습니다. 일 년에 20만 달러 미만의 소득을 버는 중산층을 대상으로 세금 감면을 추진할 것이며, 원하는 경우 추가적인 대가 없이 중산층이 자신의 퇴직연금을 미리 받을 수 있도록 할 것입니다.

셋째, 매케인 후보와 저는 주택 소유자를 구제해야 한다는 데 동의합니다. 구제금융에 주택 소유자가 모기지를 재협상할 수 있도록 하는 내용을 포함한 것도 이 때문입니다. 그러나 저는 매케인 후보의 실행안에 대해서는 동의하지 않습니다. (…) 마지막으로 제가 하고 싶은 말은 우리에게 장기적인 도전 과제가 있다는 것입니다. 국부를 낭비하는 에너지 정책을 고쳐야 합니다. 의료보험 시스템을 개선해야 하고, 모든 젊은이들이 공부할 수 있도록 교육 시스템에 투자해야 합니다.

공화당 매케인 후보의 반론 후,

민주당 오바마 후보 : (…) 조세정책은 매케인 후보와 저 사이에 가장 큰 정책적 차이가 있는 부분입니다. 우리 둘 다 세금 감면을 지지하지만, 차이점은 누구를 위한 세금 감면을 지지하느냐 하는 것입니다. 매케인 후보가 제시한 경제 정책의 핵심은 미국에서 가장 부유한 기업들에게 200억 달러어치의 세금을 추가로 감면해주자는 것입니다. 예를 들면 엑슨 모빌 같은 정유회사들은 4억 달러의 세금을 추가로 감면받게 됩니다. 저는 미국 노동자 중 95퍼센트에게 세금 감면을 제공할 것입니다. 만약 당신이 1년에 25만 달러 이하를 번다면, 소득세는 인상되지 않을 것입니다. 미국 가정 중 95퍼센트가 세금 감면을 받게 되는 것입니다. 실제로 독립적인 연구기관이 매케인 후보와 저의 경제 위기 극복 정책에 대해 각각 비교 분석한 결과, 제 정책이 매케인 후보의 정책보다 중산층에게 3배 더 많은 세금 감면 혜택을 제공하고 있다는 결론이 도출된 바 있습니다.

앞의 토론에서 오바마의 발언은 모범 답안의 전형을 보여준다. 오바마는 상대 후보의 정책과 자기 정책의 차이점 및 공통점을 정리해서 유권자에게 정보를 제공한 후, 왜 자신의 정책이 상대 후보의 정책보다 뛰어난지를 명확하고 구체적으로 제시하고 있다.

우선 자기 정책의 기반이 되는 핵심 원칙을 답변 서두에 두괄식으로 제시해 앞으로 설명될 정책들의 토대를 유권자가 손쉽게 알 수 있게 해주고 있다. 이어서 네 가지 정책의 핵심 요점을 간결하게 한두 문장으로 제시하되, 단기 정책과 장기 정책 양자를 모두 균형 있게 설명했다.

그리고 매케인의 정책과 자기 정책의 공통점(주택 소유자에 대한 우선적 지원)을 인정하되, 구체적 실행 방안에서 어떤 부분이 다르며 본인의 정책이 왜 더 우수한지에 대해서 설명한다. 특히 매케인의 세금 감면 정책이 대기업을 위한 혜택에 집중된 반면 본인의 정책은 미국 가정의 95퍼센트를 대상으로 세금을 감면해주는 것이라는 내용을 세부적 숫자를 사용하여 설득력 있게 제시하고 있다.

마지막으로, 양당 중 한쪽에 우호적인 기관이 아닌 독립적인 외부 연구기관의 조사 결과를 인용해 신뢰성을 높였다. 동시에 구체적 숫자를 통해 정책 효과를 비교하고 있다. 본인의 정책이 유권자 다수를 위해 더 타당하며 효과적인 것임을 강조하는 것이다.

대선 토론은 본인의 정책이 다른 후보의 정책보다 더 우수하다는 것을 알리기 위해 총력전을 펼치기에 좋은 기회임은 분명하다. 그러나 아직까지 우리나라에서는 정책 차별화 토론의 모범 사례를 발견하기 어려웠던 것이 현실이다. 정책 차별화라는 명목하에 감정적·극단적 언사를 사용해 서로를 공격하고 무시하며 깎아내리는 식의 공방이 이어지는 것을 우리는 그동안 많이 보아왔다. 자기 정책의 장점을 설명하기에도 빠듯한 시간에 '다른 것'을 '틀린 것'이라면서 상대방을 몰아붙이는 식의 토론에서 이제는 탈피할 때가 되지 않았을까.

정책 차별화는 정책의 본질적 내용으로 승부하는 것에서 출발한다. 정책적 견해에서 공통점은 시원하게 인정하되, 차이가 발생하는 곳에서는 그 사유와 우수성을 합리적 근거와 정확한 사실관계를 들어 유권자에게 설득하는 것이 바람직한 대통령 후보의 모습이다. 그런 모습을 보여주는 후보에게 우리의 표를 던지자.

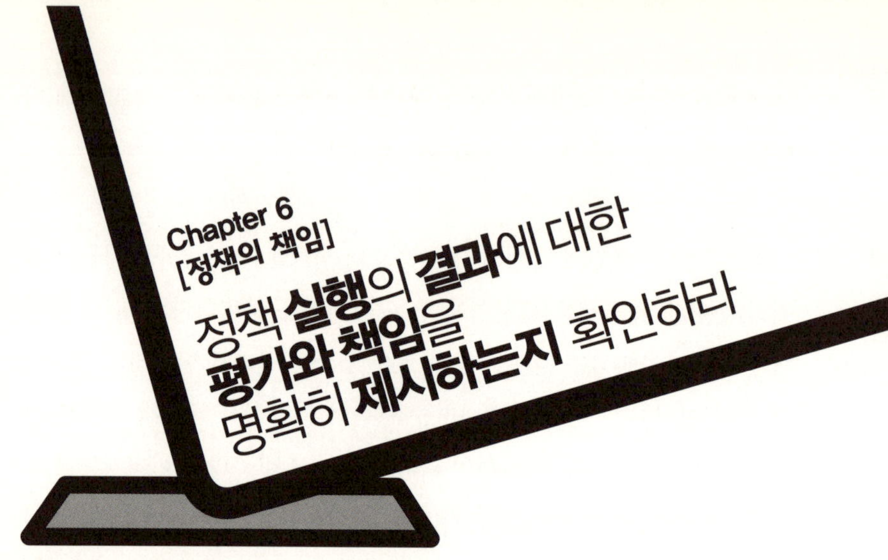

체|크|리|스|트

☑ **평가 기준과 목표치** 정책 실행 결과를 판단할 수 있는 평가 기준과 목표치를 제시하는가?

☑ **평가 방법** 정책 실행 결과를 누가, 언제, 어떻게 평가해서 국민에게 보고할지 제시하는가?

☑ **책임 소재** 정책 실행 결과에 대해 누가, 어떻게 책임질 것인지에 대해 명확히 약속하는가?

대선을 일주일 앞둔 1987년 12월 10일 여의도 유세에서 당시 노태우 후보는 아무도 예상치 못했던 파격적 제안을 국민들에게 한다. 그는 흥분한 목소리로 외쳤다.

"국민 여러분, 이 노태우 새로운 공약을 하나 발표하겠습니다. 국민 여러분께서 보통 사람 노태우를 대통령으로 당선시켜주신다면, 내년 가을 서울올림픽을 성공적으로 치른 뒤에 6·29선언에서 공약한 것을 비롯하여 이번 선거에서 공약한 것을 충실히 이행했는지에 대해서 국민 여러분의 심판을 받겠습니다."

중간 평가 아이디어는 당시 선거 캠프의 책사였던 전병민 씨가 술자리에서 친구가 "뭘 그렇게 고민해. 일단 뽑아 달라고 하고, 국민이 일 못한다고 하면 그만둔다고 해"라고 말한 데서 아이디어를 얻은 것으로 알려져 있다. 노태우 후보의 중간 평가 아이디어는 그 후 3당 통합으로 유야무야 넘어가고 말았고 과연 헌법 정신에 비추어 옳은 선택이었느냐는 논란이 있지만, 유권자의 입장에서 생각해보면 중간 평가 자체의 실현성보다는 후보의 책임의식에 표를 던진 것으로 볼 수 있다.

선거철만 되면 수없이 많은 전단지가 돌아다닌다. 그런데 선거가 끝나면 5년 중 한 번이라도 대통령의 업무 성적을 담은 전단지가 대문 앞에 놓인 것을 본 적이 있는가? 하물며 회사도 일 년에 한번은 주주들에게 사업보고서와 결산서를 내놓는데, 정부가, 정권이 한 번이라도 자신들의 성적표를 국민들에게 내놓은 적이 있던가?

대선 토론에서 어느 후보 하나 자신들의 공약公約이 공약空約이 되었을 때 어떻게 책임지겠다는 말을 하는 후보가 있었나? 대선 토론에서 언급되는 수많은 공약(그밖의 유세 현장, 홍보 자료 등에서 배포되는 수많은 공약들)이 그때그때 실천 없이 말로만 남게 되는 이유는 무엇일까?

토론에 나선 후보들이 말하는 정책에서 유권자들이 꼼꼼히 살펴야 할 것 중 마지막은 '책임'이다. 후보가 '책임'을 성실하게 말하느냐는 다시 세 가지 측면에서 살펴보아야 한다. 바로 자신의 공약에 대한 평가 기준과 평가 방법, 책임 소재의 제시 여부다.

평가 기준과 목표치가 구체적이고 명확한가

다음은 2007년 당시 이명박 한나라당 후보의 747 공약의 주요 내용이다.

이명박 한나라당 대선 후보의 747 공약 주요 내용

* 747(10년 동안 7% 경제 성장, 1인당 국민소득 4만 달러, 세계 7위 경제대국 달성)

- **내수기반 확충과 종합국토개발 : 다목적 한반도 대운하 건설**
- **세계 최고 기업 환경 조성 : 탈규제 · 저세율 구조로 전환**
- **과학기술 강국 건설 : R&D 투자확대와 국제과학기업도시 건설**
- **과학기술인력 양성 : 첨단 · 기초과학자 육성, 무상실업교육 실시, 한국형 마이스터 제도 도입**
- **서민주거권 완전 보장 : 1가구 1주택 보장**
- **디지털 인프라 구축 : 유비쿼터스 코리아로 국토 개조**
- **국가경영시스템 재설계 : 작은 정부로 개편, 공기업 축소 · 민영화, 예산 10% 절감**
- **비핵 · 개방 · 3000 : 국가안보 위험 제거, 북한 개방 가속화, 북한 1인당 국민총소득 10년 후 3000달러로 도약**

이 공약 중 성공과 실패를 가늠할 수 있는 명확한 평가 기준이 제시된 것은 무엇일까? 엄밀히 말해, 747(10년 동안 7% 경제 성장, 1인당 국민소득 4만 달러, 세계 7위 경제대국 달성)과 1가구 1주택 보장이라는 서민 주거권 완전 보장 이외에는 평가하기가 쉽지 않을 것이다. 평가의 기준이나 목표치가 제시되지 않았기 때문이다. 1가구 1주택도 조금만 생각해보면, 그것이 주택 소유 기준인지 거주 기준인지, 시점이 언제인지, 전국 평균인지 지역 평균인지가 정의되어 있지 않아서 평가하기가 애매하기는 마찬가지다.

평가의 기본은 목표 달성 여부를 판단할 수 있는 기준과 목표치를 분명하게 제시하는 것이다. 우리나라 대선 토론에서 이런 구체적 판단 기준과 목표치가 제시되지 않은 발언과 제시된 발언을 한번 비교해보자. 다음은 2007년 대선 토론 중 '고령화 시대의 복지정책'에 대한 답변이다.

차이가 느껴지는가? A 유형의 발언은 평가할 방법이 요원하지만 B 유형의 발언은 성공과 실패의 기준이 명확하다. 물론 B 유형 답변도 앞에서 언급한 바와 같이 국민이 감당해야 할 대가를 전혀 언급하지 않았기 때문에 답변 그 자체로 충분히 좋다는 것은 절대로 아니다. 그러나 적어도 성공의 정의와 평가의 기준, 목표치는 상대적으로 명확하다.

우리나라 대선 토론에서 구체적인 평가의 기준과 목표치에 대한 언급은 상당히 구체적으로 되고 있는 편이다. 오히려 문제는 시점과 일정에 대한 언급이 없다는 것이다. 대부분의 발언이 5년 안에 어떻게 하겠다는 것인 까닭에 1년, 2년, 3년, 4년 후에 각각 무슨 기준으로 성공을 평가할 것인지가 모호하다. B 유형에도 80퍼센트, 3배 등 구체적인 수치가 제시되어 있지만, 그렇게 하기 위해 1년차에, 2년차에, 3년차에, 4년차에는 무엇이 얼마나 이루어져야 한다는 기준이 없다. 그러니 재임 5년 내내 미루고 미루다가 결국 막판에 퇴임이 임박하면 "노력했지만 외생 변수 때문에 힘들었다"고 변명하고 욕 한 번 먹고 마는 형태가 되는 것이다.

영국 노동당이 2010년 총리 선거에서 발표한 매니페스토 공약집(모두의 평등을 위한 50가지 약속^{50steps to a future fair for all})과 한나라당이 2007년 대선 전에 발표한 공약집(3대 비전, 10대 희망, 43대 과제, 92개 약속, 10대 공약)의 내용을 비교해보시라(두 자료 모두 한국매니페스토실천본부_{www.manifesto.or.kr} 자료실에서 보실 수 있다). 영국 노동당의 공약집은 거의 모든 정책 분야에서 구체적인 숫자와 목표치가 제시되고 있다. 그러나 한나라당의 경우, 경제 분야에서만 목표치가 설정되어 있다. 그나마도 지금 되돌아보면 비현실적인 목표치라는 것이 너무도 명확해 보인다.

누가, 언제, 어떤 방식으로 평가할 것인가

다음은 이현출 국회입법연구관이 2007년 대선을 반년 앞두고 〈서울신문〉에 기고한 글의 일부다. 직선제 대통령이 탄생한 1987년부터 2007년에 이르기까지 총 다섯 번의 대선에서 발표된 대표적 공약들의 허와 실을 분석한 자료다. 과연 이 공약들은 지켜졌을까?

뻥튀기 공약(구체적인 수치는 제시됐지만 지극히 비현실적인 공약)

-1987년 노태우 후보 : 물가상승률 2~3퍼센트 유지

-1997년 김대중 후보 : 1인당 국민소득 3만 달러와 세계 5강 진입

-2002년 노무현 후보 : 연 성장률 7퍼센트 달성

-2007년 이명박 후보 : 747 달성

선심성 공약(표를 얻기 위해 일단 질러놓는 공약)

-1987년 김대중 후보 : 농가 부채 전면 탕감

-1987년 김영삼 후보 : 그린벨트 해제

-1992년 정주영 후보 : 아파트 반값 공급

망라형 공약(선택과 집중 없이 일단 죄다 포함하는 공약)

-1992년 김영삼 후보 : 10대 과제, 77개 공약

-1997년 김대중 후보 : 100대 중점 공약

-2002년 노무현 후보 : 4대 비전, 20대 정책 목표, 150대 핵심 과제

정답은 지켜진 것이 '없다'라고 생각하시나? 아니다. 정답은 솔직히 '모른다'다. 우리는 대선 토론에서 똑같은 상황이나 자료를 두고 양쪽이 서로 달리 판단하거나 인식하는 모습을 종종 본다. 4대강 사업이 성공했느냐 실패했느냐를 두고 보수 세력과 진보 세력이 설왕설래를 할 때도 국민의 입장에서 보면 어느 쪽도 객관적으로 딱히 믿음이 가지 않는다.

'시민 없는 시민 단체'라는 비판이 있듯이, 정치권 혹은 정치적 색채가

명확해 보이는 많은 시민 단체들의 경우 진보와 보수를 막론하고 정부 정책 결과에 대한 평가가 늘 뻔해 보인다. 보수 정권이 집권할 때는 진보적 시민 단체들의 평가가 비난 일색이고, 진보적 정권이 집권할 때는 보수적 시민 단체들의 비난이 무성하다.

평가 기준이 똑같다 해도, 평가자가 다르면 평가 결과가 달리 나온다. 따라서 평가와 책임을 언급할 때는 누가, 언제, 어떤 방식으로 평가할 것인지를 먼저 제시해야 한다. 2007년 대선 토론에서 본인의 공약이 실행·이행되는 상황을 어떻게 평가할 것인지 구체적으로 언급한 경우는 당연히 없었고, 추상적 수준의 발언조차 없었다. 근본적으로, 객관적이고 엄격한 평가를 받겠다는 후보의 의지가 없는 것이다. 그러니 선심 공약이 남발되고, 정책 공약은 100여 가지가 넘는데 임기 중이나 후에 뭐 하나 제대로 평가되었다는 느낌을 유권자들이 전혀 갖지 못하는 것이다.

최근 모 시민 단체에서 대통령은 아니지만 국회의원, 지방자치단체장에 대해 공약 이행 평가를 한 적이 있다. 평가 방법은 현재 국회의원 스스로 소명하는(스스로 판단하여 이행 여부를 이 유권자 단체에 제출하는) 방식으로 되어 있기 때문에, 평가의 객관성과 공정성에 대해서는 이견이 존재할 수 있다. 그러나 이런 평가라도 없는 것보다는 있는 편이 훨씬 낫다. 그리고 이러한 문제를 보완하기 위해 이 단체에서는 각 국회의원들의 공약 이행 여부를 유권자가 스스로 알아보고 평가에 참여할 수 있도록 총선공약 시민검증센터www.1948manifesto.or.kr라는 것을 운영했다.

이 단체가 2012년 발표한 지난 18대 국회의원들에 대한 공약 이행 평가 결과의 개요를 보자. 이 단체는 지역구 국회의원 245명 중 공석 의원 4명을 제외한 241명을 대상으로 세 차례의 공문과 세 차례 이상의 유선 전화 통화를 통해 선거 공보에 실린 공약에 대한 이행 현황을 유권자들에게 공개할 것을 요청했다. 결과적으로 약속된 전체 공약 중 35퍼센트

(1588개)가 완료되고, 37퍼센트(1693개)가 정상적으로 추진되고 있으며, 19퍼센트(857개)가 일부 추진, 6퍼센트(291개)가 보류되거나 폐기된 것으로 확인되었다. 결국 약 25퍼센트의 공약은 일부 추진되거나 지켜지지 못한 것이다.

보류되거나 폐기된 291개의 공약을 보면, 서울의 경우 대부분 부동산이나 지역 민원성 개발 공약이었다. 예를 들어 뉴타운, 재개발, 특목고, 도로 지하화, 경전철 등이다. 반면 지방의 경우는 대부분이 지역 간의 사회적 갈등 요소가 있는 국책 사업 유치, 이전, 조성, 건립 등이었다. 결국은 표를 얻기 위한 거짓말이었던 것이다.

앞서 언급된 시민검증센터를 대선에 도입해보면 어떨까? 그리고 그것을 적어도 일 년에 한 번씩 하면 좋지 않을까? 그러면 대선 토론에서 후보들도 5년 안에 하겠다는 뻥튀기 공약이 아니라 1년 단위로 검증할 수 있는 공약을 내걸 것이고, 또 시민들이 평가 주체로 참여할 수도 있지 않을까? 정치적인 시민 단체가 아니라 그야말로 유권자로 이루어진 시민 말이다.

대선 토론이 제대로 된 평가 기능을 갖추려면 후보들이 자신의 정책을 요약해서 제출해야 한다. 모든 것을 발언하기가 여의치 않으면 도표나 자료로 만들어서 제출하면 된다. 그리고 정부 산하 기관과 정치적 색채가 선명한 시민 단체가 아니라 시민검증센터 같은 곳에서 정기적으로 검증받고 평가받겠다고 선언해야 한다. 그리고 후보들이 유세장에서 외쳤던 말 한마디, 숫자 하나하나를 시민들이 검증해야 한다.

대선 토론에서 유권자들은 후보들이 자신의 정책에 대한 평가를 누구에게 어떤 형식과 과정으로 받겠다고 말하는지 꼼꼼히 살피자. 말하지 않는 후보는 의지가 없거나 자신이 없는 것이다. 그렇게 말하는 후보가 있으면 박수 쳐주자. 아무런 책임도 지지 않겠다는 후보보다는 더 책임감 있지 않겠는가. 그리고 그런 후보를 찍으면, 적어도 1년 안에 그 사람이 약속한 공약들이 진행이라도 되고 있는지는 알 수 있지 않을까.

누가, 어떻게 책임질 것인가

2007년 대선 토론에서는 노무현 정부의 공과에 대해 여당 소속 대선 후보였던 정동영 후보에게 '책임지라'는 날선 공방이 있었다. 그러나 실제로는 아무런 구속력이 없는 정치적 수사에 불과했다. 미국과 같은 대통령 재선도 없고, 정당 이름을 옷 갈아입듯이 주기적으로 바꿔주는 우리나라 정치 상황에서 어떻게 책임을 지나?

일단 대통령 임기 말이 되면 여당부터 대통령을 비난하면서 정부와 거리 두기를 시작하고, 야당은 대통령의 모든 정책을 남김없이 싸잡아 물어뜯고, 양당 모두 필요하면 정당 이름을 바꿔 과거의 잘못에 면죄부를 얻는다. 그것이 우리나라의 정치권이 '책임'지는 모습이다. 일단 남부터 비난하고 자기 옷만 슬쩍 갈아입는 형국이다. 자기반성과 자기 책임은 없다.

대선 토론에서 후보들은 상대방에게는 "책임져라"를, 자신은 "책임지겠다"를 끊임없이 외쳐댄다. 그런데 누구 하나 상대방에게 "이렇게 구체적으로 책임져라" 혹은 자기가 "이렇게 구체적으로 책임지겠다"를 현실성 있게 제시하는 사람은 없다. 오죽하면 노태우 후보가 헌법에도 없는 중간 선거를 깜짝 선언했을 때 국민들이 그 말을 믿고 한 표를 던졌겠는가.

2007년 대선 토론을 보자. 보수, 진보 양 세력이 모두 정동영 후보에게 노무현 정권의 실패에 대해 책임을 지라고 목소리를 높였지만, 딱히 책임을 위한 구체적인 제안은 전무했다.

민주노동당 권영길 후보 : 서민 경제 파탄 낸 노무현 정부 5년의 참상입니다. 정동영 후보님, 남 탓하기에 앞서 국민 앞에 석고대죄하고 후보 사퇴해야 되는 것 아닙니까? 그게 책임 정치일 것입니다. (…) 이제 오락가락하는 정부는 노무현 정부로서 족합니다. **정동영 후보께서는 정말로 책임지셔야 됩니다. 서민 경제 붕괴시킨 책임 지셔야 됩니다.**

한나라당 이명박 후보 : 우리 정동영 후보께서는 말씀을 잘하십니다. 설득력도 있습니다마는 **말에 대한 책임은 지는 것 같지 않습니다.** 왜냐하면 노무현 정권에서 우리 정동영 후보께서는 자유로울 수가 없습니다. 당 의장을 두 번 하시고 또 당정회의를 쭉 해왔고 거기에서 장관도 했고, 또 초기에 노무현 대통령과는 이 정권을 끝까지 가겠다는 발언도 하셨습니다. 그러니까 노무현 대통령의 잘못된 것은 자기 입장은 피하고, 잘된 것은 자기가 잘되었다고 합니다.

    상대에게 책임을 지라는 발언에만 구체성이 떨어지는 것은 아니다. 본인의 정책에 대해서도 "책임을 지겠다"는 호언장담은 있지만 구체적으로 어떻게 책임지겠다는 말은 전무하다.

대통합민주신당 정동영 후보 : 미국 국무부와 부시 대통령의 정책은 정동영의 정책과 가장 닮았습니다. 이제 미국과 북한은 그동안 미국은 북한에 대해서 대화는 하지만 협상은 안 한다는 입장을 바꿔서 이제 북미 간의 협상을 통해서 문제를 풀고 그것을 6자회담에 돌리는 방식으로 활성화해가고 있습니다. 제가 대통령 되면 대북, 대미 접촉 외교 강화해서 **단시일 내에 북핵 문제, 이 질곡에서 벗어나도록 확실히 책임지고 해나가겠습니다.**

대통합민주신당 정동영 후보 : 여러분의 꿈이 제 꿈이고, 고통이 제 고통입니다. 일자리 고통, 사교육 불안, 노후 불안, 부동산 고통, **제가 책임지고 해결하겠습니다.** 우리나라를 선진국으로 만들어달라는 **여러분의 꿈을 제가 책임지고 안내하겠습니다.** 선진국이 되려면 두 가지가 필요합니다. 더 깨끗해져야 합니다. 더 믿을 수 있어야 합니다. 정직과 신뢰가 선진국으로 가는 핵심 조건입니다.

'책임'을 지겠다고 하지만, 도대체 어떻게 책임을 지겠다는 것인가? 정동영 후보 본인도 그에 대한 발언은 하지 않았고, 상대 후보도 뭔가 아이디어를 내놓지 않았으며, 사회자도 추궁하지 않았다. 결국 '비전', '철학'과 마찬가지로 '책임'이라는 단어는 콩 볶듯(?) 쓰이지만 내용은 전무하다. '책임을 지겠다'고 말하려면, 적어도 어떻게 평가받고 그 결과에 따라 어떤 조치를 취하겠다는 것이 언급되어야 한다. 대통령을 그만두라는 얘기가 아니다. "일 년에 한 번 국민에게 투명하게 진척 상황을 공개하고, 공식적으로 사과를 하는 행위라도 하겠다"라고 명시라도 해야 하지 않겠나? 그것도 없이 책임을 운운하는 것은 그야말로 공염불이다.

만족스럽지는 않지만 2007년 프랑스 대선 토론의 내용을 보면 적어도 후보의 그러한 책임의식이 조금은 느껴진다.

대통령의 책임이 대통령직을 거는 것일 수는 없을 것이다. 그것은 헌법을 고치는 일이며, 대통령이 임의로 할 수 있는 일이 아니다. 대통령직을 그만두는 것도 대통령의 자유가 아니며, 국민으로부터 이양된 권한이 있어야 가능한 일이다. 우리 국민 중 누가 대통령에게 헌법에 명시되고 국민으로부터 위임받은 임기를 자기 마음대로 줄이고 늘릴 권한을 주었는가? 5년간 대통령직을 수행한다는 것은 대통령의 권리^{right}가 아니라 의무^{obligation}다. 대통령은 그것을 약속하고 국민에 의해 뽑힌 사람이다.

그러나 대통령직을 걸지 않고도 책임을 지는 방법은 여러 가지일 수 있다. 예를 들어, 매년 국정 연설에서 정책의 추진 상황을 국민들에게 명확하고 투명하게 밝히는 것도 한 가지 방법일 수 있다. 혹은 앞서 말한 것처럼 매년 정책 추진 현황을 정리한 보고서를 만들어서 가가호호 신문처럼 배달할 수도 있다. 인터넷에 올리는 것도 가능하다. 10점 만점에 몇 점인지 밝히는 것도 좋다.

그것이 국정 연설이건, 보고서건, 한 장짜리 요약이건 평가에는 지난 노력의 결과와 앞으로의 국정 방향에 대한 보고가 함께 있어야 할 것이다. 그리고 올바른 보고는 다음의 다섯 가지 항목을 담고 있어야 한다.

1. 과거에 약속했던 정책적 목표
2. 그 목표 중에서 달성된 부분
3. 달성되지 않는 부분과 이유
4. 달성되지 않은 부분의 해결을 위해 정부가 과거와 달리 어떻게 노력할 것인가에 대한 제안과 설명
5. 국민들께 바라는 도움과 책임

이 다섯 가지를 염두에 두고 2012년 우리나라 국정 연설을 읽어보자.
아래 내용은 이명박 대통령의 국정 연설 중 교육정책에 대한 연설이다.
위의 다섯 가지가 느껴지시는가? 과연 지금의 정부가 대선 당시 했던 약
속과 그에 대한 성과, 부족한 면, 이유 그리고 앞으로의 제안 및 계획이
느껴지시는가?

"일자리를 바라보는 시각도 바꾸겠습니다. '학력'이 아닌 '능력'으로 평
가받는 '열린 고용 사회'를 만들겠습니다. 그동안 우리 사회에서는 대학을
졸업해야 하고 그중에서도 일류 대학을 나와야 대우를 받을 수 있었습니다.
그러나 이제는 바뀌어야 합니다. IT 시대에선 바꿀 수 있습니다. 이미 바뀌
어나가고 있습니다."

"정부는 마이스터고를 만들어 집중 지원해왔습니다. 마이스터고 학생들
은 재학 중에 이미 모두 취업이 이뤄지고 있습니다. 실업계 고등학교도 특
성화 고등학교로 바꿔 지원을 강화했습니다. 작년 11월까지 특성화고를 졸
업하고 취업을 희망한 사람들 가운데 약 80퍼센트 이상이 취업에 성공했습
니다. 앞으로 전원 취업할 수 있도록 하겠습니다."

"올해부터 당장 공공 기관 신규 채용 20퍼센트를 고교 졸업자로 뽑겠습
니다. 더 공부하고 싶은 사람은 대학에 갈 수 있도록 '선취업-후진학' 제도
를 강화하겠습니다. 기업들도 고교 졸업자들의 우수성을 인정해 작년부터
금융권과 대기업에서 이들에 대한 채용이 크게 늘고 있습니다."

"학교 폭력 문제는 우리 사회가 함께 풀어야 할 시급하고 중요한 과제입
니다. 학교 폭력으로 희생된 학생들과 학부모님을 생각하면 정말 가슴이 아
픕니다. 그동안 우리 사회가 학생들의 정서와 문화, 실태를 너무 몰랐던 것
같습니다. 또다시 이런 가슴 아픈 일이 일어나지 않도록 해야 할 책임이 우
리에게 있습니다. 보다 전문적인 분석을 바탕으로 한 실질적인 개선이 필요

합니다. 정부 여러 부처와 각계 전문가들이 함께 지혜를 모아 따돌림과 폭력의 위험이 없는 학교를 위한 종합 대책을 마련하고 있습니다.”

과거 대통령 선거를 치를 때 이명박 후보가 했던 교육 관련 약속에 대한 언급은 전무하다. 성과도 지극히 지엽적이다. 마이스터고 졸업생의 취업이 늘면 우리나라 교육 전체가 달라지는가? 사교육은 어떻게 하고, 대졸 실업은 어디로 갔고, 사학재단 비리는 또 어디로 갔는가? 게다가 그 문제 많은 학교 폭력에 대한 앞으로의 계획은 “종합 대책을 마련하겠다”가 전부다.

대선 후보는 대선 토론에서 자신의 공약들을 어떻게 평가하고 어떻게 책임질 것인가를 반드시 밝혀야 한다. 그러나 후보가 그것을 밝히게 만드는 힘은 유권자에게만 있다. 요구하지 않는데 밝힐 리가 만무하다. 이번 대선에서는 “책임져라”라고 말하는 사람보다, “책임지겠다”고 말하는 사람보다, “어떻게 책임지겠다”라고 말하는 사람을 뽑아주자.

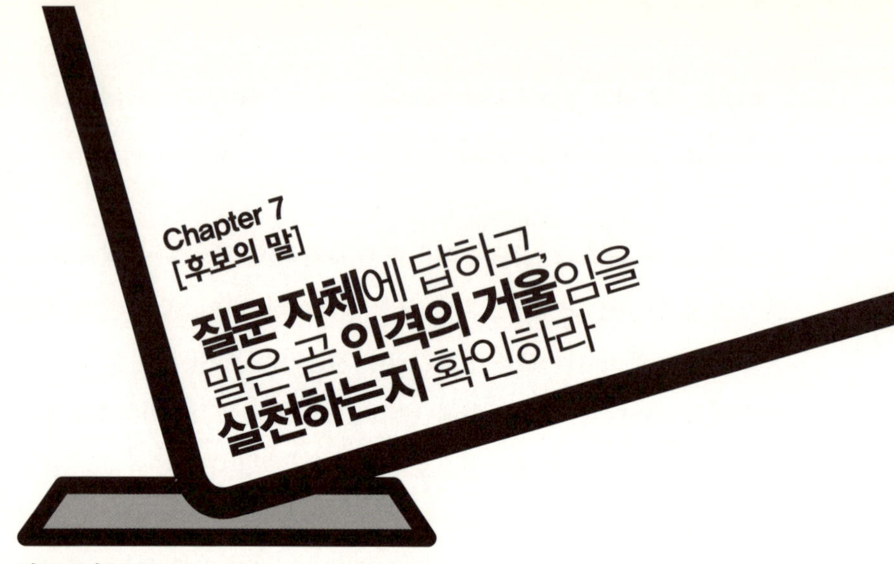

체|크|리|스|트

☑ **질문에 대한 답** 질문에 딴소리하지 않고 묻는 바에 직구로 답하는가?

☑ **올바른 국어** 문법과 주술 구조가 맞는 언어를 구사하고, 무슨 말을 하는지 이해되는가?

☑ **품위 있는 말** 사용되는 어휘와 표현, 특히 상대 후보를 대할 때의 언어 사용에 배려와 품위가

있는가?

"인간은 원래 태생적으로 정치적 동물이다. 동물 중에서 오로지 인간만이 언어를 가지고 있기 때문이다."

고대 그리스의 철학자 아리스토텔레스가 《정치학》에 남긴 말이다. 동물에게는 리더십의 원천이 힘이지만 사람에게 리더십의 원천은 말이다. 2000년 전 고대 로마의 정치가는 의회와 시민들 앞에서 자신의 말로써 상대와 대중을 설득해야 했다. 공론장을 의미하는 '포럼'의 어원도 고대 로마의 토론장에서 왔다. 따라서 좋건 싫건 말로 하는 토론과 설득은 정치 역사의 핵심이며, 정치인에게 말은 그만큼 중요하다. 하물며 대통령 후보에게 언어 사용 능력은 얼마나 중요하겠는가.

하지만 "침묵은 금이다"라는 격언에서 보듯, 우리나라에는 말 잘하는 것에 대해 야박한 생각을 가진 전통이 있다. "그 사람은 말만 번지르르하게 잘한다"고 하거나 "말 잘하는 인간치고 사기꾼 아닌 사람이 없다"는 식의 평가는 우리의 내면 저 깊은 곳에 존재하는 말 잘하는 사람에 대한 야박한 평가가 발현된 것이다. 그리고 사실 이런 평가는 틀리지 않다. 말 잘하는 인간 중에 사기꾼이 있는 것도 사실이고, 말만 번지르르하고 실행은 전혀 안 따르는 사람이 있는 것도 사실이기 때문이다.

그러나 언어는 그 사람의 인생을 담고 있다. 대선 후보의 말을 살피자는 것이 목청이 얼마나 좋은지, 수사적 표현이 얼마나 좋은지, 얼마나 막힘없이 술술 말을 잘하는지를 살피자는 것이 아니다. '말이 유창한지'를 살피는 것이 아니라 '어떤 언어를 쓰는지'를 살피자는 것이다. 대선 후보의 '말의 껍데기'가 아니라 '언어'를 살피자는 것이다. 어떤 어휘와 단어를 쓰는지, 어떤 문장을 활용하는지를 살피자는 것이다. 왜냐하면 언어의 활용은 '기술'이자 동시에 '마음가짐'이고 '생활의 습관'이며 '사고의 구조'이기 때문이다.

사람이 의도적으로 노력하면 잠깐은 자신의 성격, 마음가짐, 삶의 태도, 경험과는 다른 말을 쓸 수도 있다. 성격이 급한 사람도 느긋해 보이는 말을 쓸 수 있고, 침착하지 않은 사람도 침착한 듯 보이는 언어를 구사할 수 있다. 그러나 몇 시간, 며칠, 몇 달을 매순간 그렇게 자신을 포장한 채 모든 사람들을 속일 수는 없다. 게다가 자신이 궁지에 몰렸을 때는 더욱 그러하다. 그래서 대선 토론에서 후보의 말과 언어를 잘 살피는 것이 더욱 중요하고 의미가 있는 것이다. 다급하거나 잠시 방심하는 사이에 그 사람의 본심과 바닥이 그가 쓰는 말과 언어를 통해 드러나기 때문이다. 자신이 쓰는 언어에는 자신의 인생이 묻어나게 마련이다. 경험 많은 사람들이 흔히 하는 말 중 하나가 어떤 사람하고 만나서 30분만 얘기해보면 그 사람이 어떤 사람인지 대충 파악할 수 있다는 말이다. 그것은 그 사람의 말과 표정, 행동에 그 사람의 인생이 묻어 있기 때문이다. 링컨이 말한 대로, 사람이 중년을 넘으면 "그 사람의 얼굴과 말 자체가 곧 그 사람의 이력서"다. 유권자들은 대선 토론에서 후보들의 말을 꼭꼭 씹어 들어야 한다. 후보들이 쓰는 언어를 통해 그 후보의 인생과 가치관을 볼 수 있어야 한다.

특히 대선 토론에서 유권자들이 후보들의 언어에서 절대로 속지 말아야 하는 것이 세 가지 있다. 우선, 자기가 하고 싶은 말만 하고 정작 질문에는 답을 피하고 있지는 않은가? 둘째, 주술 구조와 문법에 맞는 말을 하는가? 셋째, 상대를 배려하는 품위 있는 어휘를 구사하는가? 자, 이제 대선 토론에서 후보들이 사용하는 언어를, 어휘를, 문장을 유권자들이 어떤 눈으로 바라보아야 하는지 함께 살펴보자.

묻는 말에 제대로 답을 하는가

유권자들이 절대로 속지 말아야 할, 그러나 정치인들에게는 절대로 잊지 말아야 할 가장 중요한 철칙이 있다. "질문에 대한 답을 하지 말라"는 것이다. 기자나 토론의 사회자가 무엇을 묻건 질문에 관계없이 정치인 본인이 전달하고 싶은 메시지를, 하고 싶은 말을 반복해서 되풀이하라는 것이다.

아…… 정치인에게는 얼마나 멋진 전술인가(유권자로서는 황당하기 그지없는 사악함이다). 선거 캠프 책임자로서는 이보다 더 현명한 전술은 없을지도 모른다. 일상의 정치 토론과 방송에서 이러한 경우를 얼마나 자주 목격했던가. 언론은 국민의 호기심에 영합하는 질문을 하고, 정치인은 자기 자랑을 떠벌리는 답을 한다. 두 곳 중 어디에도 국민이 알아야만 하는 진실과 사실은 없다.

문제에 대한 '해결책'을 물었는데 문제의 '심각성'을 말하는 정치인, 사실관계에 대한 '진실'을 물었는데 사실관계에 대한 '입장'을 말하는 정치인, '미래의 방향'을 물었는데 '과거의 실정'을 말하는 정치인, '해결의 방법과 내용'을 물었는데 자신이 가진 '해결의 경험과 업적'을 말하는 정치인, 이 모든 것들이 결국에는 질문에 답을 하지 않고 자기 할 말만을 하는 정치인들의 모습이다.

자기 할 말만 하는 정치인들에게 국민들이 번번이 속는 이유는 한 가지다. 앞서 말했듯이 정치인은 대부분 일반인보다 말을 잘하는 사람들이다. 게다가 대통령이라는 자리를 걸고 대선판에 뛰어드는 대선 후보들은 얼마나 말을 잘하겠는가. 말을 잘하니, 술술 청산유수처럼 흘러나오는 답변을 듣고 있다 보면 국민들은 정작 질문이 무엇이었는지를 잊어버린다. 답변의 논리를 따라가느라 정작 질문이 무엇이었는지 잊어버리는 것이다.

대선 토론에서 얼마나 질문과 동떨어진 말과 답변이 오가는지 살펴보자. 다음은 2007년 대선 토론의 한 토막이다. 당시 특정 주제에 대한 이회창 후보의 모두발언과 그에 대한 다른 후보들의 반론, 이회창 후보의 재반론이다. 전체 답변 중에서 대략 절반 정도를 생략하고 절반 정도를 남긴 내용이다. 다 읽은 후 사회자가 던진 토론 질문이 무엇이었는지 맞혀보시기 바란다.

정을 찾을 수 있습니까. 이렇게 된다면 앞으로 이명박 후보가 가령 대통령이 된다 해도 5년 동안 이런 싸우고 서로 막 하는 이런 상태가 계속될 것입니다. (…)

민주노동당 권영길 후보 : (…) 이회창 후보께서는 2002년에 국민들 앞에서 정경 유착, 돈 정치, 부패 고리 청산하겠다고 말씀하셨는데 뒤에서는 재벌로부터 불법 정치자금 848억 원이나 차떼기로 받았습니다. 정경 유착 없이 경제 살아날 수 없습니다. 그때 정말 부패의 후보답게 차떼기로 정책 받으신 이회창 후보께서 삼성 특검 제대로 조사되면 감옥에 가야 할 것입니다. (…)

한나라당 이명박 후보 : 이회창 후보께서 하시는 말씀은 옳은 말씀입니다. 한나라당 공약에 비슷한 공약을 하셨습니다. (…) 그래서 저는 이회창 후보께서 말씀하신 원칙적인 것에는 동의합니다만 누가 대통령이 되느냐에 대해서는 차이가 있고, 또 한 가지 부탁은 2002년도에 김대업 사건으로 어려움을 겪었습니다. 그 어려움을 겪었던 이회창 후보께서 2007년 선거에서 반대편 입장에서 네거티브에 동참하고 있습니다. 한번 깊이 생각해주시기 바랍니다. 부탁드립니다.

무소속 이회창 후보 : 먼저 이명박 후보께서 네거티브를 왜 하느냐고 말씀하셨는데, 김대업을 갖다 붙였는데 참 기가 막힌 이야기이다, 네거티브라는 것은 있지도 않은 것을 말하는 경우에 네거티브가 되는데 지금 이명박 후보, 자신의 말한 것들이 현재 문제가 되고 있습니다. 온갖 탈법, 편법, 불법, 거기에다 자기 말한 것을 안 했다고 거짓말하는 것이 문제가 되고 있습니다. 한번 생각해보세요. 도둑이 자기를 고발한 시민에 대해서 왜 네거티브 했냐 하는 것과 무엇이 다릅니까? 저는 이 점은 정말 이명박 후보답지 않은 이야기라고 생각합니다. 다음에 권영길 후보께서 여러 가지 정경 유착 말씀하셨는데 제가 말씀드립니다. 국민 앞에 대선자금 문제로 저 국민께 대단히 죄송하다고 말씀드렸고, 제 스스로 검찰에 나가서 조사도 받았습니다. 정치자금을 말한다면 민노당 권영길 후보, 액수는 작지만 민노총에서 정치자금 받지 않았습니까? 액수가 작으면 도둑이 안 되고 크면 도둑이 되는 것입니까? 이것도 저는 말이 안 된다고 생각합니다. (…)

위에 적힌 후보들의 답변이 어떤 질문에 대한 것이었는지 보기는 다음과 같다.

1. 국회 선진화 방안은 무엇인가?

2. 불법 대선자금 근절 정책은 무엇인가?

3. 네거티브 선거를 탈피하기 위한 방안은?

4. 경제 활성화를 위한 현실적 대안은 무엇인가?

5. 국가 외교·안보 정책의 방향은 무엇인가?

혹시 맞히셨는가? 정답은 4번, '경제 활성화를 위한 현실적 대안'이다. 주제와 직접적으로 관련된 부분이 생략되지 않았더라면 주제를 알아맞히기가 쉬웠을 수도 있다. 그러나 그렇다 해도 여전히 전체 발언 시간의 절반 정도는 앞의 내용이 그대로 오고간 것이 사실이다.

자, 이제 생략된 부분을 모두 포함한 발언 전체를 보자. 독자 여러분의 판단을 위해 생략했던 부분을 굵은 글자로 표시했다. 좀 길지만 각 후보들의 발언 전문이다.

> 사회자(송지헌) : (…) 각 후보들은 우리나라의 경제 활성화를 위해서 어떤 대안을 갖고 있는지 궁금합니다. (…)
>
> 무소속 이회창 후보 : **국민 여러분, 경제는 나라가 첫째로 안정이 되어 있어야 경제가 됩니다. 나라가 불안하고 안정 기초가 깨지면 경제도 될 수가 없습니다. 여러분, 며칠 전에 국회 안에서 여야 국회의원들이 이명박 특검법을 놓고 몸싸움을 벌이고, 격투를 벌이는 모양을 여러분은 보셨습니다. 전기톱이 등장하고 쇠사슬이 등장했습니다. 이렇게 의혹투성이 후보를 둘러싸고 온통 서로 싸우고** 이런 상황이 계속된다면 어떻게 우리가 안정을 찾을 수 있습니까. 이렇게 된다면 앞으로 이명박 후보가 가령 대통령이 된다 해도 5년 동안 이런 싸우고 서로 막 하는 이런 상태가 계속될 것입니다. 이것은 우리의 경제의 안정은 물론 나라의 안정을 찾을 수 없게 됩니다. 이제 이렇게 안정된 기초를 닦은 후에 경제는 기업으로 하여금 마음껏 뛰게 만드는 것에 요체가 있다고 봅니다. 대기업은 그저 규제를 풀어주면, 획기적으로 규제를 풀면 열심히 뜁니다. 그러나 중소기업은 기업을 푸는 것만 가져서는 안 됩니다. 중소기업은 또

한 획기적으로 정부와 지원을 해서 도움을 주어야 합니다. 강소기업, 저는 작지만 세계시장에서 뛰는 이러한 기업을 우리가 키워내야 됩니다. 얼마든지 우리가 해낼 수 있습니다. 세계시장에서 40퍼센트, 심지어 80퍼센트를 차지하는 강소기업들이 있습니다.

민주노동당 권영길 후보 : 이회창 후보께서는 1년 내에 기업 규제 대폭 완화를 주장하고 계시는데 이것은 재벌의 문어발 경영을 옹호하는 정책입니다. 그리고 이회창 후보께서는 2002년에 국민들 앞에서 정경 유착, 돈 정치, 부패 고리 청산하겠다고 말씀하셨는데 뒤에서는 재벌로부터 불법 정치자금 848억 원이나 차떼기로 받았습니다. 정경 유착 없이 경제 살아날 수 없습니다. 그때 정말 부패의 후보답게 차떼기로 정책 받으신 이회창 후보께서 삼성 특검 제대로 조사되면 감옥에 가야 할 것입니다. 저는 무엇보다도 경제를 살리기 위해서는 정경 유착의 부패 고리를 청산해야 된다, 이회창 후보께서 어떤 말씀을 하실 수 있겠는지 답변해주시기 바랍니다.

한나라당 이명박 후보 : 이회창 후보께서 하시는 말씀은 옳은 말씀입니다. 한나라당 공약에 비슷한 공약을 하셨습니다. 그러나 공약을 누가 하느냐가 중요한 것이 아니고 경제가 활성화되려면 기업이 투자를 해야 합니다. 기업에 투자하는 기업인들의 생각은 어떠냐 하면 누가 대통령이 되느냐, 여기에 따라서 기업 투자 환경이 바뀝니다. 그래서 어떤 규정도 중요하고, 같은 규정이면 누가 대통령이 되느냐에 따라서 기업인들이 적극적인 투자를 하게 됩니다. 적극적인 투자를 해야 일자리가 생기게 됩니다. 그래서 저는 이회창 후보께서 말씀하신 원칙적인 것에는 동의합니다만 누가 대통령이 되느냐에 대해서는 차이가 있고, 또 한 가지 부탁은 2002년도에 김대업 사건으로 어려움을 겪었습니다. 그 어려움을 겪었던 이회창 후보께서 2007년 선거에서 반대편 입장에서 네거티브에 동참하고 있습니다. 한번 깊이 생각해주시기 바랍니다. 부탁드립니다.

무소속 이회창 후보 : 먼저 이명박 후보께서 네거티브를 왜 하느냐고 말씀하셨는데, 김대업을 갖다 붙였는데 참 기가 막힌 이야기이다, 네거티브라는 것은 있지도 않은 것을 말하는 경우에 네거티브가 되는데 지금 이명박 후보, 자신이 말한 것들이 현재 문제가 되고 있습니다. 온갖 탈법, 편법, 불법, 거기에다 자기 말한 것을 안 했다고 거짓말하는 것이 문제가 되고 있습니다. 한번 생각해보세요. 도둑이 자기를 고발한 시민에 대해서 왜 네거티브 했냐 하는 것과 무엇이 다릅니까? 저는 이 점은 정말 이명박 후보답지 않은 이야기라고 생각합니다. 다음에 권영길 후보께서 여러 가지 정경 유착 말씀하셨는데 제가 말씀드립니다. 국민 앞에 대선자금 문제로 저 국민께 대단히 죄송하다고 말씀드렸고, 제 스스로 검찰에 나가서 조사도 받았습니다. 정치자금을 말한다면 민노당 권영길 후보, 액수는 작지만 민노총에서 정치자금 받지 않았습니까? 액수가 작으면 도둑이 안 되고 크면 도둑이 되는 것입니까? 이것도 저는 말이 안 된다고 생각합니다. 해고의 자유를 제가 주장한 것은 아닙니다. 해고도 어디까지나 정말 법적 요건에 따라서 또한 노사 간 합의에 따라서 적절하게 이루어져야지 경영자가 마음대로 해고할 수 있는 것은 통하지 않는 세상 아닙니까. 다음에 정동영 후보께서 6퍼센트 성장에 대해서 말씀하셨습니다. 6퍼센트 성장은 정동영 후보가 정치에 대통령 후보로 나서기 훨씬 전인 1997년도, 2002년도부터 제가 주장을 했습니다. 당당한 근거를 가지고 이야기했고, 지금도 역시 6퍼센트 정도가 가장 적절하다고 생각하고 있습니다. 저의 경제정책은 그렇게 여러분처럼 화려하고 포장지에 싸지 않았지만 정말 국민들에게 필요한 경제정책을 담았습니다.

이제 모든 후보의 발언 전문을 읽었다. 보셨겠지만 굵은 글자가 딱 절반 정도 된다. 이제 우리 스스로에게 되물어보자. 질문에 대한 답이 있는가? 답이 있다. 정말 잠깐 동안, 아주 살짝 있다. 질문이 정확하게 무엇이었는지 독자들은 기억하는가? "불확실한 대내외 환경하의 경제 활성화 방안이 무엇이냐?"였다. 모두발언 대부분이 국회의원들에 대한 질타와 다른 후보에 대한 공격이다. 그렇다 보니 어려운 대내외 경제 상황에 대한 발언도 사라지고, 그에 대한 경제 활성화 방안은 그야말로 쪼그라들었다. 결국 이회창 후보의 모두발언의 경우 조사 하나 안 바꾸고 '대기업 규제 완화와 중소기업에 대한 획기적 지원'이 대책의 전부가 되었다.

모두발언에 대한 반론들은 더 심란하다. 앞선 발언의 부족한 점(질문에 대한 답의 구체성 결여)을 논리적으로 지적하는 것이 아니다. 오히려 기존 주장(재벌 공격, 기업인 출신 대통령 옹호)을 반복하거나 경제 활성화와 무관한, 모두발언을 한 후보의 과거에 대한 공격을 계속 이어간다. 결국 재반론 답변의 상당 부분은 반론을 한 후보들에 대한 또 다른 과거사 공격이 차지하게 되었고, 이 과정에서 모두발언을 한 후보 역시 질문의 초점을 잃고 상대 후보의 공격에 말려들었다(영상을 보면 더 명확하게 드러나지만, 위의 답변만 읽더라도 느낄 수 있을 것이다).

토론 전반에서 사용되는 표현에서도 대선 후보로서의 품위와 상대방에 대한 존중이 거의 보이지 않는다. "의혹투성이 후보", "부패의 후보", "참 기가 막힌 이야기" 등의 호전적이고 과격한 말을 오히려 강조하여 사용한다. 주술 구조가 제대로 맞지 않는 한국어 비문들은 일일이 지적하기가 어려울 정도로 많다.

질문에 대한 직접적인 '답' 대신 후보 본인이 추구하는 '정치적 주장'을 하는 경우도 있다.

이 사례에서는 '어떻게' 대처할 것이냐는 질문에 대해 "종합적인 외교 대책으로 해결해야 된다"는 추상적인 답변이 말미에 잠시 등장한다. 결국 나머지 대부분의 답변에서는 현 정부에 대한 비판, 다른 후보에 대한 공격, 그리고 소속 정당의 노선(이라크에서 철군해야 한다)이 반복적으로 강조되고 있다. UCC 질문자의 질문이 "파병이 정당하다고 생각하느냐?" 혹은 "지금 시점에서 철군이 필요하다고 생각하느냐?"라는 질문이라면 후보의 발언은 지극히 정당하다. 그러나 질문은 "피랍 사태가 일어난다면 어떻게 대처하시겠습니까?"다. 파병이 맞냐, 철군이 맞냐를 따지려고 하는 것이 아니다. 핵심은 후보가 질문자의 의도에 맞는 답변을 하지 않고 있다는 것이다. 마치 "길도 막힐 텐데 퇴근 때는 뭐 타고 가실 계획이십니까?"라고 물었는데 "교통 체증을 초래하는 우리나라 교통정책은 정말 확 뒤집혀야 합니다"라고 대답하는 것과 같다.

의도적으로 질문과 거리가 더욱 먼 답변을 하는 경우도 있다.

사례 56 : 2007년 한국 1차 대선 토론(2007년 12월 6일, 20:00~22:00)

사회자(송지헌) : (…) 최근 권력 구조 개편과 관련하여 다양한 방안이 제기되고 있습니다. 4년 중임 대통령제, 내각책임제, 이원집정부제 등이 그것인데요. 각 후보께서는 우리나라에 적합한 제도가 무엇이라고 생각하시는지 말씀해주시기 바랍니다.

대통합민주신당 정동영 후보 : 4년 중임제가 상식입니다. 그런데 중요한 것은 국민의 뜻입니다. 국민은 지금 먹고사는 게 급하지 4년 중임제가 급하지 않다, 이렇게 생각하기 때문에 저는 국민의 요구가 있어야 개헌한다고 생각합니다. 보다 더 중요한 것은 헌법정신이 아직 다 뿌리가 안 내려졌습니다. 예를 들면 국민주권과 관련해서 지금 검찰의 인권유린, 지금 어떤 세상인데 아직도 횡행하고 있습니다. 이런 것 헌법 정신 뿌리내리게 해야 합니다. 저는 김경준 씨의 혐의를 두둔할 생각은 추호도 없습니다. 그러나 죄는 미워도 사람은 미워하지 말라고 했습니다. 저는 검찰이 협박하고 회유해서 진실을 생매장해 버리고 개인의 인권을 유린한 데 대해서 분노합니다. 바로 이런 것, 국민의 품으로 돌려줬는데 검찰권이 이명박 후보의 품으로 들어가버린 것, 이런 것 바

사례 57 : 2007년 한국 2차 대선 토론(2007년 12월 11일, 20:00~22:00)

사회자(송지헌) : (…) 최근 국제투명성기구가 발표한 부패 인식 지수에 따르면 우리나라 공공 부문의 투명성 정도가 OECD 30개 나라 중 25위로 매우 낮은 수준에 머무르고 있습니다. 각 후보께서는 부패 문제와 관련하여 별도의 전담 기구를 만들거나 내부 통제 시스템을 구축하는 등 다양한 공약들을 제시하고 있는데, "구상하고 계신 **사회 투명성 제고 방안을 말씀해주십시오**"라는 질문입니다.

대통합민주신당 정동영 후보 : 나라가 깨끗해지려면 지도자가 깨끗해야 합니다. 결국 대통령이 모범이 되어야 됩니다. 이명박 후보께서 제 다음 답변 차례이신데요. 정치 공세 말라고 하실지 모르겠습니다만 **이번 선거는 거짓과 진실의 대결입니다. 거짓과 진실 사이에 중간은 없습니다. 거짓이면 거짓, 진실이면 진실,** 판가름 해주시기 바랍니다. 대구 수성구는 강남 8학군 같은 데입니다. 학부모들이 아들, 딸 학교 보내기 위해서 주민등록 위장 전입했다고 교육청이 단속에 나섰습니다. 그랬더니 항의가 빗발쳤습니다. "대통령 후보도 위장 전입 여러 번 하는데 왜 나만 갖고 그러느냐?" 대통령이 되시면 위장 전입 단속하실 수 있겠습니까? 또 아들, 딸 빌딩 관리소에 이름 올려서 수천만 원 탈세하셨는데 뒤늦게 수천만 원 납부했습니다. 힘없고 백 없는 서민 같으면 탈세하고 몇 년 뒤에 뒤늦게 세금 갖다 내면 무사할까요? 여기에 대한 생각을 듣고 싶습니다.

두 사례 모두 질문에 대한 답이 다른 후보에 대한 공격으로 귀결되고 있다. 권력 구조 개편에 대한 의견도, 사회 투명성 제고 방안도 모두 경쟁 후보의 약점을 공격하는 것으로 이어졌다. 상대 후보에 대한 비판과 검증을 나무라는 것이 아니다. 그것은 필요하다. 다만 비판과 검증을 꼭 사회 투명성 제고 방안 토론 시간에 해야만 하는가? 후보들은 자기 발언 시간을 자기가 하고 싶은 말을 할 '권리의 시간'이라고 생각할지 모르지만, 그것은 국민들의 질문에 답변할 '의무의 시간'이다.

초등학교 반장 선거를 하는데, "교실 정화를 위해 무엇을 할 것이냐?" 고 물었더니, "후보로 나온 옆의 아이는 껌을 씹다가 교실 바닥에 버렸어 요"라고 대답하는 것과 무엇이 다른가. 물론 껌을 씹다가 교실 바닥에 버 리는 타 후보의 행동은 나쁘다. 그러나 질문은 그것이 아니지 않은가.

후보는 질문에 답을 해야 한다. 질문은 사회자가 하고 있지만 사실은 국민이 묻고 있는 것이다. 대답의 형식은 한 정당의 대선 후보로 나와서 하고 있지만 대답의 내용은 대한민국 대통령으로서 무엇을 할 것인지, 그 계획이 되어야 한다. 자기가 하고 싶은 말을 하는 시간이 아니다. 국민 의 질문에 답을 하는 시간이다.

그리고 유권자는 후보가 해당 질문에 맞게 제대로 답을 하는지, 정말 로 꼼꼼히 살펴야 한다. 후보의 답변 시간에 유권자는 질문을 적어놓고 답변을 들어야 한다(물론 방송사도 생중계 화면에 질문이 무엇이었는지 자막으 로 계속 띄워놓아야 한다). 유권자가 후보의 답변을 '내 마음에 든다, 안 든 다'라는 기준이 아니라 '질문에 답을 하는가, 안 하는가'를 기준으로 판 단하는 순간 정치인의 꼼수는 발붙일 곳이 없어진다. 결국 국민이 질문 을 기억해야 정치인이 질문에 맞는 성실한 답을 한다.

올바른 언어와 문법은 사고의 기본이다

불교에 "염화시중捻花示衆"이란 말이 있다. 석가가 연꽃을 들어 대중에게 보였는데 모두가 그 뜻을 깨닫 지 못했지만 가섭만은 참뜻을 깨닫고 미소를 지었다는 말이다. 비슷한 말 로 이심전심도 있다. 더 쉬운 말로는 "말 안 해도 내 맘 다 알지?"도 있다.

동양적 사고관에서는 '진심'이 중요하고 '말'은 덜 중요하다. 앞에서 도 말했지만 동양에서 침묵은 금이고 말 잘하는 사람치고 일 잘하는 사람

없으며, 말이 어눌한 사람이 원래 진국이다. 틀린 말은 아니다. 반면 서양은 기원전 5세기에 그리스에서 이미 소피스트라 불리는 사람들이 설득을 목적으로 하는 논변술을 가르쳤다. 이들은 진리와 정의가 상대적이라 외쳤고, 누구의 진리가 맞는지는 결국 논쟁과 설득력 있는 말로 판가름 난다고 주장했다. 말은 진실을 가늠하는 잣대였다. 이것도 맞는 말이다.

어느 것이 더 맞나? 둘 다 맞다. 따라서 유권자는 둘 다 봐야 한다. 둘 다 봐야 한다는 것은 어느 하나를 과대평가해서는 안 된다는 것을 말하는 것이며, 동시에 과소평가해서도 안 된다는 것을 뜻한다. 정치인, 특히 일국의 대통령에게는 두 가지 모두가 더 엄격하게 요구되어야 하지 않겠나. 특히 말을 유창하게 잘하는지는 제쳐두더라도, 적어도 말이 되는 말을 하는지, 국어를 제대로 하는지는 봐야 하지 않겠나.

대통령은 아침저녁으로 각료들과 회의를 하고 말로 지시를 내리고, 국회의원들에게 말로 설득하고, 협조를 요청하고, 언론을 상대로 말로써 국민들의 이해와 협조를 구하고, 심지어는 외국의 지도자들에게도 말로 설득하고 협상해야 할 사람이다. 그렇다면 문법에 맞고 주술 구조가 맞으며, 어휘 선택이 적절한 말을 해야 하지 않겠나. 그래서 상대가 쉽고 명확하게 이해할 수 있어야 하지 않겠나. 국민들에게, 국회의원들에게, 각료들에게, 그리고 외국의 지도자들에게 석가가 했던 것처럼 꽃을 꺾어 보여주고 자신의 의중을 헤아리라고 염화시중을 요구할 수는 없지 않은가.

결국 운전 못하는 택시기사, 칼질 못하는 요리사, 돈 계산 못하는 회계사보다 더 답답한 것이 말 못하는 정치인이다. 다시 말하지만, 말을 성우나 아나운서처럼 매끄럽고 목청 좋게 하는지를 보자는 것이 아니다. 순발력 있는 임기응변의 말재주를 보자는 것도 아니다. 단지 주술 구조에 맞고 문법에 맞는 문장으로 상황에 맞는 적절한 어휘를 선택해 상대가 쉽게 이해하고 수긍할 수 있게 하는지, 그 능력을 보자는 것이다. 언어의 논리는 곧 사고의 논리이기 때문이다.

대선 토론은 긴장되는 자리이고 예상치 않은 질문이 나오면 당연히 더욱 긴장하기 마련이다. 그러니 말실수가 생길 수 있고, 말이 꼬일 수도 있다. 그러나 실수도 빈번하면 실력이 되는 법이다. 따라서 유권자들은 한 번만 보지 말고, 여러 번 보자. 그리고 평가하자. 이 후보가 과연 이 나라 각료들을, 국회의원들을, 국민들을, 전 세계 각국의 지도자들을 말로써 설득할 능력이 되는 사람인지를 평가하자.

2007년 대선 토론에서는 모든 후보가 예외 없이 문법에 맞지 않는 비문을 남발했다. 그중 한 가지 예를 살펴보자. 2007년 3차 대선 토론 중 '고령화 사회의 복지정책'에 대한 논의다.

이 글을 읽고 후보가 말하는 질병, 무소득, 외로움에 대한 해결책이 무엇인지 쉽게 이해가 되시는가? 후보가 말한 독거노인을 위한 시설의 1층과 2층이 어떻게 다른지 이해가 되시는가? 굵은 글자로 표시한 문장들의 주술 구조가 쉽게 이해되시는가? 물론 여러 번 읽으면 이해가 된다. 국민연금이나 기초 노령연금으로는 하여튼 충분치 않으며, 후보 본인이 예전에 해봤으니 잘할 수 있다는 것이 요지인 듯하다. 그런데 너무 안타깝게도 주술 구조가 도무지 명확하지 않다. 주어, 목적어, 서술어 등이 문법에 맞지 않게 섞여 있어서 문장은 분명 국어인데, 영어 시험 보듯 독해를 해야 할 판이다.

물론 말할 때의 문법 및 문장 구조와 글을 쓸 때의 그것이 다를 수 있다. 그래도 타동사에는 목적어가 있어야 하고, 서술어에는 주어가 있어야 한다. 그래야 후보 본인의 생각이 명쾌하게 전달되지 않겠나. 생각이 명쾌하게 전달되어야 지시받은 사람들이 정확하고 신속하게 실행하지 않겠나. 또 다른 예를 보자.

사례 59 : 2007년 한국 1차 대선 토론(2007년 12월 6일, 20:00~22:00)

사회자(송지헌) : (…) 제1주제, '한반도 주변 국가와의 현안 문제', 외교 분야에 관한 질문이 되겠습니다. 역사적으로 우리나라는 한반도를 둘러싸고 있는 주변 국가와 매우 복잡한 관계를 유지해왔습니다. 특히 최근 중국의 동북공정 추진 또 일본의 역사 교과서 왜곡과 독도 영유권 주장 등의 문제가 있는데, 이러한 문제를 어떻게 풀어나가야 한다고 생각하십니까?

한나라당 이명박 후보 : 그렇습니다. 중국의 동북공정은 분명히 의도적인 역사 왜곡이라고 저는 생각하고 있습니다. 남북의 통일을 전제로 해서 중국은 지금 그 역사 왜곡을 하고 있다고 저는 생각하고 있습니다. 물론 비슷한 일본에서도 교과서를 통해서 역사 왜곡을 하고 있습니다. 역사를 왜곡한다는 것은 선진국이라고 할 수 없습니다. **지금 진정한 평화는 독일과 같이 패전 후에 유럽 모든 국가들에게 진심으로 사과하고 또 역사를 있는 그대로 가르쳤습니다.** 그래서 오늘날 유럽은 하나의 나라로 EU가 통일이 될 수가 있었습니다. **동북아의 평화를 매우 소중히 생각하고 있습니다.** 중국과의 외교 관계

2007년 첫 대선 토론의 첫 번째 질문은 '중국 및 일본과의 민감한 외교 현안에 대한 해결책'을 물어보는 것이었다. 후보의 답변을 찬찬히 읽어보자. 많은 문장에서 주술 구조가 어긋난 것을 알 수 있다. 문장과 문장 간의 흐름도 논리성이 결여되어 있어서 주장이 무엇인지 파악하기가 쉽지 않다. 물론 이 답변 역시 여러 번 꼼꼼히 읽으면 후보의 의도를 알아낼 수는 있다. 해결책에 대한 주장을 애써 요약하자면 "영토에 대해서 양보할 수 없으므로 더 강한 대처를 국가와 역사학자, 민관이 해야 한다"는 것이다.

그런데 한 번 들으면 명확하지 않은 주술 구조로 인해 이해하기가 쉽지 않다. 후보가 말한 '역사를 가르친다'라는 것의 주체가 '평화'가 될 수는 없지 않은가. 동북아의 평화를 소중히 생각하는 주체는 누구인가? 독일인가? 후보 본인인가? 깊은 관계를 유지하는 것이 '경제 관계'인지 아니면 '중국과 우리나라'인지 주어가 없다. 중국 부외상의 중재에 '잠재하고' 있는 것은 도대체 무엇이며, 그 말은 무슨 뜻일까?

정도의 차이는 있지만 이런 명확하지 않는 주술 구조는 대부분의 대선 후보에게서 공통적으로 보인다. 다른 나라의 경우도 예외는 아니다. 다만 정도와 횟수의 차이가 있을 뿐이다.

그러나 정작 문제는 유권자들의 태도다. 내가 지지하는 후보가 버벅거리면 말이 중요하지 않고 내용이 중요하다고 옹호하고, 내가 지지하지 않는 상대 후보가 버벅거리면 기본이 안 된 후보라고 폄하하는 유권자의 태도 말이다. 유권자가 편견을 버리고 후보의 말을 보면, 후보의 언어 능력이 하나씩 보인다. 말이 전부는 아니지만, 아무것도 아닌 것은 더욱 아니다. 자리와 상황에 맞는 말과 어휘, 문법에 맞는 문장, 주술 구조가 명료한 표현은 좋은 정치인의 기본 덕목이다. 본인이 지지하건 지지하지 않건 좋은 것은 좋은 것으로 인정해줄 때 정치는 발전한다.

경쟁 후보와 국민에 대한 배려와 품위가 드러나는가

끝으로 유권자들은 대선 후보의 말과 어휘에 상대와 국민에 대한 배려와 품위가 있는지 살펴야 한다. 대선 토론의 목적이 더 나은 대선 후보를 골라내는 것만은 아니다. 앞서 Part 2에서도 언급했지만 대선 토론, 더 넓게는 대선 과정의 가장 큰 목적 중 하나는 국민 전체가 공동체적 단일감을 공유하는 것이다. 대선 토론이 끝나고, 대선 캠페인과 선거가 끝나고 국민들의 마음속에 "아, 이번에 정말 좋은 후보를 잘 뽑았구나!" 그리고 "생각과 판단이 다르지만 여전히 우리는 한 국가에서 다 함께 사는 국민이구나!"라는 생각이 든다면 그 대선은 완벽하게 성공한 것이다.

따라서 후보는 자신의 행동과 말 한마디 한마디가 국민들로 하여금 이 두 가지 생각을 갖게 하는지 깊이 생각하고, 자신의 말을 엄격하게 제어해야 한다. 반대로 유권자는 후보의 발언 하나하나가 그런 목적과 자세에 부합하는지를 보고 평가하여 좋은 후보를 가려내면 되는 것이다. 다만 아쉽게도, 정치 민주화와 경제 성장을 급격한 속도로 거칠게 겪어온 우리나라의 대선 토론에서 가장 찾기 힘든 것 중 하나가 바로 이런 품위와 배려가 있는 토론이다.

예를 들면, 2007년 대선을 3일 앞둔 마지막 3차 토론 당일에는, 대선 최대의 논란거리였던 BBK 사건 관련 동영상이 알려졌다. 기조연설 내내 사건 당사자인 이명박 후보와 다른 다섯 후보 간에 날이 선 공격이 이어졌고 토론 내내 누구랄 것도 없이 배려와 품격이라고는 찾을 수 없는 대화가 오고 갔다.

날이 새파랗게 서 있어 자칫하면 베일 것 같은 섬뜩한 말들이 가득하다. "새로운 공작", "추종 세력에 대한 응징", "새빨간 거짓말", "신용파탄자", "무책임과 거짓으로 덮인 선거판"…… .

어쨌거나 후보 여섯 명 중 한 명은 우리나라를 대표하는 대통령으로 당선되는 상황이었다. 그럼에도 불구하고, 이 말들은 나라를 하나로 통합하여 이끌 수 있는 윤활유가 아니라 방향을 잃고 이리저리 휘두르는 둔탁한 흉기에 가까워 보인다. 후보에 대한 비판과 검증을 하지 말자는 것이 아니다. 비판과 검증은 반드시 필요하다. 그러나 험악하게 말한다고 국민이 공감을 하는 것은 아닐 것이다. 그렇게 따지면 언성 높고, 목청 크고, 표현 과격한 후보가 표를 제일 많이 받지 않겠나.

유권자들은 최소한 대선 토론에서만큼은 각 후보가 대통령에게 요구되는 품격과 품위가 있는 어휘와 발언을 하는지를 확인해볼 필요가 있다. 특히 후보가 답답하고 억울할 때도, 혹은 궁지에 몰려서 난감할 때도 후보의 말에 품위와 여유 그리고 상대방에 대한 존중과 배려가 유지되는지를 살펴야 한다. 대통령직을 수행하는 일은 대선 토론을 하는 것보다 수십 배, 수백 배는 더 힘들고 답답한 경우가 많을 것이다. 우리가 원하는 대통령은 그때도 여유와 품위를 잃지 않고 국민에게 침착함을 줄 수 있는 대통령이다.

자신의 약점에 대한 지적을 대선 후보로서의 품위를 지키면서 대응하는 좋은 대선 토론의 사례를 살펴보자. 미국 제40대 대통령 레이건은 1980년대 미국의 부활을 이끌었다. 하지만 레이건이 오늘날에도 미국에서 존경받고 사랑받는 대통령으로 손꼽히는 것은 단지 경제와 외교 분야의 성과 때문만은 아니다. 그는 긍정주의와 낙관, 미래를 향한 희망을 항상 강조했다. 그의 타고난 친화력과 사교성, 뛰어난 언변과 유머 감각은 정치인은 물론 과거의 미국 대통령 중에서도 찾아보기 어려운 독보적인 능력이었다. 1980년 당시 현직 대통령이던 카터^{Jimmy Carter}를 상대로 중앙 정치 경험이 없던 캘리포니아 주지사 레이건이 큰 승리를 이끌어낸 것은, 대선 토론에서 그가 보여준 자신감 있는 태도와 신뢰감을 주는 발언 덕분이라는 평이 많다(2008년 민주당 오바마 후보 캠프는 대선 토론을 준비하면서 공화당 소속이었던 레이건 대통령을 롤모델로 삼아 벤치마킹하는 전략을 택했다).

1984년 레이건은 재선에 도전한다. 하지만 예상과 달리 1차 대선 토론에서 그는 질문에 적절히 대답하지 못하고 토론의 흐름을 놓치는 등 불안정한 모습을 보였다. 오히려 열세로 평가받던 민주당 먼데일^{Walter Mondale}의 대선 토론 선전이 주목을 받기 시작했다. 이후 레이건이 알츠하이머병을 앓고 있다는 소문이 급속도로 퍼졌다.

사례 61 : 1984년 미국 2차 대선 토론(1984년 10월 21일, 20:00~21:30)

패널(트루윗) : 저는 **국가안보상** 잠재적인 문제로서 지난 몇 주에 걸쳐 지속적으로 제기된 문제를 질문하고자 합니다. 당신은 이미 미국 역사상 가장 나이가 많은 대통령입니다. 또한 당신의 일부 참모들은 먼데일과의 1차 토론 이후 당신이 피로함을 느꼈다고 언급했습니다. 케네디 대통령이 쿠바와 미사일 대치 상황에서 거의 잠을 자지 못한 채로 며칠에 걸쳐 업무를 수행한 것을 저는

〈볼티모어 선Baltimore Sun〉지의 외교 담당 기자인 트루윗Henry Trewhitt의 질문은 국민들이 가장 궁금해하고 정치권과 언론이 주목하고 있던 가장 뜨거운 쟁점을 정통으로 건드린 것이었다. 하지만 '현직 대통령의 나이'라는 개인적인 약점에 대한 문제 제기였음에도 불구하고 질문은 더할 나위 없이 논리정연했다. 트루윗은 세 가지의 합리적 근거—역사상 가장 고령임, 1차 토론 후 참모들의 발언 인용, 전직 대통령 사례—를 들어 국가 안보와 관련된 타당한 질문을 물어보았다. 그리고 이에 대한 레이건의 답변은 미국 정치토론사에 회자되는 명언으로 남았다.

그는 문제 제기(나이에 대한 염려)에 대해, 이리저리 말을 돌리지 않고 명확한 직구 승부의 답변(문제없음)을 가장 먼저 제시하고 있다. 특히나 관중들의 환호와 박수, 심지어 경쟁 후보인 먼데일의 감탄조차 이끌어낸 부분은, 자신의 약점(나이 많음)이 강점(경험 많음)이 될 수 있고 반대로 경쟁 후보의 단점이 될 수도 있겠지만, 오히려 자신은 상대의 단점으로 문제 삼지 않겠다고 대답한 부분이다. 레이건은 "저에게 주어진 발언 시간이 조금 더 있다면"이라는 구절을 통해 토론의 규칙을 준수하는 정중한 자세를 보여준 후, 본인의 주장을 뒷받침하는 역사적 격언을 언급하면서

　　　　　　　　　　　　　　　　　　　　Part 3

발언을 마무리하고 있다. 이 격언은 자신의 주장에 통찰력을 부여하고, 동시에 나이 많은 사람의 현명함을 보여주기에 최적의 내용이었다.

이날 토론에서 기지와 위트, 자신감과 여유를 한껏 펼쳐 보인 레이건은 미국 대선 역사상 가장 큰 격차의 승리를 거뒀다. 미국 전체 50개 주 중 무려 49개 주에서 승리한 성과는 좀처럼 깨지기 힘든 기록이다.

또 다른 좋은 예는 역사상 최초의 TV 대선 토론인 케네디와 닉슨 간의 토론이다. 당시 매사추세츠주 상원의원이었던 케네디는 현직 부통령인 닉슨을 상대로 도전했다.

사례 62 : 1960년 미국 1차 대선 토론(1960년 9월 26일, 21:30~22:30)

패널(플레밍) : 닉슨 후보는 자신의 선거운동에서, 당신이 때때로 성숙하지 못하고 순진해 빠졌다고 언급한 바 있습니다. 그는 당신의 리더십에 의문을 제기했습니다. 이 문제에 관하여, 당신은 왜 국민들이 닉슨 대신 당신에게 투표해야 한다고 생각하십니까?

민주당 케네디 후보 : 음…… 닉슨 후보와 저는 1946년에 의회에 함께 등원했습니다. 우리는 함께 노동위원회에서 근무했습니다. 저는 그곳에서 14년 동안 국가를 위해서 일했고 이는 닉슨 후보도 마찬가지입니다. 따라서 우리가 국가를 위해 일한 경력은 동일하다고 볼 수 있습니다. 둘째로, 저는 우리가 옹호한 정책이 무엇이고, 우리가 주도한 정당 활동이 무엇이었는지가 질문이 되어야 한다고 생각합니다. 저는 이번 세기에 윌슨(Woodrow Wilson), 루스벨트(Franklin Roosevelt), 그리고 트루먼을 배출한 민주당 소속입니다. 그리고 민주당은 제가 오늘 밤 말한 정책들을 입안하고 실행해온 정당입니다. 닉슨 후보는 공화당 소속입니다. 그는 공화당으로부터 대선 후보로 추대되었습니다. 지난 25년간 공화당이 교육, 노인들을 위한 의료 정책, 테네시 지역의 개발, 그리고 천연자원 개발에 대한 연방 정부 차원의 보조를 반대해온 것은 사실입니다. 저는 닉슨 후보가 공화당의 뛰어난 리더라고 생각합니다. 저는 그가 저 역시 민주당의 뛰어난 리더로 동일하게 여겨주기를 바랍니다. 우리에게 놓인 질문은 다음과 같습니다. 우리는 어떤 철학과 어떤 정당이 미국을 이끌어가기를 원하는가?

사상 첫 대선 토론에서 양 후보의 기조연설이 끝난 후, 패널 중 한 명이 었던 〈ABC 뉴스〉의 플레밍Bob Fleming이 첫 번째 질문을 던졌다. 케네디의 약점으로 지적된 국정 경험 미숙과 어린 나이(43세)에 대한 국민들의 걱정을 대신하여, 개인에 대한 공격이 아니라 유권자 입장에서 가장 핵심적인 목적이 되는 묵직한 질문(왜 다른 후보가 아니라 당신을 뽑아야 하는가?)을 처음부터 던진 것이다.

이에 대해 케네디는 개인의 자질에 대한 논쟁을 정책과 정당의 노선 문제로 재정의하고 있다. 구체적인 사실관계를 들어 본인이 속한 정당을 옹호하는 한편, 상대 정당에 대해서도 비판적 태도를 취한다. 또한 상대 후보에 대한 존중과 예의 바른 표현을 견지하는 가운데, 유권자가 고민해야 할 가장 본질적 질문(어떤 정당과 철학이 미국을 이끌어가야 하는가?)을 제안하고 있다. 자칫 후보 개인의 자질 논란과 인신공격으로 변질될 수 있었던 토론의 방향을 정책과 철학이라는 근본적인 문제로 전환시키는 데 성공한 것이다.

이날 토론의 성공으로 추진력을 얻은 케네디는 자신의 약점을 딛고 20세기 선거 역사상 가장 아슬아슬한 차이로 승리를 거뒀다. 전국 득표 수 합계로는 겨우 0.2퍼센트 차이에 불과했다(49.7퍼센트 대 49.5퍼센트). 제35대 케네디 대통령은 제26대 루스벨트Theodore Roosevelt 대통령에 이어 두 번째로 젊은 대통령으로 역사에 기록되고 있다(한편 이때 패배한 닉슨은 8년 후 린든 존슨Lyndon Johnson에 이어 제37대 대통령으로 당선되었다).

미국 대선 토론에서도 우리처럼 품위를 잃은 후보들의 부끄러운 말들이 있다. 하지만 대통령들의 명연설 또는 핵심적 가치를 담은 품위 있는 말 한 구절, 한 마디는 학생들을 위한 교과서에 실리기도 하고, 수많은 매체에서 회자되기도 한다. 심지어 노래로 만들어지기까지 한다. (가수 월.아이.엠Will. I. am은 오바마가 뉴햄프셔 당내 경선에서 힐러리에게 아깝게 패한 후에 지지자들에게 했던 연설문을 인용해서 노래 'Yes, we can'을 만들기도 했다. 유투브에서 검색해보시라. 오바마의 당시 연설 화면과 교차 편집한 흑백 뮤직 비디오가 있다.)

반면 우리나라 대통령들은 어떠한가? 지금 이 순간 우리 국민 대다수의 머릿속에 떠오르는 대통령들의 말, 당신의 심장을 두근거리게 하고 맥박을 뛰게 하는 그런 말이 있는가? 이 수준까지는 바라지 않더라도, 최소한 대선 토론에서는 후보들이 질문 그 자체에 대해 사려 깊고 신중한 대답, 핵심 주장을 간단명료하게 전달하는 발언을 할 수 있어야 한다. 자신의 인격과 품성을 투명하게 보여주는 말, '적 아니면 동지'라는 식의 투박한 이분법이 아니라 나라를 하나로 묶어서 앞으로 나아갈 수 있는 희망의 동력으로 작용할 수 있는 말, 그런 말을 하는 후보를 가려내는 대선 토론을 유권자들은 만들 수 있다. 유권자의 표는 만들 수 있다.

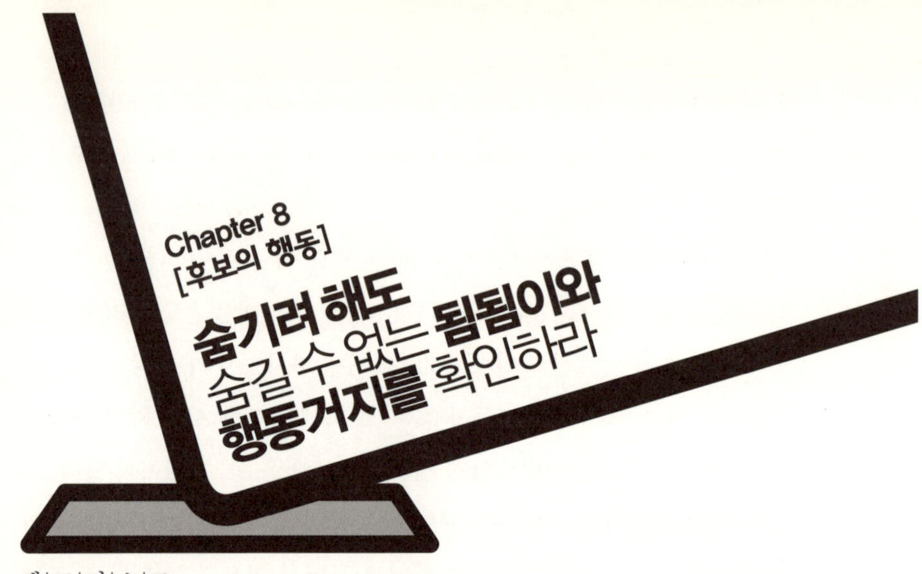

체|크|리|스|트

☑ **경청하는 자세** 상대방이 발언할 때 경청하고 집중하는 태도를 보이는가?

☑ **의연한 태도** 난감한 상황이나 뜻밖의 질문에도 차분하고 침착한 태도를 보이는가?

☑ **토론에 대한 존중** 토론 규칙과 상대방, 사회자에 대해 존중하는 자세를 보이는가?

사람의 입은 거짓말을 해도 사람의 손은 거짓말을 하지 않는다. 발레리나 강수진의 발을 찍은 사진을 본 적이 있는가. 무수한 연습으로 훈장처럼 흉터가 박인 그녀의 발은 얼마나 많은 연습을 해왔는지를 그녀의 입으로 말하는 것보다 훨씬 더 설득력 있다.

많은 사람들이 어차피 대선 토론 두 시간 안에 그 수많은 정책을 충분히 토론하기는 어렵다고 한다. 그리고 후보들의 말은 표를 얻기 위한 감언이설이니 믿기 어렵다고 한다. 그렇다면 행동을 보자. TV 대선 토론은 유권자가 접하는 다른 선거 캠페인과 달리 후보의 동작을 샅샅이 관찰할 수 있는 유일한 기회다. 후보 본인도 모르는 사이에 나오는 그 찰나의 행동을 보자. 후보의 눈과 손과 다리와 표정을 읽자.

영국 총리 마거릿 대처^{Margaret Thatcher}의 일생을 담은 영화 〈철의 여인〉에는 다음과 같은 명대사가 나온다.

"생각을 조심해라, 말이 된다. 말을 조심해라, 행동이 된다. 행동을 조심해라, 습관이 된다. 습관을 조심해라, 성격이 된다. 성격을 조심해라, 운명이 된다. 우리는 생각하는 대로 된다."

대선 후보의 생각을 읽고 싶은가? 그럼 그 사람의 습관과 행동을 보면 된다. 그것이 그 사람이 살아온 인생의 흔적처럼, 흉터처럼 남은 화석이다. 그리고 아무리 숨겨도 후보의 행동과 습관은 대선 토론에서도 분명히 드러나게 되어 있다(카메라 앵글만 잘 잡아준다면……).

유권자들이 특히 대선 토론에서 잘 봐야 할 후보의 행동은 세 가지다. 순수한 경청의 태도, 위기에서 보이는 차분한 대응, 그리고 룰과 타인에 대한 존중. 그런 행동을 하는 척하는 후보를 말하는 것이 아니다. 남이 말할 때 메모를 하는 척하는 후보, 얼굴로만 거짓 웃음을 날리는 후보, 자기에게 유리한 룰만 존중하는 후보는 인생도 그렇게 '척'하며 사는 사람이다. 그리고 나중에 대통령이 되어도 그렇게 국민을 위해 일하는 '척'하며 5년을 보내지 않겠는가.

대선 토론 곳곳에 숨겨진 '강수진의 발'을 보자. 그러면 강수진과 같은 발레리나를 골라낼 수 있다. 토론에서 보인 행동은 찰나이지만 대통령이 되면 똑같은 행동을 5년간 할 것이다. 그러니 대선 토론의 1분, 1초에 담긴 후보의 행동과 습관을 살피자.

상대 후보의 발언에 진심으로 집중하는가

"사람 나이 마흔이 넘으면 남의 말 듣기가 쉽지 않다"는 말이 있다. 살아온 인생의 두께가 두꺼우면 그만큼 나이테의 결이 딱딱하다. 게다가 평생을 남다른 성공과 리더의 길을 걸어온 대선 후보들이야 얼마나 더 그렇겠는가. 자신의 생각이 가장 옳고, 자신의 판단이 국가를 위해서 최선이라고 여기기 십상이다. 그러나 대통령이 눈을 꽉 닫고 귀를 굳게 막을수록 국민은 불행의 늪에 빠질 위험이 높아지고, 국가는 방향을 잃고 헤매게 된다는 것을 우리는 이미 과거에 무수히 체득하지 않았던가.

좋은 대통령이 되려면 남의 말을 성심을 다해 순수하고 열심히 들어야 한다. 듣는 척하라는 것이 아니다. 정말 열심히 노력해서 들어야 한다. 듣고 난 뒤에 자신만의 판단을 가지는 것은 좋다. 그런 판단을 위해 대통령을 뽑는 것이 아니겠는가. 그러나 듣는 행위 자체는 열심히 해야 한다. 그것도 그냥 듣는 것이 아니라 순수한 호기심의 마음으로 들어야 한다. '내가 5분을 줄 테니 당신이 나를 한번 설득시켜보구려'라는 마음가짐이 아니라 '정말 내가 모르는 뭔가가 있지 않을까?' 하는 순수한 아이의 호기심으로 들어야 한다. 순수한 호기심은 표정에서 드러나게 되어 있다. 아이가 어른의 얼굴을 보고 "왜 하늘은 파래요?"라고 물어볼 때 왜 어른은 말문이 막히는지 아는가? 물어보는 사람이 순수한 호기심으로 가득 차 있기 때문이다. 좋은 후보는 그런 마음을 가지고 질문해야 하고, 다른 사람의 발언 역시 그런 마음으로 들어야 한다.

2007년 대선 토론을 보자. 다른 나라에 비하면 우리나라 대선 토론의 카메라 앵글은 말하는 당사자 본인만 비추는 매우 엄숙하고 경직된 구도를 보이는 편이지만, 몇몇 예외의 순간들도 있었다. 다른 후보들이 반론을 제기하는 시점에, 모두발언을 한 후보들이 어떤 반응과 자세, 표정을 보이는지 카메라가 살짝 잡았던 것이다. (당시 장면을 캡처한 생생한 사진을 보여드리고 싶으나 초상권 문제로 이 책에 담지 못하는 점 양해를 구한다. 하지만 중앙선거방송토론위원회 웹사이트에 있는 대선 토론 영상에서 쉽게 확인하실 수 있다.)

이명박 후보의 경우, 1차 대선 토론 중 북핵 문제 상호 토론에서 나머지 다섯 명의 반론 시간에 몸을 뒤로하여 의자에 비스듬히 기대고 있는 자세를 취했다(카메라가 이명박 후보를 잡지 않은 시간에 어떤 자세로 있었는지는 알 수 없다). 적어도 카메라에 잡힌 행동만 보면 이명박 후보가 상대의 말을 순수한 호기심과 궁금증을 갖고 열의를 다해 듣고 있다는 느낌을 받기는 어렵다. 2차 대선 토론 중 교육 문제 상호 토론에서도 이명박 후보의 자세는 마찬가지였다. 그에 반해, 이회창 후보의 경우 상대 후보들이 반론할 때 계속 메모를 하고 있는 모습이 카메라에 포착되었다(물론 무엇을 기록하고 있었는지는 알 수 없다). [사례 63 : 2007년 한국 1차 대선 토론 (2007년 12월 6일, 20:00~22:00)]

이 경우, 당신은 어떤 후보의 행동거지에 후한 점수를 주겠는가?

결국 이명박 후보의 경우, 대통령이 되고 난 후에도 국민과의 소통에서 가장 많은 비판을 받았다. 이명박 대통령 특유의 "내가 해봐서 다 아는데……"라는 밀어붙이기 식의 소통 부족은 이런 행동에서 미리 예견된 것이 아닐까.

미국의 경우, 대선 토론에서 후보의 논리적이고 설득력 있는 공약, 근사하고 조리 있는 말솜씨를 넘어 언뜻 사소하게 노출된 행동 하나로 대선의 성패가 갈린 경우가 종종 있었다. 특히 유권자가 토론 현장에서 직접 질문을 하고 이에 대해 후보가 답변하는 타운홀 토론 형식이 시작된 이래, 이러한 경향은 한층 강화되어왔다.

지금으로부터 딱 20년 전인 1992년, 미국 대선 토론 역사상 처음으로

열린 타운홀 토론은 총 세 차례의 토론 중 두 번째 토론이었다. 문제는 한 흑인 여성이 "미국 경제가 어려운데, 이런 어려움이 후보자 개인의 삶에 어떤 영향을 미치고 있는지"에 대한 질문을 하고 부시가 답변을 하던 과정에서 발생했다. 이 여성의 질문을 정확히 이해하지 못하고 두서없는 답변을 늘어놓던 부시가 답변을 마무리 짓기 직전 지루한 듯한 표정으로 손목시계를 바라보던 모습이 카메라에 잡힌 것이다. 유권자의 발언을 경청하기보다는 마치 빨리 끝내고 싶다는 듯, 혹은 중요한 약속이라도 있는 듯 시계를 확인하는 행동이 유권자들에게 딱 걸린 것이다. (당시의 대화는 Part 3 Chapter 9 사례 82에서 상세하게 보실 수 있다.)[사례 64 : 1992년 미국 2차 대선 토론(1992년 10월 15일, 21:00~22:30)]

이와는 정반대로, 클린턴은 부시가 답변을 마치자마자 자리에서 일어나 질문한 여성에게 가까이 다가가 눈을 맞추면서 대화를 이어갔다. 클린턴 역시 질문에 딱 들어맞는 답을 했던 것은 아니었다. 하지만 평범한 시민들이 겪고 있는 경제적 어려움을 공감하기 위해 자세를 낮추고 가까이 다가가서 직접 들으려고 했던 자세만큼은 부시와 현격한 대조를 이루면서 유권자들의 마음을 사로잡았다. 1992년 대선 토론의 하이라이트이자, 미국 남부의 작고 가난한 주의 주지사 경험밖에 없었던 클린턴이 현직 대통령 부시를 꺾고 제40대 대통령으로 당선될 수 있었던 결정적 순간이었다. [사례 65 : 1992년 미국 2차 대선 토론(1992년 10월 15일, 21:00~22:30)]

결국 이 작은 행동 때문에 부시는 서민들의 문제에 관심이 적은 후보로, 클린턴은 서민의 애환을 이해하고 공감대를 형성하는 후보로 자리매

김되었다. 실제로 그 후 클린턴의 국정 운영을 가까이에서 지켜본 수많은 사람들은 클린턴의 공감 능력과 경청 능력이 역대 어느 대통령보다 탁월하다는 것을 부인하지 않았다. 짧은 순간의 행동이었지만 결국 후보의 자질과 습관이 묻어나온 것이다.

이렇듯 대선 토론에서 잠시 잠깐 엿보이는 후보의 행동이 대통령이 된 이후의 행동으로 이어진 경우는 2008년 미국 대선 토론에도 있다. 오바마는 대선 토론 내내 당당하고 침착한 어조와 말투, 그리고 자신감 있는 표정을 보여주었다. 특히 그는 매케인이 발언할 때마다 그쪽으로 몸을 틀어서 상대에게 집중하며 경청하는 자세를 보였다. 반면 매케인은 오바마가 발언할 때에도 그를 바라보지 않고 정면의 카메라나 사회자만 응시하는 모습을 보여주어 대조를 이뤘다. [사례 66 : 2008년 미국 3차 대선 토론 (2008년 10월 15일, 21:00~22:30)]

실제로 오바마 대통령은 집권 이후 공화당 의원들에게 일주일에 수백

통씩 전화를 걸어 자신이 추진하는 법안을 설득하고 소통한 것으로 유명하다. 의료보험을 개혁할 때는 자신의 지지 세력인 민주당에게 욕을 먹으면서까지 공화당 의원들의 의견을 반영함으로써 마침내 지난

수십 년간 어느 대통령도 하지 못한 의료보험 개혁 법안을 통과시켰다. 대선 토론에서 보인 눈에 띄지 않는 사소한 경청의 자세가 실제 대통령직 업무 스타일에서도 그대로 드러난 것이다.

난감한 상황에 의연하게 대처하는가

사람이 얼마나 침착한지는 다급한 상황이 되어 봐야 안다. 평소에는 모두가 차분하고 냉정하다. 그러나 발밑에 불이 붙으면 진심과 성격이 나온다. 그 지경이 되면 길길이 뛰는 사람도 있고, 차분히 소화기를 찾는 사람도 있다.

대선 토론도 마찬가지다. 전문 컨설턴트에게서 양복에서부터 넥타이와 목소리까지 하나하나 컨설팅을 받은 대선 후보들은 무대에 오르는 배우처럼 냉정하고 동시에 자신감 있는 모습을 보이려고 준비한 사람들이다. 그러나 그런 후보들도 상대 후보와 토론이 뜨거워지고, 자신의 아프고 민감한 부분이 상대방의 말에 닿으면 그 냉정함이 흔들린다. 그리고 감정적인 반응을 보이기 시작한다. 그것이 인간이다.

그러나 대통령은 대선 토론에 나선 후보보다 훨씬 더 심한 긴장과 불확실성에 둘러싸여 훨씬 더 많은 비판과 공격을 받는다. 따라서 대선 토론에서 흥분하는 후보는 대통령이 되면 국정 운영의 비상시에 감정을 조절하지 못하고 흥분하게 될 개연성이 더 높다. 반면 대선 토론의 긴박하고 난감한 상황에서도 여유를 잃지 않고 겸손한 자신감을 보여주는 후보는 대통령이 되어서도 그럴 확률이 높다.

2011년 공화당 당내 경선에서 유력한 후보였던 페리 텍사스 주지사가 AP 통신이 선정한 '토론회 역사상 가장 민망한 순간'의 장본인이 되었던 순간을 예로 들어보자. 자신의 핵심 공약인 '작은 정부론'을 주창하

던 페리는 "내가 대통령이 되면 연방 정부 부처 세 곳을 없앨 것"이라고 말하고 손가락 세 개를 차례로 꼽으며 폐지 대상 부처를 열거하기 시작했다. "폐지해야 할 세 곳의 정부 부처는 상무부, 교육부…… 그리고 뭐였더라? …… 기억을 못하겠네요…… 웁스Oops……." 그는 물경 53초 동안이나 세 번째 부처의 이름을 알아내려고 했지만 결국 기억해내지 못했다. 청중들 사이에서 웃음이 터졌고, 사회자는 "세 번째 폐지 대상을 댈 수 있느냐"고 재차 물었다. 페리는 "글쎄요……"라고 더듬거리다 "기억 못하겠습니다. 죄송합니다. 웁스!"라며 포기했다. [사례 67 : 2011년 미국 공화당 당내 경선 토론(2011년 11월 9일, 20:00~22:00)]

페리가 53초 동안 당황한 표정으로 어쩔 줄 몰라 하는 이 장면은 고스란히 TV로 방영됐다. 페리는 그다음 날 인터뷰에서 "옆에 서 있던 롬니 후보가 너무 잘생겨서 그만 정신을 잃었다"는 식의 농담으로 자신의 실수를 웃어넘기려고 했지만 국민들의 반응은 싸늘했고, 페리의 행동은 두고두고 조롱거리가 되었다.

좀 더 오래된 사례도 있다. 1976년 카터와 포드의 대선 토론에서 일어난 포드의 실수 역시 유명한 일화다. 당시는 냉전 시대였기 때문에 소련의 동구권 영향력 확대 정책과 유럽 지역에서의 공산주의 억제가 상당히 중요한 토론 쟁점이었다. 그런데 대선 후보, 그것도 현직 대통령이었던 포드가 "폴란드, 루마니아, 유고슬라비아는 소련의 지배하에 있지 않다"고 말했던 것이다. 패널로 나온 〈뉴욕 타임스〉의 프랑켈Max Frankel 기자가 의아한 표정을 지으며 믿기지 않는다는 듯 재차 물었다. "러시아가 동구를 공산주의의 거점으로 활용하고 있지 않나요?"라는 질문에 불행히도 포드는 똑같은 대답을 반복하면서, 끝끝내 자신의 말을 우기는 실수를 저질렀다. 현직 대통령이었던 포드는 결국 약체 중의 약체로 평가되던 카터에게 패하고 말았으며, 외교 문제에 전혀 문외한이라는 평판을 얻게 되었다. [사례 68 : 1976년 미국 2차 대선 토론(1976년 10월 6일, 21:30~23:00)]

대선 토론에서 상대방의 매서운 비난 속에서도 침착함과 유머를 잃지 않은 대표적인 대선 후보는 미국 레이건 대통령이다. 1980년 레이건은 현직 대통령인 카터를 상대로 대선 토론에서 큰 승리를 거뒀다. 1960년의 닉슨, 2000년의 고어와 마찬가지로 1980년의 대선 토론에서 정책의 내용 면에서 다소 우위를 보인 이는 카터였다는 것이 전문가들의 일반적 평가였다. 그러나 레이건이 토론의 승기를 잡은 까닭은 토론에서 드러난 여유로움과 자신감 어린 태도 때문이었다.

카터는 레이건의 부족한 중앙 정치 경험을 비롯해 여러 가지 쟁점에 대해 집요하게 비판을 했다. 이런 공격에 대해 레이건은 궁색한 변명으로 대응하기보다는 특유의 침착함을 적절하게 발휘했다. 카터가 공격하면, 레이건은 고개를 잠시 갸우뚱하며 "또 그 이야기를 하시는군요There you go again"라고 말하면서 미소를 크게 지었다. 카터는 집요하게 남을 비난하는 듯한 인상을 주었고 반대로 레이건은 너그럽고 유머러스하게 위기에 대처하는 행동을 보여주었다.

레이건은 특히 230초 동안 시선을 정면으로 마주하면서 시청자들

과 대화하듯이 설명하고자 했다. 이것은 겨우 10초 동안만 정면을 바라본 카터와 매우 대조적인 모습이었다. 대선 토론에서 짧은 시간 보여 준 레이건의 집중력과 유머 감각은 집권 이후 그의 정치적 리더십에서 중요한 역할을 했다. [사례 69 : 1980년 미국 2차 대선 토론(1980년 10월 28일, 21:30~23:00)]

레이건은 미국 역사상 가장 낙관적이고 여유로우며, 유머를 가장 잘 활용하는 대통령이라는 평판을 얻었다. 그러한 낙관과 여유가 레이건이 국정을 수행하고 상대 정당인 민주당의 정치인들을 설득하는 데 중요한 역할을 했다는 것 역시 널리 알려져 있다.

1981년 취임 첫해에 레이건 대통령에 대한 암살 시도가 있었다. 총탄을 맞은 곳은 심장에서 고작 12센티미터 떨어진 곳이었다. 그는 총탄에 맞은 와중에도 "아…… 이 양복 새 양복인데. 낸시(영부인)가 잔소리를 하겠어"라고 농담을 해 주변을 안심시켰다고 한다. 그 후 병원으로 후송되어 총알 제거 수술에 들어가기 전에 주치의가 "대통령 각하, 이제 수술을 시작하겠습니다"라고 말하자, 레이건이 의사를 바라보며 "당신들 물론 공화당원이겠지요?"라고 농담을 건넨 것도 유명하다. 이 말을 들은 주치의는 빙그레 웃더니, "각하, 우리는 최소한 오늘만은 모두 공화당원입니다"라고 대꾸했고, 수술은 무사히 끝났다.

우리는 누구나 중요한 순간에는 긴장을 한다. 대선 토론에 나선 후보도 마찬가지다. 그러나 긴장을 하고 궁지에 몰렸을 때 사람은 본심이 드러난다. 그래서 대선 토론은 더 격렬해질 필요가 있고, 그 과정에서 유권자는 숨은 행동을 절대로 놓치지 말아야 한다. 다시 한 번 말하지만 자기도 모르고 하는 행동, 그것이 바로 그 사람의 본심이고, 평소의 버릇이자 생각이며 살아온 인생의 결과다.

토론 규칙, 상대 후보, 사회자를 존중하는가

끝으로 유권자들이 대선 토론을 시청하며 신경 써서 보아야 할 행동은 대선 후보가 토론 규칙과 상대방을 존중하는 자세를 보이는가, 하는 것이다. 우리는 토론에서 후보들이 여러 가지 반칙을 손쉽게 저지르는 것을 보아왔다. 상대 후보가 발언을 하고 있는데 말을 자르며 끼어드는 후보, 주어진 발표 시간을 절대로 지키지 않는 후보, 주제가 바뀌었는데도 지나간 발언 시간에 못 다 한 말을 이어 붙여서 하는 후보 등 이 모든 것이 사실은 규칙과 상대를 존중하지 않는 태도와 행동이다. 거칠게 말하면, 대선 토론에서도 규칙과 상대 후보를 존중하지 않는 후보가 나중에 대통령이 된 후에 어떻게 우리 사회의 규칙과 국민을 존중하겠는가. 규칙에 대한 경시는 결국 결과가 좋으면 과정은 중요하지 않다는 태도와 다르지 않다.

대선 토론의 규칙은 후보들 간의 약속이기도 하지만 크게 보면 국민들과의 약속이기도 하다. 따라서 후보들은 반드시 규칙을 지키겠다는 태도와 행동을 보여야 한다. 주어진 발표 시간은 지켜야 하고, 주제가 바뀌면 새로운 주제에 대해 토론해야 하며, 다른 후보의 발언을 중간에 가로막으면 안 된다. 자신에게 불리해도, 순간 억울한 마음이 들어도, 대선 토론에서 규칙을 존중하는 후보가 결국 생활에서도 규칙을 지키고, 자기 가족부터 법을 지키게 하는 대통령이 된다.

2002년 대선 토론은 그런 의미에서 2007년 대선 토론보다 규칙과 상대 후보가 훨씬 존중된 대선 토론이었다. 특히 사회자로 나온 염재호 교수는 경험은 부족했지만, 대선 토론 사회자로서 권위를 적절히 활용하여 매끄러운 진행을 해냈다. 무엇보다 그는 후보들이 토론 규칙에 어긋난 행동과 발언을 했을 때 그 자리에서 바로바로 지적하고 제지해 토론이 엉뚱한 방향으로 흘러가지 않도록 하는 역할을 충실히 해냈다. 이에 대해 세 후보 역시 사회자의 권위를 존중하여 그의 지적에 수긍하고 규칙을 따른 바 있다.

이회창 후보는 다른 후보의 질문에 대해 답변하거나 반론을 개진할 때, "존경하는 노무현 후보께서" 또는 "존경하는 권영길 후보께서"라는 표현을 종종 사용했다. 그의 실제 속마음은 어떠했는지 몰라도 이 표현 한마디가 서로 존중하는 토론 분위기를 만드는 데 윤활유 역할을 했다는 것은 틀림없다.

2002년 마지막 토론의 마지막 질문에서 권영길 후보와 이회창 후보 간에 오간 대화는 당시의 토론 분위기가 어떠했는지를 가장 잘 보여주는 사례다.

> **사례 70 : 2002년 한국 3차 대선 토론(2002년 12월 16일, 20:00~22:00)**
>
> 한나라당 이회창 후보 : (…) 사교육비 문제에 대해서 어떠한 해결책 내지는 어떠한 대책을 가지고 계신지, 사교육비도 모두 다 국가가 부담해야 한다, 이런 민노당식 정책을 말씀하시는지, **어떤 정책이 있는지 좀 여쭤보고 싶습니다.**
>
> 민주노동당 권영길 후보 : 제가 한나라당이 97년 공약을 그대로 되풀이하고 있다고 말씀드린 것은 바로 한나라당이 국회에서 제1당으로 말하면 처리할 수 있는 공약들이 수없이 많았습니다. 국회에서 제1당에서 무엇하는 겁니까? 그래서 지금 그런 것 처리 안 하고 지금 와가지고 있다는 것은 말하면은 번지르르한 그야말로 생색내기에 급급하다는 겁니다. (…)

이회창 후보는 한나라당이 제1정당으로서 역할을 다하지 못하지 않았나는 권영길 후보의 지적에 대해 잘못했던 부분에 대해서는 인정한다는 진솔한 태도를 보였다(이회창 후보는 이 사례뿐만 아니라 2002년의 토론 전반에 걸쳐 "잘못했던 부분들에 대해 인정한다"고 종종 언급한 바 있다).

그리고 권영길 후보의 마지막 발언은 그동안 살얼음이 깨질 듯 아슬아슬한 전투를 치렀던 세 후보가 잠시 긴장을 풀고 토론을 웃음으로 마무리할 수 있게 도와주었다. 마무리 연설까지 마치고 토론이 끝난 후, 세 후보는 누가 먼저랄 것도 없이 자리에서 일어나 서로 악수를 주고받는 모

습까지 보여주었다. 2007년 대선 토론에서는 결코 볼 수 없었던, 규칙과 상대가 존중되는 장면이었다.

2007년 대선 토론은 2002년에 비해 토론에 참가한 후보 수, 진행 방식, 질문의 수준 등 여러 가지 측면에서 역주행을 했다. 토론 규칙과 상대 후보, 사회자를 존중하는 태도 문제 또한 역주행에서 벗어나지 못했다. 특히 2002년과 달리 2007년 대선 토론에서는 사회자의 권위가 거의 사라지고 말았다. 2007년 1차 대선 토론 초반에 사회자 송지헌 아나운서는 다음과 같은 말을 반복했다. "토론에 앞서 후보 여러분께 당부의 말씀을 드리겠습니다. 우리 국민들은 이 토론회를 통해 대통령 후보들의 정책과 공약 그리고 비전을 듣고 싶어 합니다. 따라서 후보들께서는 중앙선거방송토론위원회에서 사전 선정한 토론 주제의 범위 안에서 토론에 임하여 주시기 바랍니다. 상대 후보에 대한 인신공격이나 비방하는 발언은 삼가주시고, 만일 위법 발언이라고 판단될 때에는 사회자가 적극 제지하겠습니다." [사례 71 : 2007년 한국 1차 대선 토론(2007년 12월 6일, 20:00~22:00)]

그러나 세 차례의 토론에서 후보들이 주제를 벗어나 상대 후보를 공격하거나, 본 질문과는 관계없이 이전 질문에 대한 보충 답변을 하거나, 상대 후보가 한참 전에 자신에게 반론을 제기한 사안에 대해 재반론하는 사례는 수십 차례나 등장했다. 하지만 후보가 토론 규칙을 준수하지 않을 경우 사회자가 적극적으로 발언을 제지한 예는 단 한 차례도 없었다.

단지 몇몇 경우에 한해, 후보가 발언을 끝낸 뒤에야 "효율적인 토론 진행을 위해 후보들께서는 가급적 토론 주제 범위 안에서 발언해주실 것을 다시 한 번 당부드립니다. 지금 이 토론회는 중앙선거방송토론위원회 주관으로 진행이 되고 있고, 토론위원회 관계자들의 판단에 따라서 사회자가 말씀을 드리고 있다는 점을 유념해주시기 바랍니다"라고 소극적인 언급만을 했을 뿐이다.

결국 "토론 규칙을 준수해달라. 그렇지 않으면 적극 제지하겠다"는 사회자의 공약公約 자체가 공약空約이 되어버린 아이러니한 상황이 벌어지고 만 것이다. 그리고 법과 규칙을 누구보다 앞장서서 엄격하게 준수해야 할 대통령 후보들이 오히려 대놓고 법과 규칙을 깨뜨리는 씁쓸한 상황을 연출했음은 두말할 나위가 없다.

당연하게도 후보들은 상대방에 대한 존중과 예의는커녕 적대감을 전면에 드러내놓고 토론을 벌였다. 합리적 이성은 사라지고 감정의 골만 깊게 파인 논쟁이었다. 앞서 여러 사례에서 이미 보았듯이, 후보들이 사용하는 어휘와 표현에는 날이 바짝 서 있었다. 그것은 당연히 태도에서도 나타났다. 특히 후보들 간의 견해 차이가 컸던 북핵정책, 교육정책, 경제정책은 각 토론마다 유일하게 후보 간 반론과 재반론을 허용한 주제였는데, 이때 잠깐씩 카메라에 잡힌 후보들의 행동에는 이들의 속내가 어떤 상황이었는지, 당시의 감정이 적나라하게 드러나 있다. 이러니 토론이 끝난 뒤 후보들이 서로 수고했다고 격려하고 악수하는 모습은 기대할 수조차 없었던 것이다.

신독愼獨이라는 말이 있다. 유교의 가르침 중 하나로, 남이 보는 곳뿐 아니라 보지 않는 곳에 홀로 있을 때에도 자신의 행동거지와 태도를 되돌아보고 챙겨야 한다는 것이다. 자신의 마음가짐이 잡념으로 들끓고 있지는 않은지, 고요하게 안정되어 있는지, 몸가짐이 흐트러져 있지는 않은지 스스로 돌아보아 부끄럽지 않도록 알아서 마음과 몸을 챙겨 바르게 다스려야 한다는 뜻이다. 왜냐하면 이러한 마음가짐은 어느 순간 몸가짐으로 표출되어, 그 사람의 품성과 내면을 고스란히 보여주기 때문이다. 우리 선조들이 왜 신독을 임금과 군자, 선비가 갖춰야 할 자질 가운데 하나로 크게 강조했는지 이해할 수 있는 대목이다.

이런 관점에서 생각해볼 때, 대선 토론이야말로 유권자가 후보들의 행

동거지를 통해 그 내면을 조금이라도 들여다볼 수 있는 가장 좋은 기회
가 될 수 있다. 과거 대선 토론으로 우리는 장담할 수 있다. 법정 대선 토
론 120분, 3회 동안 후보는 행동으로 자신을 분명히 보여주게 되어 있다.
유권자는 그 빈틈을 놓치지 말아야 한다. 신독을 지키는 후보가 있는지
잘 알아보고 골라내자. 그리고 지지하자.

체|크|리|스|트

✓ **도덕성과 사회적 정의** 엄격한 도덕적 잣대와 공공의 가치를 실천하는 삶을 살아왔는가?

✓ **일관성과 유연성** 삶과 정치 경력에서 일관성 혹은 원칙 있는 유연성이 관찰되는가?

✓ **폭넓은 인생** 머리, 가슴, 손을 모두 써본 인생을 살아왔는가?

"당신 삶의 궤적은 어떠했습니까?"

우리는 대선 후보들에게 이렇게 물어볼 수 있어야 한다. 이 후보 삶의 현재 단면을 평가해야 할 뿐 아니라 인생 전반의 흐름이 어떠했는지, 그래서 이 후보의 삶이 지금까지 어떤 무늬와 흔적을 만들어왔는지에 대해서도 평가해야 한다. 대선 토론 자체에서 후보의 인생을 모두 파악하기는 어려울 것이다. 그러나 인생의 단초를 읽을 수는 있다. 그 단초에 근거해 후보의 인생 전반을 살피는 것은 유권자의 몫이고 의무다.

대선 후보의 삶의 궤적은 세 가지 부분으로 나누어 볼 수 있다. 우선 그 후보가 엄격한 수준의 도덕성을 스스로에게 적용하고 자신을 절제하는 삶을 살아왔는가, 또한 공공의 가치를 실천하는 삶을 살아왔는가, 그래서 국가를 대표하고 국민의 존경을 받는 공공의 리더로서 공공의 가치를 대변하는 삶을 살아왔는가 하는 것이다.

다음으로 국가 차원의 핵심 과제 또는 주요 현안에 대해 그동안 어떠한 견해와 입장을 취해 왔는지, 발언과 실제 행동 사이에 괴리가 있는지 봐야 한다. 그리고 합리적인 판단하에 일관성 있는 삶을 살아왔는지, 또는 인생의 어떤 부분에 일관적이지 않는 면이 있다면 그것이 원칙과 타당한 이유가 있는 유연성이었는지 상세하고 구체적으로 따져봐야 할 것이다.

끝으로, 사회의 다양한 면을 머리와 가슴 그리고 몸으로 겪은 경험을 가지고 있는지 따져보아야 한다. 사회의 머리에서부터 서민의 삶까지 다양한 경험을 쌓아온 사람인지, 물질과 정신, 돈과 가치, 과학과 예술 등 다양한 가치를 이해하는 삶을 살아왔는지 살펴봐야 한다. 살면서 머리를 써본 적도 있고, 가슴으로 운 적도 있고, 손에 흙을 묻힌 적도 있는지 따져봐야 한다. 그리고 그 경험이 성공과 지식에 대한 자만("내가 해봐서 아는데……"라는 자만)이 아니라 이해와 겸손, 포용으로 표출되는지 살펴야 한다.

2007년 대선 토론에서도 각 대선 후보의 삶의 궤적을 파악할 수 있는 기회가 있긴 있었다. 그러나 대부분이 본인의 과거 경력이나 수상 실적 등을 단편적으로 나열하는 데 그쳤다. 또는 감정적으로 호소하기 위한 장치로 사용하거나 답변하다 동문서답으로 빠지는 경우가 많았다.

상대 후보가 과거에 한 발언과 실제 행동 사이에 일관성이 부족하다고 지적하는 반론도 몇 차례 제기된 바 있다. 그러나 재반론 답변의 대부분이 유권자의 궁금증을 명쾌히 해소해주지 못하고 답변을 슬쩍 피해 가거나 또다시 단편적으로 과거를 나열하는 데 그쳐 안타까움이 컸다. 하나씩 살펴보자.

엄격한 도덕적 잣대와 공공의 가치를 실현하는 삶

우리는 우선 대선 후
보가 엄격한 도덕성과 공공의 가치를 대변하는 삶을 살아왔는지 살펴야
한다. 속담에 "털어서 먼지 안 나는 사람 없다"는 말이 있다. 그러나 대통
령은 "털어도 먼지가 안 나야 한다." 우리 사회에는 언제부턴가 사소한
위법은 허물이 아니라는 사고가 팽배해 있다. 오히려 사소한 위법을 성
공과 능력의 증거로 보는 시선까지 있다.

그러나 대선 후보에게 법률적 잣대를 들이대 위법 사항이 없는지 따지
는 것은 정말이지 최소한의 요건이다. 2007년 대선 토론에서는 이명박
후보에 대한 다양한 도덕성 시비가 있었다.

사례 72 : 2007년 한국 1차 대선 토론(2007년 12월 6일, 20:00~22:00)

대통합민주신당 정동영 후보 : (…) 솔직히 이 자리에서 탈세, 위장, 각종 거짓말
의혹에 휩싸여 있는 후보와 나란히 앉아서 텔레비전 토론을 한다는 것이 창
피스럽습니다. 미국 같으면 BBK 말고도 지금까지 드러난 것만 갖고도 이명
박 후보는 오늘 텔레비전 토론 자리에 앉을 수가 없습니다. (…)

사례 73 : 2007년 한국 2차 대선 토론(2007년 12월 11일, 20:00~22:00)

민주노동당 권영길 후보 : (…) 위장 전입, 위장 취업, 탈세까지 하는 대통령, 거
짓말하는 대통령이 있는데 거짓말 하지 마라, 정직하라는 교육 시킬 수 있겠
습니까? 저는 그렇게 시킬 수 없다고 보고 있습니다. 이명박 후보님, 정말로
우리 아이들의 미래를 위해서라도, 인성 교육을 위해서라도 대통령이 되시겠
다는 생각 접으시는 것이 어떻겠습니까? 그것이 바로 가장 좋은 교육정책이
라고 저는 생각합니다.
대통합민주신당 정동영 후보 : (…) 학부모들이 아들, 딸 학교 보내기 위해서 주
민등록 위장 전입했다고 교육청이 단속에 나섰습니다. 그랬더니 항의가 빗발
쳤습니다. "대통령 후보도 위장전입 여러 번 하는데 왜 나만 갖고 그러느냐?"
대통령이 되시면 위장 전입 단속하실 수 있겠습니까? 또 아들, 딸 빌딩 관리

사례 74 : 2007년 한국 2차 대선 토론 다음 날 〈손석희의 시선집중〉 '대선 후보 TV 토론회에서 못 다한 이야기'(2007년 12월 12일, 06:00~08:00)
진행자(손석희) : (…) 어저께도 역시 이명박 후보의 도덕성 문제에 대해서 문제 제기가 많이 나왔습니다. 위장 전입, 위장 취업, 이런 문제들에 대해서 문제 제기가 있었는데 일체 답변을 하지 않은 걸로 제가 알고 있는데요. 더 이상 이 문제에 대해서 답변할 필요는 없다, 그동안의 답변으로 충분하다라고 판단하고 계신 건가요?
나경원 한나라당 대변인 : 뭐, 어제의 자리가 사실상 이런저런 자리에서 많이 답변을 하셨고요. 어제 토론회 자리는 앞으로의 비전을 제시하는 자리라고 생각을 합니다. 그래서 저희로서는 부정부패 추방이라든지 사회 기강 확립에 대한 어떤 비전을 제시하는 것으로 대신했다고 말씀드릴 수 있겠습니다.

2007년 대선 당시, 이명박 후보는 다양한 위법 사실에 대해 공격을 받았다. BBK, 위장 취업, 위장 전입 등이 그것이다. 추후 일부BBK는 불기소 처분과 같은 사법 판단이 있었고, 일부(위장 전입)는 인정하고 사과했으며, 일부는 끝내 해명되지 않은 채 선거가 치러졌다.

물론 유권자는 흑색선전과 후보자 검증을 구별해야 한다. 그러나 위법한 행위에 대해서는 어떠한 경우에도 반드시 검증해야 한다. 대선 토론이 비전과 정책 토론이 되어야 한다는 것도 동의한다. 그러나 대선 토론에서는 도덕적 잣대와 법에 어긋나는 후보의 행위에 대한 추궁과 인정도 있어야 한다. 비전과 정책 토론이라는 명분이 후보의 위법을 모호하게 두루뭉술 넘어가는 핑계가 되어서는 안 된다.

미국의 경우에도 1992년 3차 대선 토론에서 클린턴의 병역 기피 문제가 뜨거운 감자로 떠올랐다. 베트남 전쟁 당시 클린턴은 영국 옥스포드로 유학을 떠났고, 베트남 징병을 거부하고 시위를 주도한 것으로 알려졌다. 그 후 대선에서 이것이 논란이 되자, 클린턴은 당시 자신의 유학과 시위 전력이 의도적인 징병 거부였는지 합법적인 징병 면제였는지에 대해 선거 기간 내내 모호한 입장을 취했다. 패널 중 한 명이었던 UPI 통신 기자 토머스Helen Thomas가 질문을 던졌다.

패널(토머스): 클린턴 후보, 베트남전 징병 기피에 대한 당신의 일관성 없는 대답이 논란이 되고 있습니다. 만일 그때로 다시 돌아간다면, 당신은 징병에 참가할 것입니까? 만약 당선된다면, 우리의 젊은이를 전쟁터로 보낼 때 양심에 거리낌이 없겠습니까?

민주당 클린턴 후보 : (…) 23년 전의 일이었고, 저는 전쟁에 반대했습니다. 그때로 다시 돌아간다면 다르게 행동할 거라고 말하기는 쉽습니다. 그러나 당시 저는 그 징병 반대에 신념이 있었고, 징병되어서 전쟁터로 가기를 원하지 않았습니다. (…) 제가 전쟁을 원하는 것은 아닙니다. 그러나 위축되지도 않을 것입니다. 대통령직은 국가적 위기에, 국가적 이익을 위해, 권력을 사용할 준비가 되어 있어야 합니다. 그리고 저는 그렇게 할 수 있습니다.

공화당 부시 후보 : 우리 젊은이들이 징병되고 베트남에서 죽어갈 때, 클린턴 후보가 해외에 머물면서 자신에 조국에 대해 반대 시위나 벌인 것에 대해 저는 진심으로 안타깝게 생각한다는 것을 수차례 밝혀왔습니다. 베트남 징병 이슈와 관련된 클린턴 후보의 문제는 명확히 규명되지 않은 채 반복되고 있습니다. 뉴햄프셔의 케리 상원의원이 이미 과거에 클린턴 후보에게 징병 거부에 대한 사실관계를 명확히 밝힐 것을 요구했습니다. 클린턴 후보는 4월 17일에 모든 기록을 밝히겠다고 말했습니다만, 결과적으로 아무런 기록도 내놓지 않았습니다. 자신이 징병을 연기한 것인지 아닌지도 밝히지 않았고, 징병 통지를 받았는지 받지 않았는지도 밝히지 않았습니다. 징병에 대한 클린턴 후보의 견해 그 자체보다 클린턴 후보의 이런 말바꾸기와 애매모호함이 더 문제입니다. 많은 국민들은 그가 징병 문제에 대해 보인 말바꾸기와 애매모호함을 목격하고 있습니다. 물론, 우리는 살면서 생각이 바뀔 때도 있습니

후보의 인생 전반의 도덕성을 평가할 때는 유권자와 후보가 모두 직구로 승부해야 한다. 법률적 잣대는 물론이고 도덕적 잣대까지도 엄격하게 물어야 하고, 후보자는 짧고 명확하게 답변해야 한다. 도덕적 잣대에 대한 질문에 후보가 "대통령직을 수행하는 데 문제가 될 만큼 큰 문제는 아니다"라고 답하는 것을 유권자들은 용납해서는 안 된다.

대통령이 법을 어기면 국민도 법을 어긴다. 대통령이 비도덕적이면 국민도 비도덕적으로 살게 된다. 대통령에 대한 도덕적 잣대는 국민보다 수십 배, 수백 배 더 엄격해야 한다. 후보가 "우리나라의 70, 80, 90년대에는 그렇게밖에 살 수 없었고 그렇게 해야 살 수 있었다"고 말하면, 유권자는 이렇게 답하자. "그러면 대통령 하지 마시라. 그냥 중생을 하시라."

도덕성과 아울러, 유권자는 후보가 인생을 통틀어 공공의 가치를 대변하는 삶을 살아왔는지를 살펴야 한다. 우리는 〈성공시대〉의 주인공 중 한 명을 대통령으로 뽑는 것도 아니고, 기능인을 뽑는 것도 아니다. 국민은 성공에 목말라 있기 때문에 분야와 방법에 상관없이 무에서 유를 일으킨 입지전적 인물에 대해서는 후한 평가를 주는 데 익숙하다. 가난을 이기고 기업을 일으킨 사업가, 자기 분야에서 성공을 일군 뛰어난 전문직 종사자, 널리 알려진 방송인 등이 그렇다.

그러나 성공에도 무늬와 결이 다른 성공이 있다. 앞서 말한 성공은 공적인 가치를 대변하는 성공이 아니다. 앞서 언급된 성공은 성공의 동기가 자신의 입신양명과 출세이지 공공의 목적이나 타인을 위한 헌신이 아니다.

또한 우리는 공공의 가치를 위한 삶과 공직 경험을 혼동하는 경우가 허다하다. 오랫동안 공무원 생활을 한 것이, 혹은 정부의 고위 관직에 있었던 것이 공공의 가치를 위한 삶을 살았음을 의미하지는 않는다. 그것은 그냥 공무원 생활을 한 것일 뿐이며 공직이란 직업으로서의 공무원을 의미하는 것일 뿐이다. 어떤 직업, 어떤 직책에 있었느냐는 공공의 가치를 위한 삶을 살았음을 보여주는 것이 아니다. 어떤 직업을 가지고 살아왔든, 무엇을 어떻게 하면서 살아왔느냐가 공공의 가치를 위한 삶을 보여주는 것이다.

예를 들어보자. 2007년 대선 토론 당시 모든 후보가 자신이 공공의 가치를 위해 살아왔음을 직간접적으로 자랑했다.

사례 76 : 2007년 한국 2차 대선 토론(2007년 12월 6일, 20:00~22:00)

민주당 이인제 후보 : (…) 저 또한 시련과 고난을 이기며 여기까지 왔습니다. 노동부 장관, 경기도지사로서 서민 대중을 위해서 불꽃같은 개혁을 성공시킨 사람입니다. 저에게 기회를 주십시오.

한나라당 이명박 후보 : 저는 최장수 CEO를 했습니다. 서울시장 4년을 했습니다. 저는 거기에서 저와 관계되는 모든 사람으로부터 저는 인정을 받고 일해 왔습니다. 정치하면서 짧은 기간 6개월 동안에 저는 아주 비도덕적인 사람으로 몰렸습니다. (…) 제가 5년 대통령이 되면 정말 깨끗한 정부를 만들겠습니다.

사례 77 : 2007년 한국 3차 대선 토론(2007년 12월 11일, 20:00~22:00)

한나라당 이명박 후보 : (…) 저는 기업에 있으면서, 또 서울특별시장을 하면서 비교적 최선을 다하면서 살았습니다. 그래서 서울시장을 할 때에는 영국의 〈파이낸셜타임스〉로부터 세계 인물 대상을 2005년도에 받았습니다. 2007년도 10월 달에 저는 〈타임스〉로부터 세계 환경 영웅이라는 표창을 받았습니다. 그것은 고어 부통령이나 몇 사람이 받는 곳에서도 참여를 했습니다. (…)

창조한국당 문국현 후보 : 국민 여러분께서도 잘 아시다시피 저는 1년에 120일 후보들 대부분이 자신이 무슨 직책에 있었는지를 가지고 자신의 성공 혹은 공적인 가치를 위한 삶을 나타내는 기준으로 삼고 있다. 노동부 장관, 경기도지사, 서울시장, CEO, 이 모든 것이 직책이고 자리다. 직책과 자리로 대통령을 뽑을 것이라면 항상 총리 출신이나 삼성전자 사장을 대통령으로 뽑아야 하지 않겠는가.

직책은 조직에서 능력을 인정받았음을 의미한다는 점에서 중요할 수도 있다. 그러나 더 중요한 것은 직책what the candidate to be이 아니라 직행what the candidate to do이다. 후보자가 무슨 직책에 있었는지가 중요한 것이 아니라 거기에서 '무엇을 했느냐'가 중요한 것이다. 경기도지사냐, 노동부 장관이냐가 중요한 것이 아니다. 불꽃같은 개혁을 했다는 것이 중요한 것이 아니라 그 개혁의 내용이 중요한 것이다. 마을 청소를 하는 일을 했어도 그 일에서 리더십을 발휘하고, 주변 사람들을 조직화하고, 그들의 삶과 잠재력을 발전시키고, 일의 방식을 혁신시켰다면, 그것이 리더십이다. 그 일의 동인이 자신의 성공이 아니라 타인과 사회의 발전에 있었다면, 그것이 공공의 가치를 위해 살아온 삶일 것이다.

일관성 있는 삶 그리고 원칙이 지켜지는 유연성

그다음으로 우리가 살펴야 할 것은 대선 후보의 삶이 일관성 있는 소신과 원칙 있는 타협의 균형을 이루고 있느냐는 것이다. 이것은 특히 후보자가 살아온 정치적 발언과 행동에 있어서의 일관성과 유연성을 보는 것이다. 정치적 일관성의 부재, 불일치는 흔히 후보의 말과 말(시간과 장소마다 말이 달라짐) 혹은 말과 행동(언행 불일치)에서 나타난다.

이것 역시 대선 토론에서 모든 것을 확인할 수는 없다. 하지만 힌트는 얻을 수 있다. 다음 사례를 보자.

사례 78 : 2007년 한국 1차 대선 토론(2007년 12월 6일, 20:00~22:00)

한나라당 이명박 후보 : (…) 북한 핵을 폐기시키기 위해서는 남북 협상으로만 단독으로 되는 것은 아닙니다. 그것은 6자회담이라는 국제 공조를 통해서 그래도 가능한 길이 있을 겁니다. 그러면 대한민국 정부는 적극적으로 거기에 가담을 해야 합니다. 그렇다고 핵이 폐기되기 전에 거래를 끊겠다는 것은 아닙니다. 인도적 지원을 하겠다는 것입니다. (…) 김정일 위원장을 설득해 핵을 포기하게 하는 것이 북한 주민과 북한을 위해서 더 유익하다는 것을 설득하겠습니다.

대통합민주신당 정동영 후보 : 이명박 후보께서 좋은 말씀 하셨습니다. 그런데 국민들께서 과연 그 말을 믿을 수 있을까, 저는 의문입니다. 외교의 기본은 신뢰, 그리고 일관성입니다. 이명박 후보께서는 상황에 따라서 자주 말을 바꾸셨습니다. 작년 핵실험 때는 전쟁불사론에 가깝게 외쳤고, 그리고 북미 대화가 시작되자 유화론, 신대북정책을 지지한다고 했다가 이회창 후보께서 출마하고 나니까 그것은 내 생각이 아니다, 하고 또 철회했습니다. 정상회담에 대해서 찬성한다고 했다가, 반대한다고 했다가, 그 결과에 대해서 이행할지 모르겠다고 했다가, 저는 오늘 하신 말씀 언제 변할지 모른다고 생각합니다. (…)

무소속 이회창 후보 : 남북 관계는 가장 중요한 것은 국가 지도자가 확실한 철학과 원칙을 갖는 것입니다. 상황에 따라 이런 소리, 저런 소리 하면 그것은 절대로 남북 관계를 풀어갈 수 없습니다. 국민의 신뢰를 모을 수 없습니다. 그런 면에서 이 자리에 가서 남북 관계를 이렇게 얘기하고, 저 자리에 가서 달리 얘기하고, 이렇게 하면 저는 이것은 무늬만 보수이지 진짜 보수가 아니다, 보수도 아니고 진보도 아닌 것이다, 이렇게 생각합니다. (…)

한나라당 이명박 후보 : (…) 또 남북 문제에 있어서는 저는 유연하게 대해야 합니다. (…) 어떤 분은 저를 보고 왜 일관되지 않았느냐, 제가 인터넷을 쭉 공부를 하게 되면 어떻게 했는지 압니다. 아마 이회창 후보께서도 저는 남북 문제에 있어서 저의 일관된 정책을 잘 검토를 안 하신 것 같습니다. 군이 다르게 말씀하셔서 그 뜻을 가지고 출마하시려고 짰는지 모르지만 제대로 보시면 일관된 정책입니다. (…)

사례 79 : 2007년 한국 1차 대선 토론 다음 날 〈손석희의 시선집중〉 '대선 후보 TV 토론회에서 못 다한 이야기'(2007년 12월 7일, 06:00~08:00)

진행자(손석희) : (…) 북핵 문제 해결을 위한 대북정책 분야, 여기서 이회창 후보 쪽에서 상호주의가 가장 중요하다, 이명박 후보께서도 이런 주장은 자신의 주장과 거의 차이가 없다라고 주장했는데요. 계속해서 이회창 후보 쪽에서는 그렇지 않다, **이명박 후보 쪽의 대북정책은 일관성이 없다, 이렇게 차이를 계속 강조하고 있습니다.** 여기에 대한 반론은요?

나경원 한나라당 대변인 : 차이를 말씀하시는데요. 저희는 원칙에 있어서 차이가 없다는 말씀을 다시 한 번 드리고요. (…) 원칙적으로 상호주의를 존중하는 부분에 있어서는 똑같습니다. 다만 이회창 후보는 상호주의를 앞으로 실현하는 구체적인 (…) 있고요. 저희 후보께서는 그러한 구체적인 로드맵을 제시하고 있다는 부분에 있어서 조금 차이가 있다는 말씀을 드릴 수 있을 것 같습니다.

진행자(손석희) : 예를 들면 정동영 후보도 이 문제를 언급한 바 있는데요. 이명박 후보가 대북정책에 대해서 작년 핵실험 때는 전쟁불사론을 외쳤는데 그 북미 간에 대화가 있으니까 신대북정책을 지지한다고도 했고, 또 이회창 후보가 출마하니까 그건 내 생각이 아니었다, 철회한다, 이렇게 또 얘기하지 않았느냐라는 비판이 있었는데요.

나경원 한나라당 대변인 : 정동영 후보께서 말씀하시는 부분이 좀 사실과 다릅니다. (…) 이러한 정책 기조에서 일관되게 주장해왔다는 것을 다시 한 번 말씀드립니다.

진행자(손석희) : 금년 3월 15일에 문경 기자간담회에서 핵을 제거하는 문제 등에 있어서 북미 간 관계에서도 긍정적으로 가고 있기 때문에 거기에 따른 한나라당의 정책도 달라지는 게 맞다고 본다, 이건 단지 유연성의 강조인가요?

나경원 한나라당 대변인 : 그렇죠. 그렇게 보셔야죠. 어떠한 정책에 있어서 일관성이 있으면서 결국 저희로서는 이제 그 상황에 따라서 유연한 것을 더 강

위의 토론을 보면, 한쪽은 다른 한 후보 정책의 일관성에 의구심을 제기하고, 다른 한쪽은 일관성의 부재가 아니라 소신 있는 유연성이라고 주장하고 있다. 올바른 판단을 위해서는, 유권자가 이명박 후보의 과거 발언을 쭉 묶어서 당시의 상황과 더불어 살펴보아야 한다.

하지만 유권자들이 스스로 또는 후보에게 물어볼 수 있는 한 가지 질문은 "그럼 이명박 후보가 다른 후보와 다르게 가지는 자신만의 원칙은 무엇인가?"다. 왜냐하면 "한반도 비핵화를 최우선으로 추구한다"는 원칙은 장담컨대 다른 어느 후보도 반대하지 않는 원칙일 터이고, 그것이 과연 이명박 후보만의 원칙이 될 수 있는지를 고민해봐야 하기 때문이다. 후보자의 원칙이 죄다 똑같다면, 그 원칙은 토론할 필요가 없다. 서로 믿는 바가 다른 원칙이 제시되어야 유권자가 후보를 구별할 수 있다. 자신의 행동이 원칙 있는 유연성에서 비롯했음을 설득하기 위해서는 그 '원칙'이 거룩한 말씀이 아니라 자신만의 차별화된 원칙임을 제시해야 한다.

후보의 말바꾸기가 논란이 되는 것은 미국의 대선 토론도 예외가 아니다. 링컨은 대통령에 처음 출마했을 때 남부의 노예제도를 강압적으로 폐지하지 않겠다고 약속했다. 그러나 재선에 성공해서는 취임사에서 주님이 허락한다면 "채찍질로 뽑아낸 피 한 방울 한 방울을 칼로 뽑아낸 피 한 방울 한 방울로 갚을 것"이라고 다짐했다. 다만 사람들이 링컨의 이런 변화를 변절이라고 이야기하지 않고 용기 있는 행동이라고 하는 이유는 그것이 올바른 가치를 앞세우고 있기 때문이고, 가치와 행동 사이의 논리적 연결성이 국민에게 설득되고 있기 때문이다.

다음은 2004년 대선 토론 중 일부다. 케리는 부시의 이라크 전쟁에 대해 비판하고 있었다.

2004년 대선에서 부시는 이라크전에 대한 케리의 말 바꾸기를 집중적으로 공격했다. 결국 케리는 수시로 말을 바꾸는 믿을 수 없는 정치인, 우유부단해서 대통령으로 적합하지 않은 인물로 몰려서 대선에서 패배했다. 아버지 부시 대통령 역시 1988년 대선에서 "세금을 인상하지 않겠다"고 약속하고 취임한 후에는 세금 인상으로 돌아서는 바람에 재선에 실패했다.

아이러니한 것은 아들 부시 대통령은 아버지의 실패를 목격한 후, 모든 문제에서 거의 예외 없이 자신의 입장 번복을 거부했다는 점이다. 일관성의 측면에서 완벽할 수도 있다 싶을 만큼 고집스러웠다. 그러나 그 결과는 미국의 국제적 고립과 경제 위기로 돌아오고 말았다.

정치인들은 모두 자신의 고집은 일관성으로, 자신의 변절은 유연성으로, 자신의 소신은 용기로 포장하려는 습성을 지니고 있다. 정치인에게서는 '원칙 있는 일관성', '유연한 타협', '소신 있는 용기'가 모두 함께 보여야 한다. 그리고 원칙, 타협, 용기는 다이아몬드에 붙어 있는 서로 다른 면과 같아서 상황에 따라 판단되어야 한다.

대선 토론은 그 다이아몬드의 면면을 함께 보여주는 장소이며, 그 면면을 상황에 맞게 판단하는 것이 유권자가 가진 권력이자 책임이다. 따라서 유권자는 후보가 자신이 내린 판단을 유지하는지 변경하는지, 그 자체에 집중하기보다는 그 이면의 동기에 집중해야 한다. 유권자는 후보가 스스로 '일관적이다' '유연하다'고 주장하는 것에 현혹되지 않아야 한다. 상대 후보가 '일관성이 없다', '유연하지 않다'고 주장하는 것에도 현혹되지 않아야 한다.

왜 일관적인지, 왜 유연해야 하는지, 왜 일관성이 없는지, 왜 유연하지 않은지를 설명하는 후보에게 관심을 주라. 그리고 그 이유가 타당한지를 검증해야 한다. 특히 정치인의 진정한 용기는 케네디가 말한 것처럼 정의를 위해, 자신을 지지하는 정당·정파·지지자들의 감정과 맞선 경험을 의미한다.

미국의 경우, 정치인들의 말바꾸기^{flip flop}에 대해 유권자가 알 수 있도록 정보를 공개해놓은 사이트^{www.politifact.com}가 존재한다. 그리고 국회 활동 경험이 있는 정치인의 경우, 어떤 법률에 찬성표 혹은 반대표를 던졌는지가 거의 대부분 유권자들이 볼 수 있도록 공개되어 있다. 그리고 대선 토론에서는 과거의 투표 기록에 따른 일관성과 유연성에 대한 검증을 벌인다.

머리와 가슴과 손을 모두 써본 삶

끝으로 우리는 후보가 사회와 인생의

이면을 충분히 경험한 사람인지를 검증해야 한다. 유권자는 "자신이 닮고 싶고 되고 싶은 성공의 모델이 되는 사람을 대통령으로 뽑는 것"이 아니라는 것을 명심해야 한다. 대통령 선거가 잘생기고, 멋있고, 근사하고, 〈성공시대〉에 딱 어울릴 것 같은 사람을 뽑는 콘테스트가 되어서는 안 된다. 멋진 사람을 대통령으로 뽑는다고 유권자 개개인의 인생이 멋져지지는 않기 때문이다. 그런 사람은 TV 속 드라마나 성공 다큐멘터리에서 가끔씩 보면 된다.

대통령은 성공의 전도사가 아니다. 유권자가 뽑는 대통령은 유권자가 처한 어려움을 가장 잘 이해할 수 있는 후보여야 한다. 결국 자신의 삶과 가장 붙어 있는 경험을 한 후보를 뽑아야 한다.

직업을 말하는 것이 아니다. 평생 손에 흙 한 번 묻혀보지 않은 사람은 농부의 심정을 알 수 없고, 월급 한 번 받아보지 않은 사람은 월급쟁이들의 답답함을 알 수 없다는 말이 있다. 그러나 농부를 안 해보고 월급쟁이를 안 해봤으니 대통령의 자격이 없다는 것은 좀 억지가 아닐까. 세상에 직업이 수도 없이 많은데, 대통령 후보가 출마하기 전에 그 모든 직업을 종류별로 다 경험해볼 수는 없는 일이 아닌가. 결과적으로 농사일을 안 해본 사람도 농정을 잘할 수 있을 터이고, 월급쟁이를 안 해본 사람도 월급쟁이를 위한 조세 개혁을 잘할 수 있다. 대신 그러려면 농정을 해본 경험이 있거나 조세 업무를 해본 경험이라도 있어야 하지 않을까. 농정을 통해서라도 농민을 알고, 조세 업무를 통해서라도 월급쟁이의 심정을 안다면 누가 뭐라고 하겠나.

우리 사회에는 머리도 필요하고, 가슴도 필요하고, 손도 필요하다. 사회에는 사무실에서 계획하는 사람도 있어야 하고, 예술을 하는 사람도 있어야 하고, 현장에서 실행을 하는 사람도 있어야 한다. 어느 것이 더 낫고 더 못하고는 없다. 모두가 필요하고 모두가 있어야 사회다. 그래서 우리의 대통령은 과거에 어떤 직업을 경험했건, 자신이 속한 조직에서 머리와 손발과 가슴을 모두 조금씩은 써본 경험이 있는 사람이길 바라는 것이다. 선택받은 사람으로 태어나서 평생 손에 물 한 번 안 묻히고 고생이라고는 남 잘 때 공부한 것밖에 없는 사람, 그래서 엘리트 코스를 쭉 밟으며 일찌감치 출세의 길로 접어들어 언제나 리더만 해본 사람, 그래서 리더가 아닌 사람의 삶이 어떤지를 알 수가 없는 사람은 국민 대다수의 삶과 붙어 있다고 보기 어렵다.

더욱 큰 문제는 대통령이 자신의 성공에 대한 자신감으로 충만해서 '노력은 성공의 어머니'라는 등식을 믿는 순간 발생한다. 왜냐하면 '노력은 성공의 어머니'라는 말은 결국 성공하지 못한 사람은 노력이 부족했음을 의미하고, 국민의 가난과 실패와 고난도 그들의 노력이 부족했음을 의미하기 때문이다. 성공한 사람들이 실패한 사람들에게 하는 말 중에서 가장 흔한 말이 바로 '꿈이 없다', '게을러서 그렇다', '배가 덜 고파서 그렇다'는 말이다. 자신의 성공이 자신의 부지런함에서 온 것이 아니라 사회적 구조와 많은 이들의 도움에서 온 것이라는 것을 깨닫지 못하는 것이다. 그러니 남들의 실패도 사회적 구조와 그늘에서 온 것이 아니라 그 사람의 '게으름'에서 온 것이라고 믿는 것이다.

'긍정적이고 노력하는 삶'은 좋은 삶의 자세이지만, 그렇게 해도 실패할 때가 있고 실패하는 사람도 있다. 자기는 그렇게 해서 성공을 했으니 그렇게 말하겠지만 우리 사회에는 노력하고도 성공하지 못하는 사람이 얼마나 많은가. 노력했지만 실패한 사람들은 책을 써내지 않고, 강연을 하러 다니지 못하고, 대통령 후보로 못 나오니 사람들 눈에 띄지 않을 뿐이다.

산나물 한 움큼을 단돈 500원에 팔기 위해 하루 종일 시골 장판에 쪼그리고 앉아 있는 주름 가득한 할머니가 노력이 부족해서 하루에 만 원밖에 벌지 못하는 것이 아니다. 대학을 졸업하고 시간당 5000원도 안 되는 최저임금도 못 받으며 편의점에서 일하는 젊은이가 노력을 적게 해서 그러고 있는 것도 아니다. 대통령이 국가의 지도자로서 그들에게 주어야 하는 것은 서점에 흐드러지게 깔린 자기계발서처럼 "꿈을 가지고 열심히 일해라", "하면 다 되더라"라는 〈성공시대〉의 신화가 아니다. 그런 교훈은 우리 사회의 소위 잘나간다는 성공한 교수, 기업가, 학자, 연예인들이 펴낸 수많은 자서전에 널려 있다.

대통령이 국민에게 주어야 할 것은 '교훈'도 아니고 '위로'도 아니다. 대통령에게 필요한 것은 기득권의 동의를 얻어 사회적 구조를 함께 바꾸어나가는 변화를 이뤄낼 수 있는 지혜다. 그리고 그렇게 하려면 대통령은 기득권층과 기득권을 갖지 못한 우리 사회의 서민 모두의 삶을 이해해야 한다. 두 그룹 모두에게 존경과 신뢰를 이끌어낼 수 있어야 한다. 그러기 위해서는 후보의 성공과 실패 모두가 양쪽 그룹으로부터 인정을 받을 수 있어야 한다. 자기는 엄청나게 고생했다고, 엄청난 실패를 경험했다고 말하지만, 한 달 월급 100만 원으로 네 가족이 먹고사는 서민들이 보기에는 고생 같지도 않은 고생, 실패 같지도 않은 실패를 겪은 사람은 대통령이 되어도 양쪽 모두의 공감을 얻기 힘들다.

유권자는 후보자가 어떤 환경에서 태어나서, 어떻게 자랐고, 어떤 과정을 거쳐 후보자의 자리에 와 있는지를 봐야 한다. 어떤 특정 직업을 경험했는지를 보라는 것이 아니다. 반드시 농사일을 해봤어야 한다는 것도 아니다. 건설 현장에서 노동을 해봤어야 한다는 말도 아니다. 적어도 삶의 일부분에서는 사회의 현장, 소득 하위 계층의 고난을 몸으로 느껴볼 수 있었던 사람인지를 묻는 것이다. 그리고 무엇보다도, 그 과정에서 우리 사회의 다양한 계층을 함께 아우를 수 있는지를 살펴야 한다. 그렇게 해야 그 경험이 자신감과 오만의 토양이 아니라 겸손과 이해의 원천인 사람을 뽑을 수 있다. 억지로 실패와 어려움을 경험할 수는 없다. 그러니 진실로 겸손해야 한다. 남들보다 열 배는 더 겸손해야 한다. 그런 사람이어야 우리나라 국민 대부분이 겪는 실패를, 그들의 좌절을 머리가 아닌 마음으로 이해하고 받아들이고 가슴으로 품을 수 있다.

분명 당시 이명박 후보는 사회의 다양한 면을 경험한 사람임이 틀림없다. 그것은 이명박 후보의 커다란 자산이었다. 그러나 그 좋은 자산이 "내가 해봐서 아는데……"라는 믿음, 즉 자신의 판단에 대한 과도한 믿음으로 전락하는 순간 국민이 설 자리는 없어지고 만다. 다양한 시련과 성공을 경험해보는 것은 삶의 무늬가 모두 다른 수많은 국민의 좌절을 이해하기 위함이지 후보 본인의 판단을 과신하기 위함이 아니다.

미국 대선에도 유명한 사례가 있다. 1992년 토론에서 한 흑인 여성이 일어서서 국가 부채와 경제적 어려움이 후보 개인의 삶에 구체적으로 어떤 영향과 어려움을 주고 있는지를 질문했다. 흑인 여성의 의도는 당연히 부유한 집안에서 태어나서 고생 모르고 유복하게 자란 부시에게 서민 삶의 고통을 당신도 느끼고 겪고 있는지를 묻는 것이었다.

문제는 부시의 대응이었다. 일단 애당초 질문자의 의도를 잘못 알아들었다. 더 큰 문제는 간신히 흑인 여성의 의도를 이해하고 난 뒤 그가 한 답변이었다. 사실 부시로서는 경제 위기로 개인적인 재무적 어려움을 겪은 경험이 없었던 것이다. 그가 기껏 생각해낸 것이, 예전에 잠깐 다니던 교회 안내판에 붙어 있는 불우 이웃 돕기 운동을 읽고 참가한 적이 있다는 정도의 발언이었다. 국민들은 부시가 진정으로 서민의 삶을 이해하는 지에 깊은 의구심을 품었고, 현직 대통령 부시는 중앙정치 무대에 첫 도전한 클린턴에게 패하고 말았다.

방청객 : 국가 부채가 두 후보 개인의 삶에 어떤 영향을 미쳤습니까? 만약 별 영향이 없었다면, 다른 말로 당신이 서민들이 겪는 그런 경험을 못 해봤다면, 솔직히 말해서 당신이 어떻게 일반 국민들의 경제적 어려움을 극복할 수 있는 방안을 찾을 수 있습니까?

공화당 부시 후보 : 제 생각에 국가 부채는 모든 사람에게 영향을 미칩니다. 이자율에 많은 영향을 줍니다.

방청객 : 당신의 개인적인 삶의 부분을 말한 것입니다. 어떤 영향을 주었나요?

공화당 부시 후보 : 물론입니다. (머뭇거리며) 저는 제 손자들을 사랑합니다…….

방청객 : 그래서 어떤 영향을 미쳤습니까?

공화당 부시 후보 : 저는 국민들이 교육에 돈을 투자할 수 있기를 바랍니다. 저는 그것이 부모의 중요한 역할이라고 생각합니다. 만약 질문하신 내용이……
(머뭇거리다가) 제가 잘못 이해했나요? 질문이 만약 누군가는 국가 부채가 국민들에게 영향을 미치지 않게 할 수단을 가지고 있다는 말씀인가요?

방청객 : (부시가 계속 질문의 의도를 이해하지 못하자 답답해하고 허탈해하며 말을 멈춘다) 제가 질문한 것은…….

공화당 부시 후보 : 제가 잘 이해했는지 모르겠습니다. 제가 질문을 이해하도록 좀 도와주시면 답변드리도록 하겠습니다.

방청객 : 흠…… 제게는 얼마 전에 일자리를 잃어버린 친구들이 몇 있습니다. 제 주변에는 자신이 사는 집의 월세·할부금을 내지 못하는 사람들도 있고, 자동차 할부금을 내지 못하는 사람들도 있습니다. 저는 국가 부채와 관련된 제 삶의 문제를 가지고 있습니다. 국가 부채는 당신의 삶에 어떤 영향을 미쳤는지, 만약 당신에게 그런 경험이 없다면, 그리고 우리 서민들이 어떤 어려움을 겪고 있는지 느끼지 못한다면 당신이 어떻게 우리를 도울 수 있겠습니까?

공화당 부시 후보 : 흠…… 말씀드리겠습니다. 당신은 백악관에 하루만 있어 보시면, 제가 보고 듣고 읽는 것들을 똑같이 느끼실 겁니다. 저는 로맥스라는 교회를 다닌 적이 있습니다. 그곳은 워싱턴 교외에 있는 흑인 교회이지요. 저

는 그 교회 게시판에서 십대들의 임신과 그들의 가족들이 겪는 어려움을 해결하기 위한 노력을 본 적이 있습니다. 저는 부모들과 대화를 한 적도 있습니다. 제 말은, 우리가 돌봐야 합니다. 어려움을 겪는 사람이 있다면 우리 모두 돌봐야 합니다. 저는 당신이 암에 걸려본 적이 없으니 암에 걸린다는 것이 어떤 것인지 모른다고 말하는 것은 옳지 않다고 생각합니다. 개인적으로 부채로 어려움을 겪은 적이 없다고 그 어려움을 모른다고 말하는 것은 공평하지 않다고 생각합니다. 그러나 모든 사람들이 부채에 영향을 받기는 합니다. 왜냐하면 이자가 올라가고 물가도 올라가니까요. 결국 모두의 주머니에서 그 돈들이 나오는 것 아니겠습니까? 제 주머니에서도 나오고요. 결국 불황이라는 것은 당신이 대통령이면 느낄 수밖에 없을 거라 생각합니다. 그렇기 때문에 저는 수출을 늘리고, 좀 더 나은 교육을 위한 투자를 장려하려고 노력하고 있습니다. 감사합니다. 제 답변이 질문에 도움이 됐기를 바랍니다.

"국가 부채가 당신의 개인적 삶에 어떤 어려움을 끼쳤냐"는 질문에, 수출을 늘리고 교육을 위한 투자를 장려한다는 대답은 국민들이 보기에는 너무도 황당한 대답이다. 국민들이 겪는 어려움은 생활에 붙어 있다. 전세 자금 대출 이자가 오르고, 자동차 할부금이 오르고, 자녀의 대학 등록금이 오르고, 장바구니 물가도 오르는 것이다. 그러니, 부모에게 좋은 집 물려받아서 자동차는 일시금으로 뽑고, 자녀는 고액 과외를 시키고, 가사도우미를 두고 사는 분이 서민들의 삶을 구석구석 이해할 리가 없다.

후보의 대답은 순간 긴장한 탓에 실수로 나왔을 수도 있다. 그러나 그 후보의 삶은 속일 수 없다. 간디의 말대로 "당신의 삶 자체가 당신의 메시지다". 유권자는 후보자의 발언 곳곳에 숨어 있는 인생을 읽으시라. 그리고 투표하시라. 누가 과연 당신의 고충과 좌절을 진심으로 이해하겠는가? 누가 서민의 삶을 머리만이 아닌 가슴과 손으로 느껴보았는가?

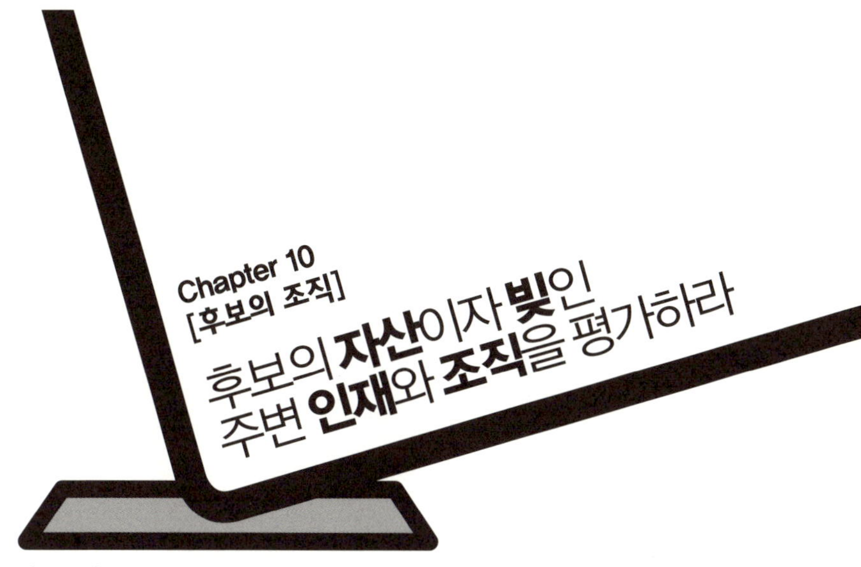

체|크|리|스|트

☑ **자산으로서의 조직** 역량 있는 인재 풀이 충분하고, 하나의 팀으로 국정을

맡을 준비가 되어 있는가? 어떤 사람들로 구성되어 있는가?

☑ **빚으로서의 조직** 가족, 친구, 캠프 내 조직, 자금줄 중 부채가 될 만한 인물이 있는가?

누구인가? 이에 대한 대응 방안을 미리 제안하고 있는가?

☑ **인사 철학과 역량** 인사 및 주변 관리와 관련된 철학, 능력, 경험 및 과거 행태는 어떠했는가?

7000명.

새 정부가 출발할 때 대한민국 대통령이 새롭게 임명하는 자리에 앉는 사람의 수다. 2007년을 기준으로 볼 때 장·차관 등 142곳, 기관장 및 주요 위원 26곳, 공공기관의 장과 주요 임원 150곳이며, 그 밖에도 대통령 이름으로 임명장이 나가는 자리는 무려 6600개에 이른다. 기준에 따라서는 1만 2000명에서 무려 2만 명이 넘는다는 말도 있다.

"인사가 만사"라는 말은 언뜻 식상하게 들릴지도 모른다. 그러나 이 평범하고 당연시되는 격언은 성공한 대통령과 실패한 대통령을 가르는 중요한 기준으로 작용한다.

　노무현 대통령 실패의 원인은 상당 부분이 진보 진영 전반의 인재 부족과 집권 준비 부족으로 보아야 한다는 견해가 많다. 일부 진보 세력 사람들은 노무현 대통령 실패의 원인을 보수 언론과 보수 세력의 반발이라 탓하지만, 그런 반대를 예상하고 반대를 설득해서 움직이게 하는 것이 정권의 리더십 아니던가. 그리고 그것이 대통령을 보좌하는 참모와 수권 정당의 정치인들이 맡아야 할 역할이 아니던가.

　누군가 현재의 진보 진영을 한마디로 표현하길 "무능하면서 탐욕적이다"라고 표현했다. 그 말은 "권력을 갖는 것에는 탐욕적이면서 권력이 주어졌을 때의 능력은 무능하다"는 의미일 것이다. 경험 있고, 능력 있고, 의지도 있고, 목표도 있으면서 대신 사심 없고, 합의에 유연한 조직과 인재의 풀이 충분하지 않은 것은 진보 진영의 근본적인 문제다.

　반면 이명박 대통령의 실패는 '의義'로 뭉친 사람들이 아닌 '이利'로 뭉친 사람들에 기인한다고 보는 사람들이 많다. 이명박 정권은 출범하자마자 '강부자', '고소영' 인사라는 힐난을 받았다. 최근에는 이명박 정부의 고위 공직자가 되기 위해서는 '4+1'의 조건이 있어야 한다고들 한다. 위장 전입, 병역 기피, 부동산 투기, 세금 탈루 그리고 논문 표절 이 다섯 가지이다. 슬픈 일이다. 오죽하면 젊은이들 사이에서 이 다섯 가지도 스펙으로 준비하자는 냉소 어린 말이 나오겠는가.

　대통령을 뽑는다는 것은 대통령 한 사람을 뽑는 것이기도 하지만 결국 그 주변 사람들을 같이 뽑는 것이다. 그러니까 대선 때만 되면 후보 주변에 그렇게 많은 정치 낭인들이 꼬이는 것 아니겠는가. 다들 한자리를 노리고 그러는 것인지, 아니면 진심으로 국가를 위해 그러는 것인지는 그 사람들 마음속에 들어가보지 않았으니 알 수가 없다. 그러나 만약 그들 모두가 10원 하나 바라는 것 없이 완벽하게 순수한 마음으로만 돕는다면 우리나라의 정치는 지금보다 백배는 깨끗할 것이다.

어쨌든 분명한 것은 후보 주변에는 사람들이 있고, 그들은 선거 때까지 돈도 대고, 시간도 대고, 온갖 인맥을 동원해서 후보를 돕는다는 것이다. 그리고 그 사람들 중 상당수는 후보가 대통령이 되면 좋건 싫건 국정에 참여하게 된다. 좋건 싫건 그렇다는 것은 일을 잘해서 자리를 줄 수도 있고, 혹은 도와줬으니 고마워서 자리를 줄 수도 있기 때문이다. 결국 후보 주변의 사람들은 대통령에게는 자산이며 빚이라는 뜻이다. 잘 쓰면 자산이고, 선거 때까지 이래저래 빚진 것들이 많으니 잘못 쓰면 빚인 것이다.

자산으로 쓰일지 빚으로 남을지는 결국 후보 주변 사람들이 어떤 사람들인지, 그리고 후보가 그들을 어떻게 활용하고 처리할 것인지, 즉 인사 의지에 달렸다. 그러니 유권자들은 대선 토론에서 후보 뒤에 숨어 있는 모든 사람들을 함께 검증해야 한다. 후보 캠프의 핵심 참모는 물론이고 후보의 가족(부모, 배우자, 형님, 동생, 사촌, 아들딸 등등), 자금줄, 친구, 동료들 중 가까운 사람들 역시 대선 과정과 대선 토론에서 검증되어야 한다.

자산이 될 만한 조직인지 검증하라

문재인의 자서전 《운명》에 나오는 구절이다.

"참여정부 인수위 시절, 학교 선배로부터 자료 하나를 넘겨받은 적이 있다. 책으로 치면 여러 권에 해당하는 방대한 분량이었다. 이회창 후보가 당선될 경우 당선 일부터 퇴임 때까지의 국정 운영 프로그램을 담은 내용이었다. 연도별, 분기별, 월별로 나름의 국정 개혁 과제를 배치하고, 그걸 다시 주별, 일별 계획으로 나눴다. 선거 일정 등을 고려해 중요 개혁 과제 시기를 정하고, 그에 맞춘 홍보계획까지 담고 있었다. 심지어는 당선 세레머니를 당사에서 구태의연한 모습으로 하지 말고, 동네 주민들과 어울려 축하와 함께 국정에 대한 당부를 듣는 모습으로 한다거나, 취임 전까지 매주 지방을 방문해 대학생들과 호프미팅을 한다는 구체적 방안까지 있었다. (…) 그때 그들이 집권했다면 계획대로 실제 실행할 수 있었는지는 알 수 없지만, 집권 후 국정운영을 사전에 그토록 치밀하게 계획해두고 있었다는 사실만큼은 놀라웠다."

노무현 대통령의 자서전 《성공과 좌절》에서 참여정부의 공과에 대해 밝힌 한 구절이다.

"참여정부는 절반의 성공도 못 이뤘다. 개인적으로 준비되지 않은 사람이, 준비된 조직적 세력도 없이 정권을 잡았고, 우리 사회가 미처 받아들일 준비가 안 된 개혁을 하려고 한 무리한 욕심이 실패와 오류의 원인이다."

참여정부가 겪은 어려움의 절반은 아마도 계획과 인재의 부족에서 온 것이라고 봐야 할 것이다. 그러나 노무현, 이회창, 권영길 후보가 경합을 벌인 2002년 대선 토론 3회 중 어디에도 각 후보의 조직과 인재 풀을 묻는 질문은 없었다.

후보 주변의 인재는 질적으로 역량이 되는 사람들이 있느냐도 중요하지만, 양적으로 충분하냐도 문제다. 또 이들이 실질적으로 정권을 인수할 준비readiness가 되어 있느냐 역시 중요한 평가 요소다. 특히 우리나라처럼 기획재정부, 외교통상부, 지식경제부 등 핵심 관료 조직의 위계질서와 힘이 강한 곳에서 후보 주변 인재의 양과 질은 정권 인수 이후 변화를 실질적으로 가능케 하는 중요한 자산일 수 있다. 오죽하면 동아시아연구원이 펴낸 《대통령직 인수의 성공 조건》이라는 책에서 대통령이 집권 후에 부딪히는 가장 큰 어려움 세 가지가 자신의 공약에 대한 집착, 관료들의 포위, 당선 공신들 간의 권력투쟁이라고 하겠는가.

안타깝게도 우리나라에서는 1997년 이래 지금까지 열린 대선 토론에서 한 번도 후보를 보좌하는 조직을 평가하는 질문과 답변이 이루어진 바가 없다. 사회자가 물은 적도 없고, 후보가 답변한 적도 없다. 유권자의 알 권리가 배제되고 있는 것이다. 우리도 '청와대의 주요 직책과 장관직에 누가 들어올 것인지'는 알고 투표해야 하지 않나.

이에 반해, 영국은 그림자 내각shadow cabinet을 두고 있다. 그림자 내각이란 야당의 최고 지도부를 일컫는 말로서, 야당이 정권 획득에 대비해 총리 이하 각 각료를 미리 정해둔 것이다. 그리고 만약 야당이 정권을 잡으면 그 멤버가 그대로 내각의 장관이 되는 경우가 많다. 1907년 보수당의 체임벌린Arthur Neville Chamberlain이 정권 교체에 성공하면서 그림자 내각을 실제 내각의 각료로 임명한 이래, 영국은 이 제도를 꾸준히 계승해왔다. 야당으로서는 국정 수행 준비를 미리 탄탄하게 해둘 수 있고, 국가 전체 차원에서는 안정적으로 여야 간 정권 교체를 이룰 수 있다. 특히 유권자들이 총리 후보뿐 아니라 장관 후보들까지 미리 파악할 수 있으므로 새 정부의 정체성과 방향성까지 미리 예측해 투표할 수 있다는 것이 큰 이점이다. 그리고 이런 그림자 내각은 대선 토론 전에 국민과 공유되고 토론에서 논의된다.

한편 미국은 영국처럼 내각의 모든 후보를 미리 공개하여 유권자에게 평가를 받지는 않지만, 부통령 후보를 토론을 통해 검증하는 절차를 갖추고 있다. 부통령은 대통령 유고 또는 사임 상황이 발생할 경우, 즉시 대통령직을 승계받는 가장 중요한 국정 동반자이기 때문이다. 1964년 케네디 대통령이 암살당한 후 존슨 부통령이 대통령직을 이어받았고, 1974년 워터게이트 사건으로 닉슨 대통령이 자진 사임하자 포드 부통령이 대통령이 된 바 있다.

2008년의 경우 특히 부통령에 대한 논란이 뜨거웠는데, 공화당 부통령 후보였던 페일린Sarah Palin 전 알래스카 주지사 때문이었다. 페일린을 부통령 후보로 임명한 것은 누구도 예상하지 못한 일이었고 공화당 역사상 최초의 여성 부통령 후보였기 때문에 그녀는 큰 주목을 받았다. 또 페일린은 본인을 다섯 아이를 둔 극성 엄마이자 사냥을 즐기고 가족을 중시하는 전통적 공화당 가치의 대변인으로 소개함으로써 공화당 지지자들에게 큰 인기를 끌게 되었다.

그러나 주요 언론과 인터뷰가 시작되면서 페일린의 정책적 판단력에 대한 의구심이 제기되기 시작했다. CBS 방송과의 인터뷰에서 외교정책에 대한 견해를 묻는 질문에 "알래스카가 지리적으로 러시아와 해상 경계선을 맞대고 있다는 것이 나의 외교 경험 중 한 부분"이며 "이것이 외교 협상에 내가 유리한 점"이라고 답변한 것은 미국 코미디 쇼의 소재로 반복적으로 사용될 만큼 대중들에게 웃음(또는 비웃음)을 샀다.

2008년 3차 대선 토론에서 사회자는 두 대통령 후보에게 이런 질문을 던졌다.

사회자(시퍼) : (…) 상대 후보가 선임한 부통령 후보가 아니라 당신이 선임한 부통령 후보가 대통령이 되면 어떻게, 왜 미국에 더 큰 도움이 됩니까?

민주당 오바마 후보 : 바이든 부통령 후보는 이 나라를 위해 일해온 가장 뛰어난 공직자 중 한 사람입니다. 바이든 후보는 민주당과 공화당 모두가 공히 인정하는 외교정책의 전문가입니다. 그뿐 아니라 그의 일생은 그 자체가 사회적 약자를 위해 노력해온 삶입니다. 그는 자신이 태어나고 자란 스크램튼에서 평생 노동자를 대변하는 일에 삶을 바쳐왔습니다. 그는 그곳에서 자신의 아버지가 실업에 처하고, 반복적인 경기 불황을 겪는 삶을 지켜보았습니다. 그렇기 때문에 그는 중산층의 재건을 위한 경제정책에 강한 집념을 보여왔습니다. 또한 그렇기 때문에 그는 1994년의 랜드마크 범죄 법규나 폭력에 대한

여성 보호 법률에 찬성한 것입니다. 그는 우리 사회의 일하는 중산층 노동자들을 대변해서 평생을 싸워왔습니다. (…)

공화당 매케인 후보 : 미국인들은 페일린 후보가 미국의 여성들과 많은 사람들에게도 모범이 된다는 것을 알고 있습니다. 페일린 후보는 개혁가입니다. (…) 이제 **미국은 새로운 사람을 가질 때입니다. 그녀는 저와 더불어 나이 든 남자 중심의 정실 인사를 개혁할 사람입니다.** 그녀는 제 파트너이며 개혁이 무엇인지 이해하고 있습니다. 그녀는 특수 아동을 둔 가정에 대한 이해도 가지고 있습니다. 그녀는 자폐증이 사회적으로 늘어나고 있다는 것을 이해하고 있습니다. 그녀는 자폐증이 왜 생기는지 알고 있으며, 우리가 그들을 도와야 한다는 것을 이해하고 있습니다. 그녀의 이해는 내가 아는 어느 미국인보다 뛰어납니다. 저는 그녀가 자랑스럽습니다. 끝으로, 그녀는 우리 공화당의 정치에 무관심한 사람들에게 등불 같은 존재입니다. 저는 이런 그녀와 그녀의 가족이 너무나도 자랑스럽습니다. 첨언하자면, 그녀의 남편도 좋은 사람입니다.

만약 당신의 부통령 후보가 대통령이 될 경우, 상대편 부통령 후보보다 국가를 더 잘 이끌 것이라고 생각하는 이유가 무엇이냐는 질문에 오바마는 상당히 설득력 있게 대답한다. 우선 오바마 자신의 약점으로 지적되던 외교정책 경험 부족에 대해 부통령 후보 바이든Joe Biden 상원의원의 전문 분야인 외교정책 경력의 강점을 먼저 설명했다. 또 바이든의 가족사를 언급하면서 왜 그가 약자의 편에 선 정치를 해왔는지, 그리고 실제로 입안한 대표적 정책과 법안들을 구체적으로 제시하면서 설득력을 높인다.

그에 반해 매케인의 답변은 다소 설득력이 떨어지고 구조적으로도 부족한 점이 발견된다. 페일린을 개혁가로서 자리매김한 것은 좋았으나 그 후에 언급된 근거, 즉 페일린이 장애 아동을 둔 가정에 대한 이해도가 높다는 점이나 페일린의 남편이 좋은 사람이라는 점 등은 그녀가 대통령이 될 경우 왜 더 나은 미국이 될 것인지를 설명하기에는 크게 부족하다. 한편 "그녀는 개혁가다", "나는 그녀가 자랑스럽다" 등의 동일한 표현이 반복적으로 사용되는 부분은 논리적인 설득이라는 인상을 주지 못한 감정적인 주장에 불과했다.

결국 매케인의 답변은 미국인들이 페일린의 정책 수행 능력에 대해 가지고 있던 의구심을 완전히 해소해주지 못했을 뿐 아니라 대선 후보인 매케인 캠프의 인재 풀에 대한 의구심도 야기한 것으로 알려져 있다.

이번 대선에서 유력한 대선 후보로 거론되는 사람들의 경우, 그 주변의 인재들에 대해 국민들은 의구심을 가지고 있다. 예를 들어 박근혜의 경우 군사독재와 3·4·5공화국 출신의 인재 풀로부터 과연 얼마나 자유로운지, 안철수의 경우 행정 경험이 전혀 없는 그 주변에 관료 조직을 이끌고 정무 능력을 발휘할 수 있는 인재가 과연 얼마나 있는지, 문재인의 경우 친노 인사들 이외의 인재 풀이 과연 존재하는지 등은 대선 토론을 넘어 대선 과정 전반에서 반드시 검증되어야 할 쟁점이다.

대선 토론에서 이러한 인재 풀을 검증할 수 있는 방법은 몇 가지가 있다. 예를 들어, 영국처럼 그림자 내각의 후보를 대선 후보에게 직접 물어볼 수도 있다. 혹은 앞에서 언급했듯이 특정 후보 진영의 인재 풀에 우려되는 사안을 후보별로 각각 물어보고 자신이 가진 인재 풀과 조직이 그런 우려를 극복할 수 있는지를 물어보는 것도 한 가지 방법이다.

뒤에서 언급하겠지만, 대선 토론에 주요 조직 참모들의 토론을 아예 신설해서 추가하는 것도 한 가지 방법이다. 어쨌든 유권자는 반드시 대선 후보 주변의 인물과 조직을 토론을 통해 검증한 후에 한 표를 행사해야 한다.

빛으로 추락할 조직인지 검증하라

2007년 한나라당 이명박 후보를 도왔던 원로 그룹을 언론에서는 흔히 '6인회'라고 부른다. 이명박 정권 창출의 '컨트롤 타워'로 알려져 있으며, 대통령 이명박, 전 국회의원 이상득, 전 국회의장 박희태, 전 방송통신위원장 최시중, 국회의원 이재오, 민족화해협력범국민협의회 상임의장 김덕룡, 이렇게 여섯 명이 모임의 구성원이다. 이상득 전 의원은 다 알다시피 이명박의 친형이고, 박희태 전 국회의장과 김덕룡은 당시 여당의 유력 정치인으로서 2007년 이명박 선거 캠프의 공동 선대위원장을 맡기도 했다. 최시중 전 방통위원장은 이명박의 '정치적 멘토'로 알려져 있는 사람이고, 이재오 의원은 소위 말하는 '친이계'의 핵심 인물이다.

이명박 정부가 끝나가는 지금 현재 6인회는 어떻게 됐는가? 사실, 이명박 정권의 개국공신들로서는 정말 초라한 모습이라는 것을 부인하기 힘들다. 6인회의 절반 이상이 기소 중이거나 사법 처리를 기다리고 있는 모습은 국민들로서는 답답하고 슬프다는 것이 정확한 표현일 것이다. 이런 사람들이 그간 대한민국 국정에 지대한 영향을 미쳤다는 사실 때문에.

노무현 대통령이 집권 초기에 청와대 인재 풀을 관리할 인사수석으로 경력이 교직 및 지방 시민 단체 활동뿐인 정찬용 광주 YMCA 사무총장을 발탁하면서 이런 말을 했다고 한다. "나처럼 당신도 신세 진 사람이 별로 없다니 인재를 찾고 검증하는 일에 적임일 겁니다."

후보의 조직과 인재는 어찌 보면 동전의 양면과도 같은 것이다. 도움을 많이 받으면 그만큼 갚아야 할 빚이 많다. 특히나 대통령의 사적인 지원 조직은 대통령에 당선된 후 부채로 작용할 개연성이 매우 높다. 가족, 친지, 친구, 동문, 산악회, 연구회 등등 별의별 이름으로 존재하는 많은 사람들이 후보가 대통령이 되고 나면 정부 산하 단체에 자리를 얻거나 혹은 자신의 이권 사업이나 인허가 해결을 위해 청와대에 선을 넣으려 노력할 것이다. 그리고 대통령은 선거 기간에 그들에게 진 신세를 갚아야 하니 빚이 있는 것이고, 혹시라도 나중에 그들 중 하나라도 비리를 만들면 책임져야 하는 빚이 또 생기는 것이다.

김영삼 전 대통령의 아들 김현철 비리, 김대중 전 대통령의 아들 김홍업 비리, 노무현 전 대통령의 형 노건평 비리, 이명박 대통령의 형 이상득 비리 등 역대 대통령의 친인척이 비리 논란에 휘말리지 않은 적이 한 번이라도 있었던가? 그런데 아이러니하게도 대선 토론에서 각 후보의 친인척 비리에 대한 토론이 있었던 적 역시 한 번도 없다. "가족의 비리를 막기 위해 무엇을 하겠다", "만약에 비리가 나오면 어떻게 책임지겠다", "아예 친인척에게는 어떠한 자리나 이권의 여지도 주지 않겠다" 등 구체적이고 책임질 수 있는 발언을 유권자가 들을 수 있어야 하지 않겠나.

친인척 비리만이 아니다. 역대 정권에서 대통령의 최측근들 역시 모두 끝이 좋지 않았다. 이승만 대통령 시절 부통령이란 칭호를 얻었던 곽영주 경호실장은 시위 진압에 발포 명령까지 내리다가 결국 형장의 이슬로 사라졌다. 박정희 대통령 시절 영원한 경호실장이라 불리던 차지철 경호실장은 대통령과 함께 김재규에게 사살당했다. 5공 시절 전두환 전 대통령의 그림자로 불린 장세동 안기부장 역시 정권 교체 이후 투옥되었다. 노태우 정부 시절 6공의 황태자로 불린 박철언 의원도 슬롯머신 사건으로 옥고를 치렀다. 김대중 대통령 시절 최측근인 권노갑 의원 역시 비리에 연루되어 수감 생활을 했다. 이명박 대통령의 왕차관으로 불린 박영준 차관 역시 마찬가지다.

측근 비리 문제가 이렇듯 반복되는데, 대선 토론에서 후보의 측근에 대한 문제는 검증되어야 하지 않겠나. 2007년 당시 대선 토론에서 만약 이명박 후보에게 "6인회의 구성원을 정부 요직에 앉힐 것인가?"라는 질문을 날카롭게 묻고 추궁했더라면, 6인회 중 절반이 기소 중이거나 검찰 조사 중인 지금보다는 상황이 조금은 더 나아지지 않았을까. 그리고 그런 질문과 추궁이 유권자들이 더 나은 판단을 하는 데 도움이 되지 않았겠는가.

안타깝게도, 우리나라의 대선 토론에서는 측근의 잠재적인 비리나 주변 외곽 조직으로부터의 압력 행사에 대한 질문을 찾아보기 힘들다. 후보 간에 이런 주변 조직의 잠재적 문제에 대한 질문이나 토론이 단 한 번도 없었다.

반면 미국에서는 잘 설계된 질문을 통해 후보에게 어떠한 외곽 조직이 있는지를 유권자들에게 직간접적으로 알린다. 또 후보가 어떻게 대처할 것인지에 대해 추궁하기도 한다. 예를 들어, 1996년 소송 전문 변호사 단체의 지원을 받고 있던 클린턴은 당선 이후 그들의 압력에 어떻게 대처할 거냐는 직설적 질문을 사회자 레러^{Jim Lehrer}로부터 받았다.

사례 84 : 1996년 미국 2차 대선 토론(1996년 10월 16일, 21:00~22:30)

사회자(레러) : 클린턴 후보, 방금 돌(Bob Dole) 후보가 소송 전문 변호사들과 선거 캠페인의 재원 조달 관계에 대해 언급했습니다. 선거 자금을 대주거나 선거를 도와준 이익 단체들의 압력을 어떻게 막아내거나 대처할 계획입니까?

민주당 클린턴 후보 : 저는 제 입장을 최대한 명확하게 밝히려고 노력합니다. 제가 그들에게 제 입장을 설명하면 이후 저를 도울지 말지는 그들이 결정해야 합니다. 돌 후보는 소송 전문 변호사와 선거 자금 조달에 대한 문제를 제기했습니다. 공화당이 통과시키고 제가 반대한 제조물책임법(product liability bill)의 경우, 사실 저는 찬성하기를 원했습니다. 그리고 저는 사람들에게 제가 제조물책입법에 어떤 조항들이 포함되면 찬성하겠다는 전제조건을 명확히 밝혔었습니다. 하지만 지금 다수의 소송 전문 변호사들은 저에게 그 법률에 어떤 조항이 포함되건 무조건 반대하라고 압력을 넣고 있습니다. 그러나 제가 생각하기에는 지나치게 과다한 소송을 막기 위한 노력이 필요합니다. (…)

당시 미국에서는 과도한 소송으로 돈을 버는 변호사 집단에 대한 비판이 높았다. 이에 공화당은 소비자와 변호사가 물건의 결함을 문제 삼아 기업에게 청구할 수 있는 손해 배상 금액의 한계를 정한 '제조물책임법'을 만들었다. 클린턴은 이 법이 소비자의 권리를 제약한다는 이유로 거부권을 행사했다. 그러나 공화당에서는 클린턴이 자신에게 정치자금을 낸 변호사 집단의 이해관계에 굴복했다고 비판했다.

이 질문에 대해 클린턴은 상당히 잘 답변하고 있다. 우선 "자신의 입장을 먼저 설명하고, 이후 기부에 대한 결정은 기부자가 해야 한다"는 자신의 원칙을 제시한다. 그리고 자신이 구체적으로 어떤 조항 때문에 제조물책임법에 반대한 것인지를 명시하며 매우 구체적인 사례까지 제시한다(위 사례에서는 내용이 너무 길어 생략했다). 반면 돌의 반론은 다소 엉성하다. 기업 손해 배상 금액에 한계가 있어야 한다고 말하고는 뒤이어 논지와 상관없는 증세 문제를 말하고 있다.

그러나 유권자들이 이 토론에서 정작 관심을 가진 것은 이런 질문을 통해 클린턴의 외곽에 압력을 행사하는 변호사 집단이 있음이 드러났다는 사실이다. 우리나라 유권자 중 과연 몇 퍼센트가 2002년 대선 당시 노무현 대통령의 재정적 지원자가 강금원 창신섬유 대표인 것을 알고 있었는가? 국민 중 과연 몇 퍼센트가 2007년 대선 당시 이명박 대통령의 재정적 지원자가 천신일 세종나모 여행사 대표인 것을 알고 있었나? 마찬가지로 우리나라 유권자 중 과연 몇 퍼센트가 2012년 현재 박근혜, 문재인, 안철수 등 대선 후보들 주변에 어떤 기업인이, 어떤 이익 단체들이 얼마의 돈을 대고 있는지 알고 있는가?

따라서 유권자들은 후보 주변의 사람들이 후보에게 자산이 될 것인지, 아니면 빚이 될 것인지를 검증해야 한다. 대선 토론에서 측근에 대해 직접 질문할 수 있다면 가장 좋다. 하지만 만약 그런 질문이 나오지 않는다고 해도 유권자들은 대선 토론 기간 중에 그 문제에 대한 답을 스스로 찾아야 한다. 그리고 그러한 부채 문제에서 깨끗하고 명확한 후보에게 한 표를 행사해야 한다.

인사 철학과 역량을 검증하라

대통령 주변 사람들이 자산이 될지 부채가 될지를 결정하는 가장 큰 변수는 결국 대통령의 인사 원칙과 능력이다. 주변에 사람이 아무리 많아도 뽑아서 쓰는 사람이 허접하면 아무 소용이 없다. 역으로 주변에 사람이 아무리 적어도, 대통령이 당선된 후에 자기 사람에 대한 논공행상이 아니라 반대쪽 사람에 대한 삼고초려에 힘을 더 기울인다면 주변 사람이 적은 것은 오히려 득이 될 수도 있다.

결국 주변 인물에 대한 검증과 함께 대통령의 인사 원칙과 사람을 다루는 역량에 대한 검증도 이뤄져야 한다. 구슬도 꿰어야 보배이듯, 주변에 인재가 넘쳐도 쓰는 사람이 뛰어나지 않으면 아무런 소용이 없다. 인사는 기본적으로 좋은 사람을 잘 발탁하고, 사람을 적재적소에 배치하고, 신나게 일할 수 있게 동기를 부여하고, 엄격히 관리·평가·보상하며, 끝으로 그런 사람들이 팀으로 조화를 이룰 수 있게 하는 능력이다. 대선 토론에서 유권자는 반드시 후보의 이러한 능력을 검증해야 한다.

인사 철학과 능력을 검증할 때는 "당신의 인사 철학은 무엇입니까?" 혹은 "당신은 인사 능력을 충분히 가지고 있습니까?"라고 묻지 않아야 한다. 그런 질문은 어리석은 질문이다. "철학이 무엇이냐?"라는 질문에는 평가하기도 애매하고 이해하기도 어려운 철학적 답변만이 나올 뿐이다. "인사 능력이 있느냐?"라고 물으면 당연히 "있다"고 대답할 뿐이다.

따라서 철학과 능력을 물을 때에는 과거의 경험과 실적, 실패를 물어보거나 혹은 가설적인 상황에 대한 대안이나 방법을 물어야 한다. "당신이 인사에 가장 실패한 경우는 언제였고, 무엇을 느꼈는가? 그리고 그 상황이 재발한다면 어떻게 하겠는가?", "당신이 지금 내각을 선임한다면, 어떤 기준으로 누구를 선임하겠는가?" 등 다른 방식을 통해 인사의 기준과 능력을 검증해야 한다.

우리나라의 대선 토론에서는 후보의 인사 기준과 능력에 대한 검증이 거의 전무했다. 반면 미국 대선 토론에서는 장관이나 판사 지명에 대한 가상 질문을 통해 후보의 인사 철학과 판단 기준을 검증하는 논쟁이 빈번히 목격된다.

> **사례 85 : 2008년 미국 2차 대선 토론(2008년 10월 7일, 21:00~22:30)**
>
> **사회자(브로코) :** (…) 최근 재무부 장관의 역할과 권한이 급격히, 또 명백히 증가하고 있습니다. 그리고 재무부 장관은 이제 내각에서 가장 권력이 큰 장관이기도 합니다. 폴슨(Hank Paulson, 당시 재무부 장관)이 자신은 더 이상 재무부 장관직을 수행하지 않을 것이라고 공표했습니다. 후보들은 이 중요한 자리에 누구를 마음에 두고 계십니까?

위의 사례에서 사회자는 두 대선 후보에게 차기 재무부 장관 선임의 기준과 실제 장관 후보의 이름을 구체적으로 묻고 있다. 직구로 던져진 질문에 두 후보 역시 잠재적인 후보들의 실명을 언급하고 있다. 이 질문에 대해 매케인과 오바마 두 후보 중 누가 더 우수한 답변을 했느냐는 여기서 덜 중요한 사안이다.

유권자들이 더 신경을 써야 하는 것은 두 후보의 판단 기준이 어떻게 다른가 하는 것이다. 매케인은 성공한 기업인으로서 시장에 신뢰와 자신감을 줄 수 있는 장관을 언급한 반면에 오바마는 부유한 사람보다는 중산층을 도울 사람을 임명하겠다고 발언했다. 유권자는 그 두 발언을 듣고 자신이 동의하는 인사 기준에 한 표를 던지면 되는 것이다.

우리의 대선 토론에서도 '국무총리', '기획재정부 장관'에 도대체 누구를 앉힐 것이고 어떤 기준으로 인사를 할 것인지 물을 수 있다면 얼마나 좋겠는가. 그렇다면 유권자들이 후보가 내놓은 사람들의 실명과 그 기준을 듣고 더 나은 판단을 할 수 있지 않겠는가.

또 다른 사례를 보자.

사회자(레러) : 대법원 인사에 대한 질문입니다. 국민들이 당신은 낙태 반대론자라고 생각해도 되겠습니까?

공화당 부시 후보 : 네, 저는 낙태 반대론자입니다.

사회자(레러) : 그렇다면 국민들은 대법원과 연방법원, 그 밖의 모든 법원에 당신이 임명하는 사람들이 모두 낙태 반대론자일 거라고 가정해도 되겠습니까?

공화당 부시 후보 : 낙태는 물론 다른 어떤 쟁점에 대해서도 제 개인적 가치가 법원 내 인사에 영향을 주지는 않을 것입니다. 저는 능력 있는 판사를 임명할 것입니다. 판사는 헌법을 법리대로 해석해야 하며, 저는 법원을 사회적 정책을 펴는 공간으로 활용하지는 않을 것입니다. 이것이 저와 고어 후보의 차이점입니다. 판사는 법원이 행정부의 일부로 전락하지 않도록 해야 합니다. 그래서 판사들은 종신직이고 헌법을 절대적으로 준수해야 합니다. 판사들은 자신의 권한을 남용치 말아야 합니다. 저는 판사들이 자신의 진보적 성향을 판결에 반영하는 것은 옳지 않다고 생각합니다. 저는 판사의 역할이 자신의 주관을 배제한 채 법률을 법리적으로 엄격히 해석하는 것이라고 믿습니다. (…)

민주당 고어 후보 : 부시 후보와 저는 유사한 표현을 사용하지만 완전히 반대되는 결론을 내리고 있습니다. 저 역시 제 개인적 가치가 법원 인사에 영향을 주지 않아야 한다고 생각합니다. 그러나 저는 헌법의 해석에는 서로 다른 방식이 있다고 생각합니다. 저는 헌법이 시대와 사회의 상황이 발전함에 따라 다르게 해석되어야 한다고 생각합니다. 최근 대법원이 수정헌법 4조(영장 없는 수색·체포의 금지)를 사생활 침해에 대한 것으로 확대 해석한 것 역시 그런 사례의 하나입니다. (…) 국민은 과거의 로(roe) 대 웨이드(wade) 판례(낙태가 합법화된 판례)를 뒤집는 대법원 인사를 허용해서는 안 됩니다. 저는 로 대 웨이드 판례를 존중하는 판사를 임명할 것입니다.

위의 사례에서 유권자는 고어 후보와 부시 후보의 인사 철학이 서로 어떻게 다른지 명확하게 볼 수 있다. 더 나아가 유권자는 헌법의 해석에 대한 두 사람의 견해가 어떻게 다른지도 알 수 있다.

부시의 경우, 대법관이 주어진 헌법을 적용하는 역할에 충실해야 한다고 생각한다. 따라서 낙태 같은 사회적 변화 및 요구에 대법관 인사가 영향을 받지 않을 것이라고 말하고 있다. 하지만 고어의 경우, 헌법의 해석은 시대에 따라 달라질 수 있다고 생각한다. 따라서 대법관 역시 그런 시대적 판단 능력을 판결에 반영할 수 있는 사람이어야 한다고 말하고 있다.

이런 대화를 보면 유권자는 두 후보가 어떤 인사 기준에 따라 사법부의 장을 임명할지를 좀 더 분명히 알 수 있지 않을까? 우리 대선 토론에도 이런 대화가 있어야 하지 않겠는가. 유권자들이 후보들의 이런 대답을 들어야 유의미한 판단을 할 수 있지 않겠는가.

대선 토론에서 이런 질문과 답변이 오간다면 최상이겠지만, 그렇지 않다고 해도 유권자들은 후보의 과거 인사 행태를 살펴보아야 한다. 과거에 후보가 어떤 사람과 일을 했는지, 어떤 사람을 측근에 앉혔는지 등을 살피면 그 후보가 대통령이 되었을 때 어떤 인사를 펼칠지 알 수 있다. 그리고 그것이 유권자 개인의 판단과 부합하는지, 우리나라의 발전에 진정 도움이 될 것인지를 판단하면 되는 것이다.

대통령도 한 사람의 인간인 만큼, 하루에 판단하고 결정할 수 있는 문제의 가짓수는 한정되어 있다. 또 나날이 세분화되고 복잡해지고 전문화되는 각종 국정 과제들에 대한 해답을 대통령이 모두 가지고 있을 수도 없다. 이런 상황에서 대통령에게 필요한 것은 유능하고 신실한 인재들을 폭넓게 확보하고 적재적소에 배치하는 능력이다. 따라서 당파적 이해관계에 매몰되지 않고 반대 견해를 가진 인재라도 필요한 자리에는 과감히 등용하는지, 혹은 능력과 관계없이 논공행상으로 자리를 나누는 인사의 폐단을 만드는 것은 아닌지 등 대통령의 인사 철학에 대한 전반적인 고민과 점검이 필요하다. CBS 변상욱 대기자大記者가 《굿바이 MB》에서 언급했듯이, 대통령의 리더십은 "한 사람만의 문제가 아니라 집합적 차원의 문제"이기 때문이다.

물론 대선 토론에서 이 모든 것을 샅샅이 알 수는 없다. 그러나 대선 토론은 반드시 좋은 계기와 기회를 줄 수 있다. 또 전 국민이 지켜보는 대선 토론은 후보가 스스로 자신의 발언에 책임감을 갖도록 만드는 중요한 장치이기도 하다. 유권자들은 대선 토론에서 후보가 자신의 주변 조직을, 사람을 얼마나 엄격하게 다룰 것인지 본인의 입으로 약속하도록 만들어야 한다. 그리고 유권자들은 언론과 인터넷 등 다양한 정보 수집 창구를 통해 대통령 개인이 아닌 집합적 차원의 리더십을 검증해야 한다. 대통령 하나를 뽑는 것이 아니고 대통령 곁에 있는 사람들을 함께 뽑는다는 것, 잊지 말자.

'왜?' : 왜 이 체크리스트를 사용해야 할까?

1. 대선 토론 시청자에서 대선 후보 면접관으로 : 대선 토론은 국민을 위한 대선 후보들의 면접장입니다. 우리는 이 체크리스트를 통해 잘 준비된 면접관이 될 수 있습니다.

2. 공약公約과 공약空約을 구별하자 : 대통령이라고 해서 단번에 모든 문제를 해결할 수는 없습니다. 이 체크리스트로 대선 후보들의 깊은 고민과 얕은 허세를 구별해봅시다.

3. 강점도, 약점도 모두 알고 뽑자 : 대선 후보는 결코 슈퍼맨도, 배트맨도, 아이언 맨도 아닙니다. 이 체크리스트로 각 후보의 강점은 물론 약점까지 파악하여 제대로 대선 토론을 지켜봅시다.

4. 오만과 편견에서 벗어나자 : 대선 후보가 완벽하지 않은 것처럼 우리도 완벽하지 않습니다. 체크리스트로 후보들을 꼼꼼히 따져보면서 우리가 혹시 갖고 있을지 모르는 편견과 선입견에서 벗어납시다.

5. 다 함께 즐기는 대선 토론 : 대선 토론은 민주주의 국가 국민으로서 가질 수 있는 가장 큰 특권이자 축제입니다. 함께 보고 웃고 떠들며 즐겨봅시다.

'어떻게?' : 어떻게 이 체크리스트를 사용하면 좋을까?

1. 잘 듣고 보면서 좋은 답변에는 "참 잘했어요"(O), 나쁜 답변에는 "다음엔 꼭 잘하세요"(X)에 표시하세요. 최대한 대선 토론에서 직접 관찰한 사실에 근거해서 채점하고 그 관찰 내용을 메모하세요.

2. 후보별 핵심 관전 포인트를 중점적으로 보되, 추가 관전 포인트를 각자 고민해서 대선 토론 전에 추가하세요. 알고 보면 더 재미있습니다.

3. 삼삼오오 모여 함께 보되, 기왕이면 지지하는 후보가 다른 사람들과 함께 보면 더욱 좋습니다. 대선 토론 후에는 체크리스트 평가 결과를 서로 맞춰가며 왁자지껄하게 '우리끼리 100분 토론'을 진행해보세요.

4. 2012년 12월 19일, 체크리스트 평가 결과를 꼭 다시 한 번 보고 투표장으로 달려가세요.

5. 2013년 12월 19일, 체크리스트 평가 결과를 다시 보세요. 우리의 판단 중 뭐가 맞았는지, 틀렸는지, 왜 그런지 함께 되돌아봅시다. 속지 않는 국민만이 현명한 대통령을 만듭니다.

1. 국가의 비전과 철학

- **비전** : 미래에 이루고자 하는 국가·정책의 모습에 대한 가슴 설레고, 눈에 그려지는 비전이 있는가?
- **전략** : 국가·정책의 비전 달성을 위해 어떤 선택과 집중, 포기가 필요한지를 담은 전략이 있는가?
- **철학** : 국가·정책 운영에 대해 일관되고 균형있으며 깊은 고민이 담긴 철학이 있는가?

2. 정책의 내용

- **무엇을** : 관념적이고 뻔한 구호가 아닌 정책이 지향하는 구체적인 변화와 목표가 있는가?
- **왜** : 정책이 선정된 이유 및 국민의 삶에 와닿는 예상 효과를 설명하는가?
- **어떻게** : 목표 달성을 위해 추진해야 할 과제와 구체적인 실행 방안을 제시하는가?

3. 정책의 균형

- **혜택과 대가** : 국민에게 돌아갈 혜택뿐만 아니라 치러야 할 대가까지 솔직하게 고려하고 있는가?
- **단기와 장기** : 정책 실행 및 효과의 실현에 있어 단기와 장기를 균형있게 고려하고 있는가?
- **지지층과 반대층** : 후보 본인의 지지 기반뿐 아니라 반대 측 입장과 논리 및 다양한 이해관계자들의 견해를 충분히 검토·반영하고 있는가?

4. 정책의 설득력

- **정확한 사실** : 정책의 근거가 충분하고, 정확한 사실관계에 기초하는가?
- **탄탄한 논증** : 정책의 이유, 내용 및 효과 사이의 논리적 연결 고리가 탄탄한가?
- **손쉬운 설명** : 정책과 주장이 날카롭고, 적절한 설명과 비유를 통해 쉽게 설명하는가?

5. 정책의 차별성

- **과거와의 차이** : 정책이 과거의 정책과 어떻게 다른지 대안을 갖고 설명하는가?
- **상대와의 차이** : 정책이 상대 후보의 정책과 어떻게 다르고 왜 우월한지를 구체적으로 설명하는가?
- **공통분모의 인식** : 과거 정책 및 상대방 정책과 자신의 정책이 어떤 공통분모를 갖고 있는지 찾아내고, 인정하며, 어떻게 계승·협력할 것인지를 밝히는가?

비전과 정책

6. 정책의 책임

– **평가 기준과 목표치** : 정책 실행 결과를 판단할 수 있는 평가 기준과 목표치를 제시하는가?

– **평가 방법** : 정책 실행 결과를 누가, 언제, 어떻게 평가해서 국민에게 보고할지 제시하는가?

– **책임 소재** : 정책 실행 결과에 대해 누가, 어떻게 책임질 것인지에 대해 명확히 약속하는가?

7. 후보의 말

– **질문에 대한 답** : 질문에 딴소리하지 않고 묻는 바에 직구로 답하는가?

– **올바른 국어** : 문법과 주술 구조가 맞는 언어를 구사하고 무슨 말을 하는지 이해되는가?

– **품위 있는 말** : 사용하는 어휘와 표현, 특히 상대 후보를 대할 때의 언어 사용에 배려와 품위가 있는가?

8. 후보의 행동

– **경청하는 자세** : 상대방이 발언할 때 경청하고 집중하는 태도를 보이는가?

– **의연한 태도** : 난감한 상황이나 뜻밖의 질문에도 차분하고 침착한 태도를 보이는가?

– **토론에 대한 존중** : 토론 규칙과 상대방, 사회자에 대해 존중하는 자세를 보이는가?

9. 후보의 인생

– **도덕성과 사회적 정의** : 엄격한 도덕적 잣대와 공공의 가치를 실천하는 삶을 살아왔는가?

– **일관성과 유연성** : 삶과 정치 경력에서 일관성 혹은 원칙 있는 유연성이 관찰되는가?

– **폭넓은 인생** : 머리, 가슴, 손을 모두 써본 인생을 살아왔는가?

10. 후보의 조직

– **자산으로서의 조직** : 역량 있는 인재 풀이 충분하고, 하나의 팀으로 국정을 맡을 준비가 되어 있는가? 어떤 사람들로 구성되어 있는가?

– **빚으로서의 조직** : 가족, 친구, 캠프 내 조직, 자금줄 중 부채가 될 만한 인물이 있는가? 누구인가? 이에 대한 대응 방안을 제안하고 있는가?

– **인사 철학과 역량** : 인사 및 주변 관리와 관련된 철학, 능력, 경험 및 과거 행태는 어떠했는가?

 해당 항목에 대해 만족스러운 대답을 했다고 평가되면 ○에 표시하세요.

 해당 항목에 대해 만족스럽지 못한 대답을 했다고 평가되면 ✕에 표시하세요.

비전과 정책	후보별 핵심 관전 포인트		
	박근혜	문재인	안철수
❶ 비전과 철학 – 비전 – 전략 – 철학	Point〉 '국민 행복, 국민 통합'과 '국가 발전'이 충돌하는 지점들은 어디인가? 이를 해결할 때 대통령으로서 고려할 철학적 원칙은 무엇인가?		Point〉 '안철수 현상'은 현 정치권에 대한 실망에 기인하고 있는 바, 본인이 펼치고자 하는 정치 개혁의 명확한 비전과 전략은 무엇인가?
	○ ✕	○ ✕	○ ✕
❷ 정책의 내용 – 무엇을 – 왜 – 어떻게		Point〉 노무현 정부의 '준비되지 않은 집권'을 반복하지 않을 정책적 대안이 구체적으로 준비되어 있는가? 그 정책이 무엇인가?	Point〉 대략적인 바람이 아니라, '무엇을, 왜, 어떻게' 하겠다는 것인지 충분히 구체적이고 현실적인 각 분야별 정책이 있는가?
	○ ✕	○ ✕	○ ✕
❸ 정책의 균형 – 혜택과 대가 – 단기와 장기 – 지지층과 반대층	Point〉 5.18과 유신 체제에 반대하고 역사적 정당성 문제를 제기하는 민주/진보 지지자들을 설득하고 공감대를 형성할 정책적 대안은 무엇인가?	Point〉 보편적 복지, 분배 및 증세에 대해 크게 반대할 보수 기득권을 설득하고 껴안을 정책적 대안은 무엇인가?	
	○ ✕	○ ✕	○ ✕

비전과 정책	후보별 핵심 관전 포인트					
	박근혜		문재인		안철수	
❹ 정책의 설득력 – 정확한 사실 – 탄탄한 논증 – 손쉬운 설명	○	✕	○	✕	○	✕
❺ 정책의 차별성 – 과거와의 차이 – 상대와의 차이 – 공통분모의 인식	○	✕	○	✕	○	✕
❻ 정책의 책임 – 평가기준과 목표치 – 평가 방법 – 책임 소재	Point〉 '국민 행복'과 '국민 통합' 노력의 성공 기준은 무엇이고, 누가 언제 어떻게 평가하고 책임질 것인가?		Point〉 '사람사는 세상'과 '정의롭고 공평한 사회'의 성공 기준은 무엇이고, 누가 언제 어떻게 평가하고 책임질 것인가?			
	○	✕	○	✕	○	✕

인물과 조직	후보별 핵심 관전 포인트		
	박근혜	문재인	안철수
❼ **후보의 말** – 질문에 대한 답 – 올바른 국어 – 품위 있는 말	○　　　✕	○　　　✕	○　　　✕
❽ **후보의 행동** – 경청하는 자세 – 의연한 태도 – 토론에 대한 존중	○　　　✕	○　　　✕	Point〉 기업의 대주주 역할 대비 5년 단임에 언론, 국회, 기득권 등의 정파적 견제를 받는 대통령으로서 정치적 리더십을 과연 어떻게 발휘할 수 있을까? ○　　　✕
❾ **후보의 인생** – 도덕성과 사회적 정의 – 일관성과 유연성 – 폭넓은 인생	○　　　✕	○　　　✕	○　　　✕
❿ **후보의 조직** – 자산으로서의 조직 – 빚으로서의 조직 – 인사 철학과 역량	Point〉 주변에 보수 기득권 및 과거 정권 인물이 너무 많지 않은가? 기득권 이해관계를 탈피하여 개혁을 실행할 수 있는 주변 인재가 충분한가? ○　　　✕	Point〉 정치, 경제, 사회, 문화 등 각 분야에 포진해 있는 보수 기득권 리더들과 원활하게 협력하여 변화를 이끌어낼 수 있는 인재 풀이 충분한가? ○　　　✕	Point〉 관료 조직과 정판의 생리를 몸으로 이해하고, 그들을 변화에 제대로 활용할 수 있는 인재 풀이 충분한가? 그들이 하나의 조직으로 움직일 수 있는가? ○　　　✕

Part
4

후보를 아프게 만드는 질문을 던져라

좋은 질문의 10가지 조건

대선 토론장에 국민과 유권자를 대표해서 들어가는 사람, 그 사람이 사회자다. 그리고 그 사회자가 하는 질문은 사회자 개인의 질문이 아니다. 국민의 질문이다.

그만큼 무겁고, 그만큼 중요하다. 질문 주제, 문장 구성, 단어와 쉼표 하나하나에 대통령을 뽑는 국민의 마음이 담겨 있다. 그만큼 날카로워야 하고, 그만큼 한 문장 한 단어를 아껴서 사용해야 한다. 한 문장, 한 단어가 앞서 말했던 대선 토론의 두 가지 목적—시대가 요구하는 대통령의 창출, 단일국가 구성원이라는 공동체 의식 강화—에 충분히 역할을 해야만 좋은 질문인 것이다.

유권자가 좋은 후보와 좋은 답변을 구별해낼 수 있는 좋은 질문이란 무엇인가? 어떤 방식과 형태로 질문해야 후보가 가진 고민의 바닥을 보여줄 수 있는가? 어떻게 질문해야 유권자의 고민을 담아줄 수 있는가?

어떻게 물어야만 후보와 유권자 모두 한 국민임을 깨닫도록 도와줄 수 있는가? 어떻게 질문해야 앞에서 살펴본 30가지 체크리스트를 통해 유권자들이 좋은 후보를 잘 판단할 수 있도록 도와줄 수 있을까?

이 장은 그런 고민을 담았다. 그 고민의 해답으로 국내외 대선 토론에서 다루어졌던 수많은 좋은 질문들과 아주 형편없는 질문들을 담았다. 그리고 그 좋은 질문들의 공통적 특성을 열 가지로 뽑았다.

유권자 여러분들이 이 열 가지를 읽고, 대선 토론을 보시라. 즐기시라. 그리고 평가하시라. 당신을 대신해서 토론장에 들어가 있는 그 사람이 정말 당신의 대변자로서 제 역할을 하는지 평가하시라. 만약 그 사회자가 당신의 대표로서, 우리 모든 유권자의 대표로서 제대로 된 질문을 하지 않는다면 중앙선거방송토론위원회에, 각 방송국과 언론사에, 각 정당에 당당하게 요구하시라. "제대로 올바른 질문을 해라. 그래야 우리 유권자가 좋은 대통령을 골라낼 수 있다!"고 강력히 요구하시라.

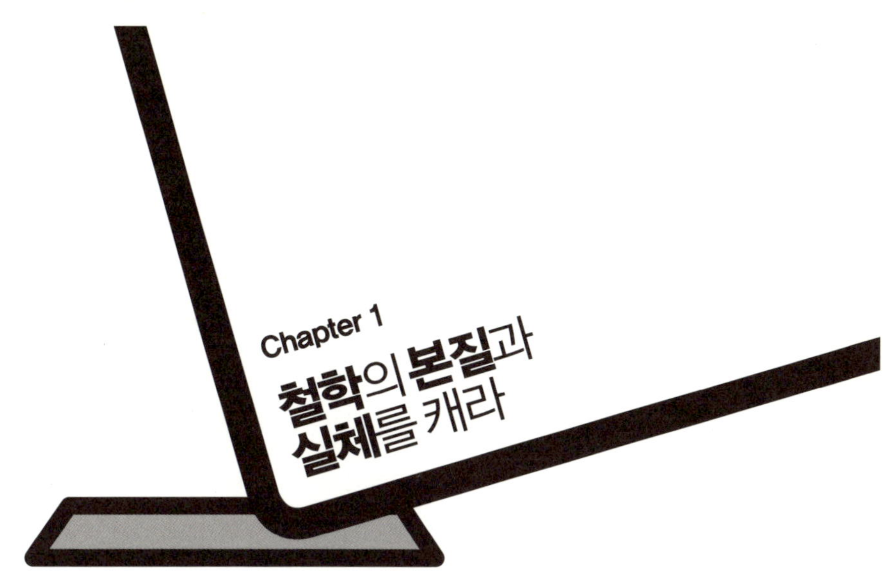

"당신을 한 단어로 표현한다면 어떤 단어를 고르시겠습니까?"

누구든 이런 질문을 받았을 때 망설임 없이 답하기는 쉽지 않다. 그래도 피해 갈 수 없는 상황에서 이 질문을 받게 되면, 어떤 상황에서도 변하지 않는 원칙과 신념, 가치관을 되돌아보고 알맞은 단어 하나를 골라내기 위해 애쓴다. 어렵사리 고른 단어지만 때로는 그 단어 하나가 수백 마디 말보다 그 사람이 어떤 사람인지 더 잘 보여주기도 한다.

이 질문은 실제로 지난 2012년 2월 22일 애리조나주에서 열린 미국 공화당 대선 후보 경선 토론에 등장했다. 사회자 킹John King은 CNN.com에 한 시청자가 올린 질문을 돌발 질문 형식으로 물었다. 전 매사추세츠 주지사인 롬니Mitt Romney는 '확고한resolute'이라고, 전 공화당 하원의장 깅그리치Newt Gingrich는 '쾌활한cheerful'이라고, 전 펜실베이니아주 상원의원 샌토럼Rick Santorum은 잠시 머뭇거린 뒤 '용기courage'라고 답했다. 마지막으로 텍사스주 하원의원 폴Ron Paul은 '한결같은consistent' 이라는 단어로 자신을 표현했다. [사례 87 : 미국 공화당 대선 후보 경선 토론(2012년 2월 22일, 20:00~21:45)]

각각의 단어는 각 후보의 성격이나 정책을 잘 드러내고 있다. 25년 경력의 경영인 출신으로 침체된 미국 경제를 살릴 수 있는 확실한 해결책을 갖고 있다고 주장한 롬니는 해결사의 이미지가 물씬 풍기는 단어를 택했다. 공화당 후보들 가운데서도 특히 정부의 역할을 줄이고 개인의 자유를 대폭 확대해야 한다는 주장을 줄기차게 제기해온 폴은 일관성을 강조했다. 각각의 단어는 후보가 살아온 삶을 반영하고, 정책의 지향점을 가리키고 있다. 유권자들에게는 후보의 가치관과 철학을 엿볼 수 있는 좋은 기회다.

대선 토론의 질문은 이렇게 후보의 본질을 꿰뚫어보거나 철학을 엿볼 수 있게 해야 한다. 언뜻 보기에 추상적일 수도 있다. 후보의 철학을 묻는 질문? 그렇다면 사회자가 "당신의 철학은 무엇입니까?"라고 단순하게 물어보면 되는 건가? 물론 아니다. 후보가 갖고 있는 삶의 철학, 국가와 정부의 역할에 대한 철학, 정책 결정의 가장 근본이 되는 가치관이 답변을 통해 드러날 수 있도록 질문을 준비하라는 뜻이다.

2012년 상반기 정치권의 뜨거운 쟁점 중 하나였던 '국가관'에 대한 논쟁도 이와 맥을 같이한다. 공직에 몸담은 인물이 가진 국가 철학이 무엇인지 파악하고자 하는 것은, 국민으로서 당연히 가질 수 있는 궁금증이자 권리일 수 있다. 얼마든지 유의미한 토론이 될 수 있었던 이 주제는, '국가관'이라는 단어에 대한 개념 정의조차 제대로 이루어지지 않은 채로 종북주의 논쟁, 5·16이 쿠데타냐 혁명이냐는 논란으로 확장되면서 엉뚱한 산으로 빠져버렸다. 당시에 이런 질문이 필요하지 않았을까. "당신이 정의하는 국가관의 개념은 무엇입니까? 당신이 주장하는 국가관의 본질적 내용은 무엇입니까? 앞으로 5년간 국가·정부의 역할은 과거 정부들과 무엇이 달라져야 한다고 생각하십니까?"

미국 대선 토론에 등장했던 '국가관'에 관련된 질문을 살펴보자. 1996년은 재선에 도전하는 현직 대통령 클린턴과 상원의원 돌이 맞붙은 해였다. 다음은 토론의 첫 질문이다.

잘 알려진 대로 미국은 50개의 주가 모여 국가를 이룬 연방국가 체제다. 국방이나 외교 분야에서는 연방 정부가 막대한 권한을 갖지만, 세금이나 복지, 교육 등 일반 시민들에게 직접적으로 영향을 미치는 많은 정책 분야에서는 각 주가 연방 정부로부터 독립된 권한을 갖고 있다. 시대마다 각 정부의 권한과 역할이 조금씩 변해왔지만 연방 정부와 주 정부는 서로를 견제하며 균형을 유지해왔다. 전통적으로 연방 정부의 개입을 최소화하고 각 주에 더 많은 자율권을 부여하자는 것이 공화당의 입장이라면, 민주당은 복지정책이나 사회보장 프로그램을 폭넓게 실시하기 위해 연방 정부가 적극적으로 개입할 필요가 있다고 주장해왔다. 이 논쟁은 결국 정부가 어느 선까지 개입해야 하는지를 두고 줄기차게 벌여온 '작은 정부 대 큰 정부' 논쟁의 연장선상에 있다.

연방 정부의 역할을 어떻게 규정할 것인가는 수많은 정책의 뿌리를 뒤흔들 수 있는 근본적인 질문이다. 양당을 대표하는 후보가 연방 정부의 역할에 대해 어떻게 생각하는지 이해하는 것은 결국 민주, 공화 양당의 철학을 이해하는 것과 같다. 철학의 차이를 알면 각 후보가 내놓은 정책의 차이를 파악하는 것도 쉬워진다. 따라서 철학을 묻는 질문에 대한 답변은 유권자들에게 구체적인 정책을 검증하는 것만큼이나 중요한 정보다.

우리나라 대선 토론에서는 후보의 철학이나 가치관이 드러나는 답변을 요구하는 질문 자체가 거의 없었다. 하지만 과거에 나왔던 질문들을 조금만 바꾸면 관련 사안에 대한 후보의 철학을 검증할 수 있는 경우가 더러 있었다.

먼저 이 질문이 나온 배경을 살펴보자. 1987년 민주화 이후 우리나라의 대통령 임기는 연임이 불가능한 5년이다. 20년 넘게 대통령제를 운영해 오면서 5년 단임제에 대한 비판이 곳곳에서 제기됐다. 단임제하에서는 대통령이 잘못된 정책을 펼치더라도 이를 선거로 심판할 기회가 마땅치 않고, 대선과 총선 일정이 엇갈리면서 빚어지는 잦은 여소야대 정국은 개혁의 발목을 잡는 문제로 지적되기도 했다.

철학을 묻는 질문이 모두 그렇겠지만, 권력 구조 개편에 관한 질문은 간단히 답할 수 있는 질문이 아니다. 앞으로 우리나라에 적합한 제도는 무엇인지, 더욱 근본적으로는 민주주의가 어떻게 작동해야 우리 사회에 기여할 수 있는지 평소에 충분히 고민해보지 않은 후보에게는 더욱 어려운 질문이다. 그래서 꼭 물어야 할 질문이기도 하다.

만약 질문이 "각 후보가 가지고 있는 민주주의에 대한 개념은 무엇이며, 우리나라에 필요한 민주주의란 무엇이라고 생각하십니까?"였다면 후보의 권력과 민주주의에 대한 철학을 엿볼 수 있었을 것이다. 실제로 제5공화국 헌법에 대한 개헌 논의가 한창이던 2007년 프랑스 대선 토론에서는 "프랑스 대통령이라는 자리, 그리고 권력이란 무엇이라고 생각하십니까?"라는 질문이 있었다.

2012년 대선에서는 어떤 질문을 던져야 후보들의 철학을 검증할 수 있을까? 대선 후보들은 복지 이슈를 선점하기 위해 애쓰고 있다. 하지만 구체적인 정책을 검증하기 전에 각 후보들의 복지에 대한 철학과 가치관을 알아볼 필요가 있다. 새누리당, 민주통합당이 정의하는 "복지란 무엇이며, 왜 지금 복지정책이 필요하다고 믿습니까? 국민들에게 복지를 제공하기 위해서 국가는 어떤 역할을 얼마만큼 해야 한다고 생각하십니까?" 등 근본적인 질문을 잘 던지면 후보가 '복지 대통령'이 될 만한 사람인지 판단할 기준을 세울 수 있을 것이다.

경제 민주화도 마찬가지다. 하지만 아직도 '경제 민주화'에 대한 명확한 개념조차 정의되지 않았다. 새누리당과 민주통합당 사이에 시각 차이가 클 뿐 아니라 당 내부에서도 각 의원들마다 생각이 달라 생산적인 논의를 방해하는 경우가 많다. 각 후보들에게 "경제 민주화를 정의한다면 무엇입니까? 이에 대한 후보의 철학은 무엇입니까?"라는 질문부터 물어본 뒤에 세부적이고 구체적인 정책의 내용과 실천 계획을 듣는다 해도 늦지 않을 것이다.

대선 토론 단골 주제인 교육개혁도 철학적 질문으로 바꿔서 물어보면 어떨까. 우리나라의 교육 문제는 "사교육을 금지하고 공교육을 강화하겠다", "수능을 쉽게 출제하고 등급제로 하겠다", "대학 입시를 자율화하고 간소화하겠다"는 단순한 처방으로 풀릴 수 있는 성질의 문제가 결코 아니다. 우리 사회 전체의 이해관계—실업 문제, 소득 문제, 노후 문제, 계층구조 문제 등—가 넝쿨처럼 얽혀 있는 가운데, 그로 인한 결과가 작금의 교육 현실이기 때문이다. 따라서 교육개혁에 대한 대통령의 철학이 더더욱 중요하다. "학교(교육)의 목적이 무엇이라고 생각하십니까?" 2007년 프랑스 대선 토론에서 등장한 이 질문은 좋은 예다.

정책 세부 내용을 대선 토론에서 일일이 검증하기란 쉽지 않은 일이다. 후보 본인이 모든 것을 완벽히 다 알고 있을 수도 없고(각 부처 장차관, 정책 실무진들이 필요한 이유가 아니겠는가), 유권자들도 전공 분야가 아닌데 전문가처럼 세밀한 검증을 하기가 어렵다.

우리나라 유권자라면 그 누구라도 손쉽게 이해하고 판단할 수 있도록 정확하고 쉬운 표현으로 본인의 철학을 분명하게 설명할 수 있는지를 판단할 수 있는 질문을 던져야 한다. 개별 정책을 따지기에 앞서, 먼저 물어야 할 질문은 바로 후보가 가진 철학과 가치관의 '본질과 실체'다. (Part 3 Chapter 1에 실린 후보자의 철학을 검증하는 질문 및 답변도 참고하시기 바란다.)

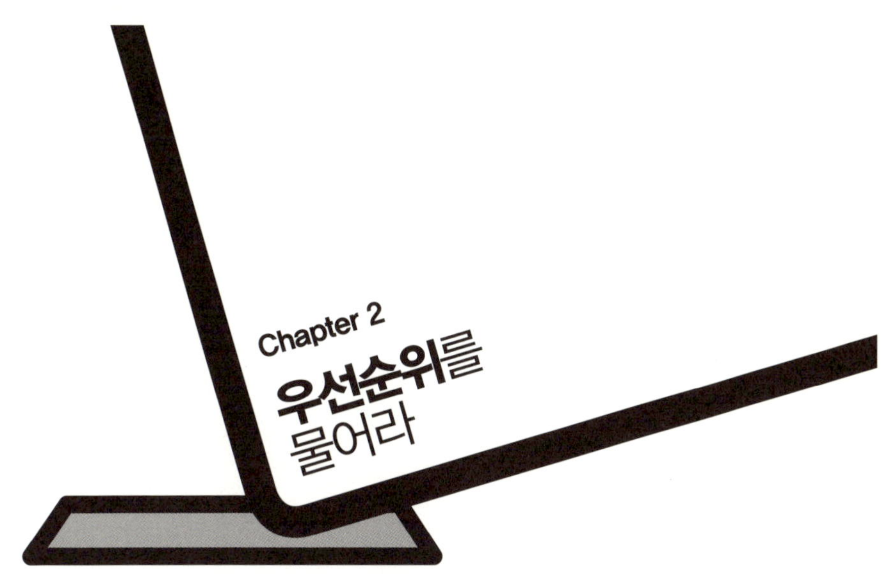

2007년 대선을 앞두고 한나라당이 발표한 정책 공약집에 실린 '주요 공약' 모음을 보자.

3대 비전, 10대 희망, 43대 과제, 92개 약속에 이르는 방대한 공약이다. 유권자들, 심지어 이명박 후보 본인조차 다 기억하기 어려울 정도로 많은 비전과 공약이 빼곡히 들어 있다. 이 많은 공약이 약속대로 실행될 수만 있다면 정말 좋은 일이다. 하지만 우리 모두가 알고 있듯이 국가의 자원은 결코 무한하지 않다. 정책 입안자들은 정책의 우선순위에 따라 제한된 예산을 집행해야 한다. 우선순위를 결정하는 기준은 사안의 심각성, 중요도 혹은 또 다른 잣대에 따라 달라질 수 있다. 모든 정책을 일렬로 세운 뒤 번호 매기듯 우선순위를 정하는 것은 사실상 불가능하겠지만 말이다.

후보가 수많은 정책들의 우선순위를 분명히 정하지 못하는 것은 자신

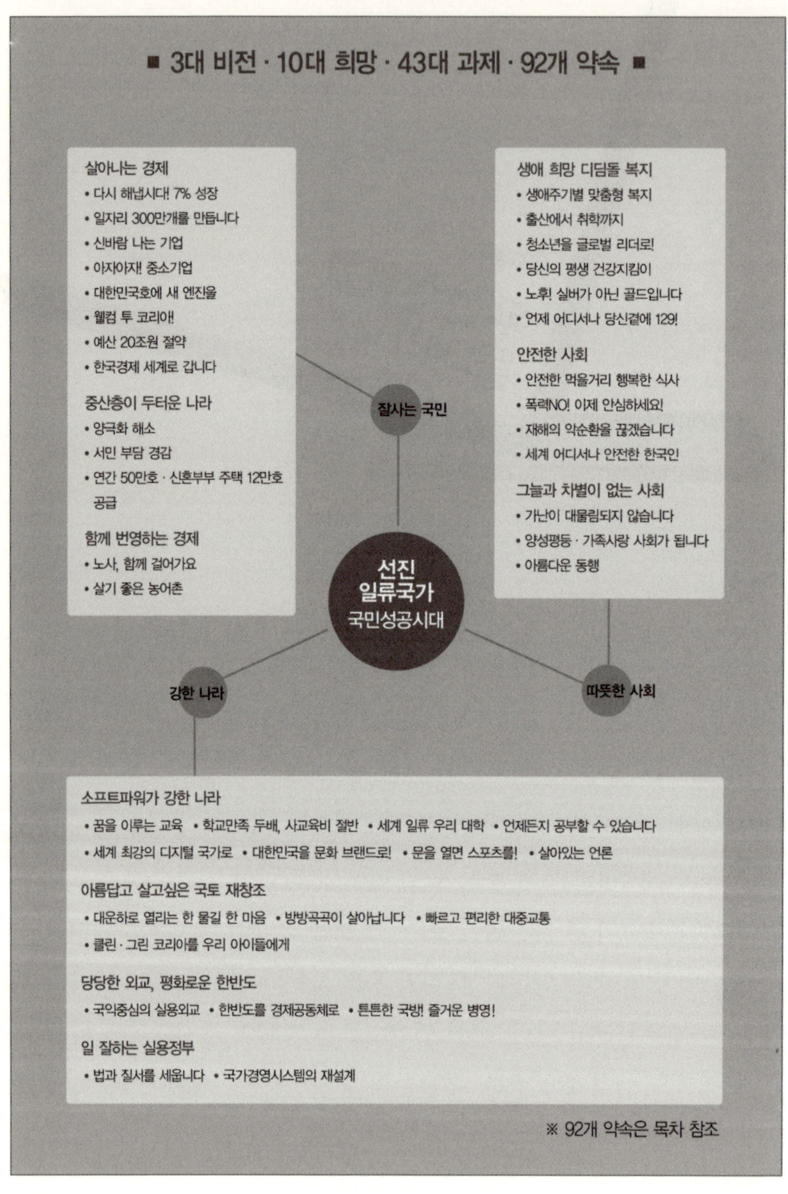

이 내놓은 공약들을 스스로 숙지하지 못하거나, 실제로 약속을 이행할 때 어떤 식으로 예산을 분배해야 할지 충분히 고민하지 않았다는 뜻이기

도 하다.

따라서 대선 토론은 후보들로 하여금 수많은 공약 가운데 이른바 '역점 사안'을 선별하도록 한 뒤, 제한된 국가 예산을 어떤 순서와 비율로 배분하여 정책을 추진해나갈 것인지 날카롭게 물을 수 있는 장을 제공해야 한다. 그래야 유권자들이 수많은 공약 가운데 가장 눈여겨봐야 할 공약이 무엇인지, 그 공약의 밑바탕에 깔려 있는 후보의 근본적인 가치와 비전이 무엇인지를 알 수 있고, 이를 투표에 반영할 수 있게 된다.

우선순위를 물은 좋은 질문의 사례를 보자. 2008년 미국에서는 대선을 앞두고 금융 위기가 한창인 가운데 경제와 사회 분야 전반에 걸쳐 개혁이 필요하다는 공감대가 형성되어 있었다. 특히 에너지 해외 의존도를 낮추는 일, 미국 GDP의 17퍼센트나 차지하는 건강보험료 문제, 그리고 국가 재정 적자의 주범인 사회보장 프로그램은 개혁이 가장 시급한 분야로 꼽혔다. 후보들도 당연히 저마다 심혈을 기울여 세 가지 분야에 대한 공약을 마련한 터였다. 하지만 세 가지 분야 모두 적지 않은 시간과 예산이 소요되는 일이었다. 여러 가지 제약을 감안할 때 세 가지를 한꺼번에 진행할 수는 없었기 때문에, 그렇다면 어떤 것을 우선순위에 두고 중점적으로 추진할 것이냐가 관건이었다. 2차 타운홀 토론에서 사회자는 다음과 같은 후속 질문을 던졌다.

사례 90 : 2008년 미국 2차 대선 토론(2008년 10월 7일, 21:00~22:30)

많은 사람들이 현재의 경제 상황에서 미국이 어려운 선택을 해야 한다는 사실을 이해하고 있습니다. **각 후보께서는 건강보험과 에너지 정책, 그리고 사회보장제도 개혁이라는 세 가지 선택에 대해 어떻게 우선순위를 매길 것입니까?** 취임 직후 가장 먼저 실시할 정책은 무엇이며 그다음 정책은 무엇입니까?

세 가지 정책에 대해 우선순위를 명확히 제시한 오바마와 달리 매케인은 세 가지를 동시에 진행할 수 있다는 원론적인 답변을 구체적인 세부 계획 없이 되풀이하는 인상을 주었다. 유권자들은 이 질문에 대한 답변 하나만 듣고도 집권 후 각 후보들이 어떤 개혁안을 갖고 있는지를 판단할 수 있었다.

한편 2007년 우리나라 대선 토론에서 나온 질문들은 좋은 평가를 받기 어렵다. 3차 대선 토론의 주제는 경제와 복지 정책이었다. 국가 재정 투입의 우선순위와 직결되는 주제였기 때문에 공약들 간에 모순점이 없는지, 충돌되는 부분은 없는지 따져볼 여지가 많았다. 하지만 이에 대한 질문 역시 없었다.

예를 들어 가상의 후보인 김대한 후보가 경제 활성화 방안으로 대대적 세금 감면 정책을 공약으로 내세웠다고 가정하자. 하지만 이러한 세금 감면 정책 때문에 국민연금 재원 확충이나 복지정책 확대 방안 등 다른 공약들이 지켜지지 않을 수 있다. 하지만 "이 공약과 저 공약이 상충할 수 있는데 이 부분을 해명해달라"는 질문이 없었기 때문에 유권자들이 문제점을 알아채기 어려울 수밖에 없다. 사회자는 후속 질문의 형태로 정책들이 상충되는 지점을 지적한 뒤 정책 간 우선순위를 어떻게 정할지 물을 수 있어야 한다.

후보 시절에는 하나같이 중요한 일이니 다 잘하겠다고 약속한다. 가령 또 다른 가상의 후보인 박민국 후보가 노인 유권자들을 만나면 "고령화 시대에는 노인 일자리 창출이 가장 시급한 문제"라고 하고, 청년 유권자들을 만난 자리에서는 "반값 등록금을 최우선 순위에 두고 추진해나가겠다"고 약속한다고 가정해보자. 과연 우리는 이런 후보를 신뢰할 수 있을까? 우선순위를 검증할 기회가 없다면 후보들은 과장된 희망과 공약을 전달할 위험성이 높고 유권자들도 올바른 정보를 얻지 못하게 된다. 따라서 이 후보에게는 둘 중 어느 정책을 더 우선순위에 둘 것인지, 두 가지가 상충할 때 어느 계획을 철회하거나 뒤로 미룰 것인지를 따져 물어야 한다.

정책의 총책임자로서 대통령은 숲과 나무를 동시에 보면서 체계적으로 일을 추진해나가야 한다. 따라서 정책 하나하나에 대해 개별 질문만 던지는 것에서 한 걸음 더 나아가서, 여러 가지 정책들 간의 우선순위를 묻고 이를 통해 대선 후보가 가진 고민의 깊이를 가늠해보는 것, 우리 유권자가 대선 토론을 지켜보면서 해야 할 일 중 하나다.

다음 두 질문을 읽어보자.

질문 A. "각 후보께서는 비정규직 문제를 포함해 노동시장의 양극화 문제를 어떻게 해결할 것인지 말씀해주십시오."

질문 B. "김대한 후보는 비정규직 문제 해결을 위한 핵심 정책으로 노동안정화법을 제정해 비정규직 노동자를 보호하자고 주장해왔습니다. 반면 박민국 후보는 법 제정보다는 사업장에서의 노동자 교육 프로그램 등을 강화해 문제를 해결하자는 견해를 피력해왔습니다. 각 후보는 자신의 정책이 비정규직 문제 해결에 있어서 왜 경쟁 후보의 정책보다 효과적인지, 혹은 상대 후보의 해법이 갖는 가장 큰 문제점은 무엇인지를 설명해주시기 바랍니다."

대선 토론을 지켜보는 당신이라면 어떤 질문을 듣고 싶은가? 좋은 질문은 각 후보들의 정책 차이, 또는 국정 현안에 대한 견해 차이를 분명하게 드러낼 수 있어야 한다. 짧은 시간 안에 토론의 효용을 극대화하려면 가장 중요한 사안들에 대한 각 후보의 정책이 어떻게 다른지를 유권자들이 명확하게 가늠할 수 있어야 한다.

그렇다고 해서 단지 '다르다'는 것만 보여주는 것으로는 충분하지 않다. 단순히 각 후보가 어떤 쟁점에 대해 가지고 있는 견해의 차이점을 물어보는 것은 좋은 질문이 아니다. 차이를 드러내면서도 '왜 상대 후보보다 내가 더 뛰어난 후보인지'를 유권자들에게 세일즈하게 하는 질문이 필요한 것이다. 대선 토론은 정견 발표와 다르다. 대선 토론은 각자 내세우는 주장의 어느 부분이 어떻게 다르고, 그래서 어느 것이 왜 더 효과적인지를 끊임없이 설득하는 과정이 되어야 한다.

따라서 질문 A는 결코 좋은 질문이 아니다. 이러한 질문은 각 후보가 자신의 평소 정책 기조를 외우듯이 줄줄이 늘어놓게 만들어 버린다. 그래서 유권자들은 '이 후보랑 저 후보랑 뭐가 다른 것인지'에 대한 의문을 속 시원하게 해소할 수 없다.

그럼 질문 B는 어떤가? 질문 A에 비해 질문 B는 후보들의 정책 간 비교 분석을 유도하고 있다. 사회자는 두 후보의 정책적 차이를 미리 언급하고 나서, 후보들에게 그 차이를 바탕으로 '왜 당신의 정책이 상대 후보의 정책보다 나은지'에 대해 유권자들을 설득해달라고 요구했다. 유권자들은 각 후보의 정책뿐 아니라 각 후보가 두 정책의 차이와 함의를 얼마나 정확히 이해하고 있는지를 동시에 확인할 수 있다. 차이점을 알고 있는 상태에서 각 후보가 말하는 해결 방안을 듣고 판단하는 것과 차이점을 잘 모르는 채로 일장연설을 듣는 것은 다를 수밖에 없지 않겠는가.

질문 A는 실제로 2007년 우리나라 3차 대선 토론의 첫 질문이었다. 뒤

이은 여섯 후보의 답변은 당연하게도 각자의 정책을 줄줄 읊는 것이 전부였다. [사례 91 : 2007년 한국 3차 대선 토론(2007년 12월 16일, 20:00~22:00)]

후보들 간의 차이를 부각하면서 '왜 상대 후보보다 내가 더 뛰어난 후보인지'를 답변하게끔 만든 좋은 질문의 예는 2004년 미국 1차 대선 토론에서 찾아볼 수 있다. 9·11과 이라크전 이후 처음 치러지는 대통령 선거였기 때문에 국가 안보에 대한 관심이 어느 때보다 높은 시점이었다.

매우 간단해 보이는 이 질문은 여러 가지를 함축하고 있다. 이 질문에 잘 대답하려면 케리는 우선 부시가 테러를 방지하기 위해 무엇을 했는지 그 정책 기조를 꿰뚫고 있어야 한다. 이를 바탕으로 공화당의 정책 가운데 어떤 부분이 잘못됐는지를 말할 수 있어야 하며, 또 자신의 정책이 부시와 어떻게 다른지를 말할 수 있어야 한다.

만약 질문이 "9·11과 같은 테러 공격을 방지하기 위한 당신의 정책은 무엇입니까?"였다면 유권자들은 케리의 정책 기조만 듣는 데 그쳤을 수도 있다. 하지만 케리가 원래 질문에서 요구한 대로 부시와 자신의 정책 차이를 짚어가며 답변을 하자, 이어 답변을 한 부시도 자신이 테러를 방지하기 위해 어떠한 정책들을 펼쳐왔고 그 결과는 무엇이며, 이러한 정책이 민주당의 정책 기조와 어떻게 다른지 답변했다. 적절한 질문 덕분에 유권자들은 필요한 정보를 빠짐없이 확인한 셈이다. 반대로, 같은 해인 2004년 3차 대선 토론에서는 나쁜 질문이 나왔다.

9·11 직후에는 제2차세계대전 때만큼 미국이 하나의 국가로 강하게 단결했던 것 같습니다. 그러나 요즘에는 그런 분위기가 사라졌습니다. 대선 기간이라 그럴 수도 있겠지만, 점점 더 보수와 진보의 양극단으로 갈라지는 것 같네요. **만약 당신이 대통령이 된다면, 미국이 다시 하나의 나라가 될 수 있도록 통합하는 것에 국정 우선순위를 두겠습니까?** 또는 이 문제에 대한 당신의 견해는 무엇입니까?

예상대로 각 후보는 이념적으로 극단화되고 있는 미국의 정치 현실을 비판하면서 자신이 대통령이 되면 이러한 현실을 바꾸기 위한 정책을 우선순위에 둘 것이라고 대답했다. 뻔한 답변만이 오가는 사이에 이념의 양극화와 사회 분열을 해결하기 위한 구체적인 정책은 전혀 제시되지 않았다. 이를 두고 후보들을 비판할 수도 있겠지만, 그보다 먼저 질문 자체의 잘못도 크다. 사회자의 질문이 구체적인 정책 대안을 제시하라는 것이 아니라 이념적 분열이 심화되고 있는 상황을 해결하기 위한 정책을 우선순위에 두겠냐고 묻는 것이니, 후보들은 당연히 우선순위에 두겠다고 말한 것이다.

유권자들이 알고 싶은 것은 과연 각 후보들이 이러한 극단화가 심각한 문제임을 공감하고 이를 해결하기 위한 구체적인 방안이 있는가, 혹은 이를 해결하기 위해 어떤 노력을 해왔는가 하는 것이다. 따라서 만약 질문이 "두 후보는 소속 정당의 이해관계를 뛰어넘어 초당적 화합을 위해 노력한 경험이 있는지, 있다면 구체적으로 어떤 노력을 했고 그 결과물은 무엇인지, 왜 상대 후보보다 자신의 결과물이 더 뛰어나다고 생각하는지 말해달라"였다면 유권자들은 좀 더 유용한 정보를 얻었을 것이다.

도대체 무엇이 다른가? 왜 다른가? 왜 당신이 다른 이들보다 더 뛰어난 대통령이 될 수 있는가? 왜 우리 유권자가 다른 후보가 아니라 바로 당신을 뽑아야 하는가? 이처럼 '직구'로 승부하는 질문이 필요하다.

구슬이 서 말이라도 꿰어야 보배다. 가마 속의 콩도 삶아야 먹는다. 부뚜막의 소금도 집어넣어야 짜다. 이 속담들의 공통점은?

바로 아무리 좋은 조건이 갖춰져 있어도 실제 행동으로 옮기지 않으면 소용이 없다는 뜻이다. 선거 때마다 등장하는 무수한 공약들도 마찬가지다. 그 많은 공약 속에서 듣기에만 좋은 선심성 공약과 정말 실현 가능한 공약을 가려내는 것은 우리 유권자들의 몫이다. 그렇다면 지켜지지 않을 가능성이 높은 공약을 어떻게 걸러낼 수 있을까? 후보가 공약의 구체적인 실천 계획action plan을 갖고 있는지를 꼼꼼히 따져보는 것이 하나의 방법이 될 수 있다. 겉만 번지르르한 말뿐인 공약은 대체로 이를 실행하기 위한 구체적인 계획이 뒷받침되지 않는 경우가 많다.

지금까지 우리나라 대선 토론은 후보들의 정책을 줄줄 나열하는 데 그쳤다. 유권자들은 공약의 실현 가능성을 가늠해볼 수 있는 구체적인 실천 계획을 들을 기회가 전혀 없었다. 이러한 현상이 그동안 개선되지 못한 이유는 여러 가지가 있겠지만, 대선 토론 질문에도 책임이 있다. 질문이 구체적인 실천 계획을 묻기보다 후보의 견해나 종합적인 구상만 묻다 보니, 대답하는 후보들도 구체적인 부분까지 답할 필요를 느끼지 못하는 것이다.

구체적인 실천 계획을 알아보려면 어떻게 질문해야 할까? 정책의 장단기 목표는 무엇인가? 단계별 목표가 있다면, 언제까지 각각의 목표를 이뤄나갈 것인가? 발생할 수 있는 부작용이나 위험은 없나? 어느 부처에서 책임을 지고 정책을 추진할 것인가? 재원 조달은 어떻게 할 것인가? 정책 실현에 걸림돌이 될 수 있는 정치적 난국은 어떻게 돌파할 것인가? 이러한 질문들이 정책 실현을 위해 반드시 검증되어야 할 중요한 사항들이다.

특히 정책 실천 과정에서 가장 치밀한 계획이 필요한 부분 중 하나가 바로 예산을 배분하는 일이다. 그런데 후보들의 단골 답변 가운데 하나는 "예산을 늘리겠다"거나 "예산을 새로 편성하겠다"는 식의 답변이다. 국가의 예산은 한정되어 있는데 모든 분야의 예산을 늘리고 새로 짤 수는 없는 일이다. 따라서 각 분야의 예산을 모두 늘리겠다는 것은 곧 그 후보의 공약이 실현될 가능성이 낮다는 것을 의미한다(정말 그렇게 된다면 세금만 왕창 늘어날 것이다). 따라서 예산 배분 문제는 대선 토론에서 반드시 검증해야 할 매우 중요한 사안이다.

심각한 금융 위기가 한창이던 지난 2008년 미국 부시 행정부는 부도 위기에 놓인 거대 금융 산업을 구하기 위해 7000억 달러의 금융 구제 기금을 조성하겠다는 계획을 세우고 의회에 협조를 부탁했다. 그리고 대통령 선거 기간 내내 이 구제 기금에 대한 찬반 여부는 핵심 쟁점 가운데 하나였다. 관건은 심각한 재정 적자에 시달리던 미국이 7000억 달러나 되

는 천문학적인 재원을 마련하기 위해 어떤 정책을 포기하고 어느 분야의
예산 규모를 줄이느냐는 것이었다. 양당의 대선 후보들은 이처럼 복잡하
게 얽힌 문제를 어떻게 조율하고 풀어나갈지 구체적인 계획을 가지고 있
어야 했다. 첫 번째 대선 토론에서 나온 질문을 보자.

후보들은 처음에는 사회자의 질문에 구체적으로 어디에서 어떻게 지
출을 줄일 것인지 답하지 않았다. 그러자 사회자는 후속 질문을 활용해
후보들에게 더 구체적인 정책을 말하라고 압박했다. 결국 각 후보들은
첫 번째 대답에서는 제대로 언급하지 않았던 부분을 조금 더 가다듬고
구체화했다.

사회자의 후속 질문도 없고 후보 간 자유로운 반론-재반론이 막혀 있
는 2007년까지의 우리나라 대선 토론에서는 이런 구체적인 아이디어를
듣기 어려웠다. 모호하거나 석연치 않은 설명으로 일관하는 후보가 있어
도 정해진 순서에 따라 다음 질문으로 넘어갈 수밖에 없었다. 질문 자체
의 문제도 크다. 우리나라 대선 토론에서 나온 질문을 잘 뜯어보면, 구체
적인 아이디어를 묻는 질문보다는 추상적인 답변이 나올 수밖에 없는 질
문들이 적지 않았다.

2002년 토론에서는 권영길 후보에게 여성의 사회 진출과 보육 문제에
관한 질문이 나왔다.

사회자는 보육 문제 해결을 위한 제도적 해결책에 대해 묻고 있다. 후
보의 대답에 따라 구체적인 정책이나 방안이 나올 수 있지만, 질문 자체
는 구체적인 답변을 이끌어내는 데 적절하지 않다. 만약 사회자가 "권 후
보께서는 현 정부의 보육 정책 중 가장 문제가 되는 정책이 무엇이라고
생각하시며, 이에 대한 대안으로는 무엇이 있는지, 또 그 대안이 현재의
보육 정책에 드는 정부 지출보다 추가적인 지출을 필요로 한다면 재원 마
련은 어떻게 할 것인지 밝혀주십시오"라고 물었다면 보육 정책에 대한
권영길 후보의 견해를 훨씬 더 구체적으로 이끌어낼 수 있었을 것이다.

추상적이고 원론적인 질문은 2007년 대선 토론에서도 계속된다.

여러 가지 굵직굵직한 쟁점을 한데 뭉뚱그려놓으니 질문 자체가 매우 '큰' 질문이 되어버렸다. 또 "이러한 문제를 어떻게 풀어나가야 한다고 생각하십니까?"라고 물음으로써 후보의 답변 역시 매우 추상적인 수준에 그칠 수 있는 여지를 남기고 있다. 만약 사회자가 "이러한 문제를 해결하기 위해서는 대통령으로서 중국, 일본 정치 지도자들의 이해와 합의를 이끌어내는 것이 중요한 과제일 텐데요, 이 두 국가를 대상으로 어떻게 외교적 돌파구를 마련할 것인지 구체적 해결 방안을 말씀해주시기 바랍니다"라고 물었다면 후보들은 일본이나 중국을 피상적으로 비판하는 수준에 그치지 않고, 실제로 문제를 풀어나갈 수 있는 외교적 해결책을 구체적으로 제시했을 가능성이 높다. 아니면 제시하지 못하는 후보를 보여줌으로써 유권자들의 변별력을 재고시켰을 수도 있다.

정책은 선거 구호를 위해 만들어지는 것이 아니다. 후보가 대통령이 되는 순간 즉시 실행되어야 할 것들이다. 정책 자체의 비전과 내용뿐만 아니라 그 정책이 과연 실현될 수 있는 것인지도 꼼꼼히 따져보자. 그리고 그 따지는 힘은 질문에서 출발한다.

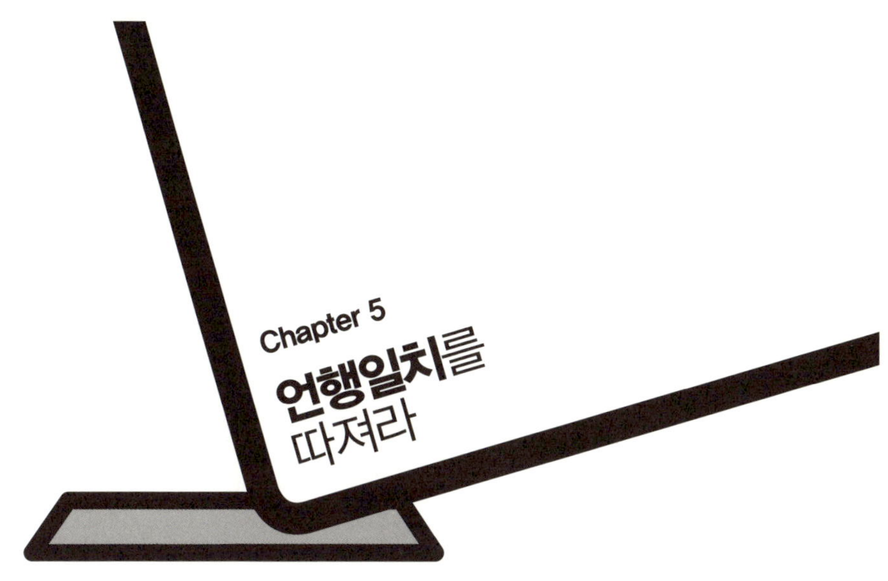

2007년 대선을 앞두고 〈MBC 100분 토론〉은 각 정당의 후보들을 개별 초청해 시리즈 토론을 진행한 바 있다. '이미지를 넘어 정책으로', '엄숙함을 넘어 축제로'라는 모토하에 이명박, 정동영, 문국현, 권영길 후보가 참석했다. 한나라당 이명박 후보가 참가한 토론에서 나온 시민 논객의 질문을 읽어보자.

사례 97 : 2007년 〈MBC 100분 토론〉(2007년 10월 11일, 23:05~24:45)

그런데 저는요, 이명박 후보님의 대북관이 좀 헷갈릴 때가 있습니다.
한나라당이 지난 핵 실험 때는 국지전도 감수해야 한다고 호전적으로 나오다가 대선을 앞두고 전향적인 한반도 평화 비전을 내놨었잖아요.
그나마도 이 후보님께서는 나왔을 때는 긍정적으로 평가할 수 있다고 하신 다음에 향군 만나셨을 때는 한나라당은 채택할 수 없는 안이라고 말씀하셨습니다. 꾸준하고 일관되게 유지를 하더라도 서로 믿기 힘든 게 남북 관계인데

이 시민 논객은 이명박 후보의 대북 정책 공약이 과연 실천 의지가 있는 공약인지를 알아보는 방법으로 한나라당과 이명박 후보 본인의 과거 언행 기록을 들어 질문하고 있다. 호전적 발언과 평화 비전 가운데 어느 쪽을 믿어야 하는 것인가? 그동안 일관성이 없어 보였는데 이번엔 과연 신뢰할 수 있는 공약인가? 단순히 "공약에 언급된 대북정책을 실현할 자신이 있습니까?"라고 묻는 것이 아니라 구체적인 실제 사례를 들어 실현 가능성을 따져보고 있기 때문에 이 질문은 값어치가 있다.

대선 후보들이 유권자들에게 제시하는 약속들을 하나하나 살펴보면 후보가 그전까지 추구해온 정책과 상반되거나 큰 차이를 드러내는 경우가 허다하다. 지금껏 살아온 후보의 삶에 비춰 봤을 때 실천할 의지가 있는지 의문이 드는 약속인데도 버젓이 공약집에 들어가 있는 경우도 있다.

2012년 우리나라 대선에서도 많은 후보들이 앞다투어 복지정책을 내놓고 있다. 당장 선거 과정에서는 많은 유권자들에게 듣기 좋은 정책을 늘어놓지만 과연 당선된 뒤에도 추진력을 갖고 약속을 지킬지 의문이 들 때도 있다. 따라서 유권자들은 후보의 공약이 믿을 만한지, 후보의 다른 정책들과는 조화를 이루는지, 후보가 걸어온 정치 역정이 해당 공약을 실천하는 데 득이 될지 해가 될지를 꼼꼼히 살펴보고 판단해야 한다. 그렇다면 유권자들이 어떻게 판단할 수 있을까?

한 가지 가늠자가 될 수 있는 것은 과거에 각 후보들이 추구해온 정책들, 투표 기록 그리고 공식 석상에서 한 발언이나 인터뷰 등이다. 예를 들어, 과거에 각 후보들이 복지정책에 대해 어떤 의견을 가지고 있었는지, 복지와 관련된 정책에 투표한 경험이 있다면 그 투표가 지금 말하고 있는 공약과 상충되는 부분은 없는지 따져보는 것은 공약의 신뢰성을 판단하는 기준이 될 수 있다.

좋은 질문의 예를 몇 가지 살펴보자. 1988년 미국 부통령 후보 토론에서 퀘일Dan Quayle 공화당 부통령 후보에게 나온 질문이다.

이번 선거 기간에 가족에 관한 논의가 많이 있었고, 뉴올리언스에서 열린 공화당 전당대회 때 부통령 수락 연설에서도 이는 중요한 주제였습니다. 오늘 밤 퀘일 후보에 대한 질문은 6500만 명에 달하는 빈곤 계층 가정에 있는 어린이들에 관한 질문입니다.

최근에 개인적으로 빈곤층 가정을 방문한 경험이 있습니까? 당신이 의회에서 어린이 무상 급식 프로그램과 어린이 면역 프로그램 등의 법안에 ‘반대’ 표를 던졌던 사실에 대해 어떻게 설명하실 것인지 지금 이 토론을 지켜보고 있는 유권자들에게 설명해주시기 바랍니다.

이 질문은 좋은 질문의 요건 세 가지를 갖추고 있다. 첫째, 퀘일이 선거 기간 내내 강조해온 가족이라는 가치와 실제로 퀘일이 상·하원의원으로 재직하는 동안 빈곤층과 저소득층을 위한 지원 프로그램에 반대했던 사실 사이의 차이점을 극명하게 부각하고 있다. 특히 퀘일이 표결에서 반대표를 던졌던 정책이나 법안을 나열함으로써 유권자들에게 필요한 정보를 전달하고 있다.

둘째, 단순히 공약과 과거 행적의 차이를 묻는 데 그치지 않았다. 후보 개인이 이 쟁점에 대해 평소 얼마나 진지한 관심을 보이고 있는지를 묻고 있다. 즉 최근에 빈곤층 가정을 방문한 적이 있느냐는 질문은 준비해온 정책 기조만을 앵무새처럼 읊지 말고 후보의 실제 경험과 의지를 보여달라는 주문과도 같다.

셋째, 매우 구체적인 답변을 유도하고 있다. 위의 지문에서는 생략되었지만 퀘일은 답변에서 노숙자 문제를 풀기 위해 자신이 추진했던 정책, 저소득층 세금 감면과 세제 개편안 등 구체적인 정책을 비교적 상세히 설명했다. 그리고 인디애나주에 있는 푸드뱅크를 방문했고 빈곤층 사람들이 자신의 투표 내용에 대해 물어보지 않았다는 퀘일의 답변은 많은 사람들의 비웃음을 샀다. 결국 퀘일이 빈곤 문제 해결을 위해 무슨 일을 했는지 구체적으로 언급하도록 만든 것은 다름 아닌 날카로운 질문이었다.

　좋은 질문의 두 번째 사례는 1988년 미국 대선 후보 토론에서 찾아볼 수 있다. 부시에게 다음과 같은 질문이 나왔다.

　1988년 공화당 대통령 후보였던 부시는 1980년 레이건 공화당 대통령 후보의 러닝메이트로 부통령에 당선되었으며 8년간 부통령으로 재직했다. 레이건 행정부의 핵심 정책은 감세, 그리고 눈덩이처럼 불어나는 미국의 재정 적자를 해소하기 위해 각종 사회복지 프로그램을 축소하거나 아예 없애는 것이었다. 그런데 부통령으로서 이러한 정책을 앞장서서 추진해온 부시가 대통령 후보가 되자, 갑자기 도시 빈곤층 문제에 대해 깊은 우려를 표하고 이를 해결하기 위해 많은 정책들을 만들겠다고 약속한

　　　　　　　　　　　　　　　　　　Part 4

것이다.

이 질문의 장점으로 세 가지를 꼽을 수 있다. 첫째, 이 질문은 부시가 지난 8년 동안 도시 빈곤 문제에 어떻게 대처해왔는지를 유권자들에게 알려주고 있다. 둘째, 부시에게 구체적인 답변을 유도하고 있다. 셋째, 민주당 후보였던 듀카키스^{Michael Stanley Dukakis}는 부시의 해명에 대한 반론 시간 대부분을 레이건 행정부에서 없어지거나 규모가 축소된 빈곤층 지원 프로그램을 소개하는 데 할애했다. 날카로운 질문이 있었기에 유권자들은 후보의 답변과 상대편 후보의 반론을 통해 필요한 정보를 얻을 수 있었다.

대선 후보는 외교부터 복지에 이르기까지 국가의 모든 분야에 대해 정책 공약을 제시한다. 따라서 우리 유권자가 대선 후보가 과거에 내렸던 정치적 의사 결정을 토대로 그의 소신과 정책의 일관성을 점검하는 질문을 하는 것은 매우 중요하다. 후보들이 진정 책임감을 가지고 한마디 한마디 공약을 말할 수 있도록.

대선 후보들이 가장 피하고 싶은 질문은 어떤 것일까? 상대 후보와 날
선 논쟁이 뒤따를 법한 질문? 자신의 전문 분야가 아닌 공약에 관한 질
문? 아니다. 후보들이 가장 피하고 싶은 건 바로 '내키지 않는 말'을 하
도록 만드는 질문이다. 내키지 않는 질문에 대해서도 조리 있고 차분하
게 아무렇지도 않은 척 답해야 하는 후보들은 이런 질문을 받는 것이 상
당히 곤혹스러울 수 있다.

하지만 후보들이 피하고 싶어 하는 상황은 반대로 우리 유권자들이 가
장 필요로 하는 상황이다. 각 후보가 내세우는 공약은 물론, 과거에 이 사
람이 어떤 실수를 했고 그 실수로부터 무엇을 배웠는지, 얼마나 유연하
게 사고할 수 있는지, 상대 후보를 단순히 비방만 하는 것이 아니라 존중
할 부분이 있으면 그 점을 인정하는지, 또 자신의 장단점을 정확히 알고
있는지 등 후보의 사람 됨됨이를 가늠하는 데 도움이 될 만한 어떤 질문

　　　　　　　　　　　　　　　　　　　Part 4

이라도 유권자들은 마다하지 않을 것이다.

'내키지 않는 말'을 이끌어내는 질문을 사례를 통해 살펴보자. 미국 2004년 타운홀 대선 토론에서 한 청중은 재선에 도전하는 부시에게 다음과 같은 질문을 던졌다.

이 질문은 부시에게는 답하기 곤란한 질문이었다. 업적을 자랑하기는 쉽지만 실수를 인정하는 것은 누구에게나 어려운 일이며 이것은 대통령도 마찬가지다. 이 청중은 세 가지 실수를 예로 들어달라고 주문한 뒤, 그 실수를 만회하기 위해 어떤 노력을 했는지도 말해달라고 했다. 후보들이 정말 피하고 싶어 하는 종류의 질문이지만 유권자들은 질문을 던진 청중에게 고마워해야 할지도 모른다. 이 질문 하나에서 많은 답변과 함의를 이끌어낼 수 있기 때문이다. 자신의 임기 동안 내린 결정들에 대해 충분히 고민하고 있는지, 또 결정을 내린 뒤 정책이 잘 실행되고 있는지를 관심 있게 지켜봤는지, 실수나 예기치 못한 문제가 있다면 이를 인정하고 개선하기 위해 노력해왔는지 등 부시로서는 답변 한마디 한마디에 신경 써야 할 부분이 적지 않았다.

후보들이 피하고 싶어 하는 또 다른 형태의 질문은 후보가 자신의 신념을 바꿔야 하는 경우가 있는지 묻는 질문이다. 정치인에게 요구되는 중요한 덕목 중 하나는 바로 '신뢰와 원칙'이다. 유권자들은 상황에 따라 자신에게 유리한 대로 해석하고 이리 붙었다 저리 붙었다 하는 원칙

없는 정치인보다 확고한 소신과 원칙을 지켜온 정치인을 신뢰한다. 하지만 지나치게 소신에 얽매이고 원칙을 고집하는 정치인은 변화가 필요한 상황에서 도태되기도 한다. 정치인이나 후보로서 지켜온 소신 또한 대통령이 되면 새로운 정보와 상황 아래 바꿔야 할 수도 있는 일이다. 소신과 원칙은 분명 정답이 없는 질문이다. 따라서 신념이나 소신이 변한 적이 있는지 묻는 질문은 후보들이 무척이나 피하고 싶은 질문 중 하나다.

사례 101 : 2008년 미국 부통령 후보 토론(2008년 10월 2일, 21:00~22:30)

오늘의 마지막 질문입니다. 변화된 시대정신이나 상황을 수용하기 위해 오랫동안 지켜온 소신이나 원칙을 바꿔야 했던 경우가 있었습니까?

세 번째로, 자기 자신에 대한 판단, 상대 후보나 러닝메이트인 부통령 후보에 대한 판단을 묻는 질문도 후보들이 피하고 싶어 하는 질문의 범주에 속한다. 그렇다면 구체적으로 어떻게 물어야 할까? "상대 후보의 장점에 대해 말씀해주십시오" 혹은 "본인의 단점이 무엇이라고 생각하십니까?"라고 묻는다면 너무 추상적이고 범위가 넓다. 이러한 질문은 좀 더 구체적이어야 한다. 예를 들어 "상대 후보가 본인보다 전문 지식이 더 있고 좋은 정책을 추진할 수 있는 분야가 있다면 어떤 분야라고 생각하십니까?"라든가 "두 후보는 국회에서 8년 동안 함께 시간을 보냈습니다. 상대 후보가 발의한 법안이나 추진한 정책 가운데 가장 훌륭했다고 생각하는 정책에 대해 말씀해주시기 바랍니다"라는 식으로 구체화할 수 있다.

대통령 후보와 부통령 후보가 한 쌍을 이루어 출마하는 미국 대선 토론에서는 서로에게 서로를 평가해달라는 질문이 단골 메뉴다. 대통령 후보에게 부통령 후보의 자질에 대해 묻거나 부통령 후보에게 대통령 후보와 의견을 달리하는 정책 분야가 있는지를 묻는 식이다. 러닝메이트 제도가 없는 우리나라에선 질문이 조금 달라질 필요가 있다. "대선 캠프 내에서 가장 의견이 하나로 모이지 않는 쟁점은 무엇입니까?" 혹은 "후보의 정책 가운데 참모진들이 추진해서는 안 된다고 말리는 정책이 있다면 무엇입니까? 그럴 때 참모진과 의견 차이를 어떻게 좁히시나요?"라고 묻는다면 비슷한 효과를 거둘 수 있을 것이다.

마지막으로, 국가가 어려움에 처한 상황에서 국민들에게 희생을 요구해야 할 때 어떻게 하겠냐는 질문이 있다. 현 정부의 정책을 비판하는 일은 어렵지 않다. 하지만 후보가 표를 달라고 호소해야 할 국민들에게 희생을 감내해달라고 말하는 일은 후보에게는 가능하면 피하고 싶은 일일 수밖에 없다. 미국 2008년 타운홀 대선 토론에서 한 여성이 다음과 같은 질문을 두 후보에게 던졌다. 그녀는 어린 시절 대공황을 겪은 세대였다.

> **사례 102 : 2008년 미국 2차 대선 토론(2008년 10월 7일, 21:00~22:30)**
> 제2차세계대전 이후 군인들을 제외한 미국 시민들은 미국을 위해 희생해야 한다는 이야기를 들은 적이 없습니다. **대통령이 된다면 '아메리칸드림'을 회복하고 지금의 경제 위기를 극복하기 위해서 국민들에게 어떤 희생을 요구할 계획이신가요?**

이 질문은 상식적으로 보이지만 후보들에게는 매우 답하기 곤란한 질문이다. 오바마와 매케인은 앞다투어 경제 위기를 극복하겠다며 자신의 계획을 알리기 바빴다. 문제는 경제 위기가 정부의 노력만으로 해결될 수 있는 것이 아니라는 데 있다. 국민들의 노력이 뒷받침되어야 하고, 때로는 국민의 희생이 필요한 일이다. 하지만 선거를 코앞에 둔 정치인이 유권자인 국민들을 향해 피해를 감수하고 희생해달라고 부탁하기는 쉽지 않다.

대공황을 겪은 일흔여덟 살의 할머니는 이 부분을 짚어낸 것이다. 국민들이 감당해야 할 희생에 대해서는 한마디도 언급이 없는데, 실제로 그럴 수는 없을 테니 국민들이 무엇을 희생할 준비를 해야 하는지 미리 솔직하게 말해달라는 것이다.

우리나라의 경우 남북통일 문제와 관련해 이런 질문을 던져볼 수 있을 것이다. 각 후보의 통일정책은 다를 수 있겠지만, 어떤 식으로 통일을 이루더라도 통일 비용을 비롯한 여러 가지 부분을 국민들이 직접 떠안을 수밖에 없다. 따라서 "당신의 통일정책에 따라 통일이 되면 국민들이 짊어져야 하는 부담은 무엇이며, 어느 정도로 예상하십니까? 그리고 이를 국민들에게 어떻게 설득하시겠습니까?"라고 묻는다면 각 후보의 통일정책이 얼마나 신뢰할 만한 것인지 가려내는 데 도움이 될 것이다.

후보가 '내키지 않는 말'을 하도록 만드는 질문은 토론에 임하는 후보들에게 긴장감을 부여하는 동시에 더 철저히 토론을 준비해 오게끔 하는 수단이다. 또 유권자들이 궁금해하는 부분에 대한 후보들의 솔직한 답을 이끌어내는 질문이기 때문에 대선 토론에서 빠져서는 안 될 질문 형식이다. 후보를 뜨끔하게 만드는 질문이 많아질수록 대선 토론도 본래의 취지에 더욱 가까워질 수 있을 것이다.

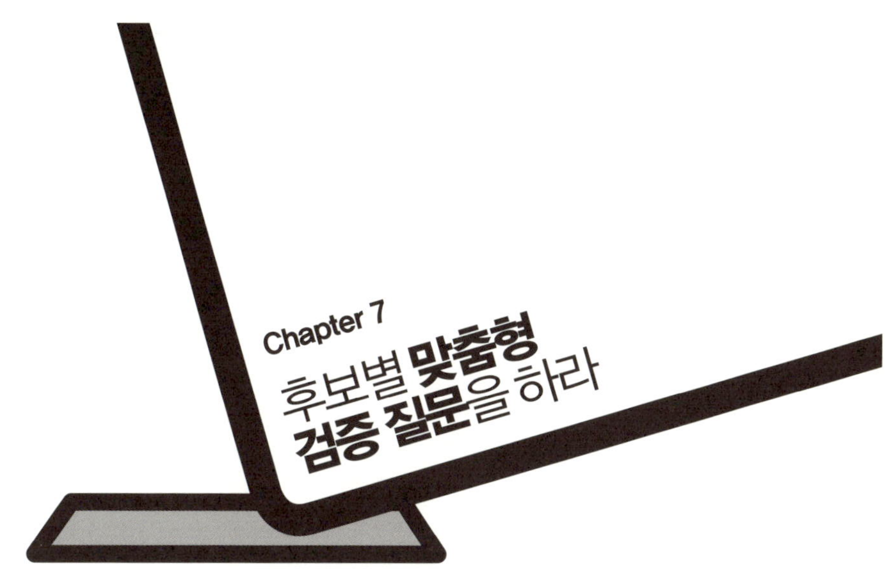

2007년 〈MBC 100분 토론〉의 대선 주자 초청 토론 중 한 시민 논객이 한나라당 이명박 후보에게 던진 질문을 살펴보자.

> 사례 103 : 2007년 〈MBC 100분 토론〉(2007년 10월 11일, 23:05~24:45)
>
> 말씀 잘 들었습니다. 하지만 여전히 의구심이 가는 것은요, 법과 질서를 정책적으로 내놓으실 만큼 강조하시면서 굉장히 외람스러운 말씀일지 모르지만 본인 스스로 수차례 법을 위반한 사례가 있으셨습니다. 개인적으로는 위장 전입이라든가 개인 건축물 용도 불법 변경하신 부분들, 정치인으로서는 선거법 위반, 위증 교사, 범인 도피 등의 혐의로 국회의원직을 박탈당하셨고요. 기업인으로서는 노조 조직 방해라든가 이런 것들로 실질적으로 위법한 사례들이 있으셨습니다. 그래서 실제로 본인에게는 들이댈 수 없는 법과 질서의 준수의 기준을 힘없는 근로자와 서민에게만 너무 엄격하게 요구하시는 것은 아닌지 그런 의구심을 지울 수가 없는데요.

시민 논객이 던진 질문은 후보의 인물 됨됨이, 특히 국가 지도자로서 기본적으로 갖춰야 할 '법과 질서의 엄격한 준수'가 지켜지지 않았던 점을 날카롭게 지적하고 있다. 그동안 이명박 후보의 도덕성 논란에 대해 인식하고 있었던 유권자들로서는, 이 부분에 대한 의구심이 해소되기를 바라고 있었을 것이다. 아무리 이명박 후보의 경제정책에 찬성한다 하더라도, 인물 검증의 미진함은 마음 한 켠에 찜찜하게 남아 있을 법하기 때문이다.

과연 이런 종류의 질문이 당시 대선 토론에도 등장했을까? 아니다. 2007년 대선 토론에서는 이명박 후보뿐 아니라 여섯 후보 모두에 대해서 개별적으로 검증하고 파악해야 할 사안들이 질문으로 올라오지 않았다. 유권자들은 각자 다른 삶의 궤적을 꾸려온, 그리고 각자 다른 정치적 입장과 견해를 가진 후보들에게 묻고 싶은 것이 상이할 수 있었는데도 불구하고, 당시 질문은 후보 전원에게 공통된 질문, 그것도 정책에만 집중한 질문으로 한정되었다. 이는 '공정성'에 대한 우려 때문이기도 하다. 후보에 따라 질문이 달라지는 순간 사회자가 아무리 신경을 쓴다고 해도 어떤 후보에게는 다소 답하기 곤란한 질문이, 다른 후보에게는 반대로 쉬운 질문이 갈 수도 있다. 공통 질문은 적어도 이런 '질문의 형평성' 시비로부터는 자유롭다.

물론 공정하게 질문을 던지는 것은 중요한 문제다. 하지만 공정한 질문 못지않게 중요한 것이 바로 유권자가 가장 궁금해하거나 가장 논란이 되는 쟁점에 대한 후보들의 견해를 대선 토론의 장에서 전 국민에게 명명백백히 밝히는 것이다. 이를 위해서는 후보별 맞춤형 질문을 도입하는 것이 좋은 방법이 될 수 있다. 미국 대선 토론에서 등장한 좋은 질문을 살펴보자. 2008년 부통령 후보 토론은 그 어느 해보다 많은 관심을 받았다. 공화당이 미국 주류 정치에 잘 알려지지 않은 알래스카 주지사 페일린을 깜짝 발탁했기 때문이다. 이는 미국 사회에 엄청난 파장을 일으켰는데, 많은 이들이 페일린의 '경험 부족'을 우려했다. 미국 부통령은 대통령을 가장 근거리에서 보좌하면서 대통령 유고 또는 조기 퇴임 시 대통령직을 자동 승계하게 된다. 이런 중요한 자리에 국정 경험이 매우 짧은 젊은 여성 주지사가 지목된 것이다.

한편 최연소 상원의원 출신으로 외교정책 분야에서 전문성을 인정받아온 민주당 부통령 후보 바이든도 다른 종류의 비판에 부딪혔다. 바이든의 약점은 잦은 말실수와 쉽게 흥분하는 성격이었다. 많은 이들은 바이든이 부통령에게 요구되는 '절제력'을 갖춘 인물인지에 의문부호를 떼어내지 못하고 있었다. 부통령 후보 토론에서 이러한 세간의 우려와 비판을 정확히 짚어낸 질문이 나왔다.

이 질문은 후보들의 아킬레스건에 대한 질문이라는 점에서 형평성을 유지하면서도 두 후보의 각기 다른 아킬레스건에 대한 답변을 요구하고 있다. 이 질문을 통해 유권자들은 많은 이들의 우려에 대해 각 후보가 어떻게 생각하고 반응하는지 확인할 수 있었다.

후보별 맞춤형 질문이라는 것은 인물뿐만 아니라 정책을 검증하는 데도 효과적으로 사용될 수 있다. 이 후보에게는 대북정책을 물어보고 저 후보에게는 비정규직 해소 정책을 질문하라는 것이 아니다. 대북정책이라는 공통의 주제하에서 각 후보의 입장, 과거의 정책 투표 또는 결정 기록 등을 바탕으로 후보의 노선과 입장을 더욱 명확하게 전달할 수 있게 끔 질문을 하자는 것이다.

이 질문은 각 후보가 과거에 북핵 문제에 대해 어떤 의견을 갖고 있었는지, 대북 정책에 어떤 차이가 있는지 유권자에게 전혀 알려주지 않는다. 그렇다면 이 질문을 이렇게 바꿔보면 어떨까.

"김대한 후보는 이틀 전 인터뷰에서 '현재의 북핵 문제를 해결하기 위해서는 무엇보다도 미국과 공조를 강조해야 한다'고 말했습니다. 1년 전에는 '개성 공단의 경제적 효과가 미미하다'는 이유로 남북 교류 확장에 반대한다는 입장을 밝히기도 하셨는데요. 미국과의 협력을 강조하는 김대한 후보의 해결책이 사회 일각에서 제기되는 남북 관계 회복을 통한 해결책보다 북핵 문제를 푸는 데 있어서 왜 더 설득력이 있다고 생각하십니까?"

"박민국 후보는 북핵 문제를 해결하기 위해서는 개성 공단과 같은 형태의 남북 경제협력을 지속적으로 늘려 나가야 한다고 주장했습니다. 경제적 협력이 깊어지면 정치·군사적 문제와 같이 합의점에 도달하기 어려운 문제들을 해결할 수 있는 발판도 마련된다는 입장을 늘 강조하셨는데요. 그러나 최근 개성 공단 활성화와 남북 교류 활성화에도 불구하고 6자회담은 성사되지 않고 있습니다. 왜 경제적 협력이 정치·군사적 협력으로 이어지지 않고 있다고 생각하십니까?"

이 질문들은 김대한 후보와 박민국 후보의 대북정책에 대한 입장을 유권자들에게 간략히 소개하면서 시작된다. 유권자들은 김대한 후보에 대한 질문에서는 후보의 정책이 상대 후보보다 왜 더 효과적인지 들을 수 있을 것이다. 박민국 후보에 대한 질문에서는 후보 본인의 생각과 현실 사이에서 발생하는 괴리를 어떻게 해결할 것인지 알 수 있을 것이다. 이처럼 '대북정책'이라는 같은 주제에서도 어떻게 질문하느냐에 따라 유권자가 듣게 되는 내용의 질적 수준은 천양지차로 갈릴 수 있다(물론 이런 질문을 하기 위해서는 대선 토론에 참가하는 후보 수를 제한해야 한다는 문제가 먼저 해결되어야 할 것이다).

우리는 각 후보들이 가지고 있는 인물 그릇의 크기와 깊이, 리더십의 본질을 알아내야 한다. 하지만 이를 알아보기 위해 물어봐야 하는 질문은 제각각 다르다. 후보가 살아온 삶이 다른 만큼, 검증하고 싶은 점도 다르므로. 대선 토론은 이러한 유권자의 갈증을 해소해줄 수 있어야 한다. 붕어빵 찍어내듯이 똑같은 질문은 버리고 각 후보별로 가장 검증이 필요한 부분을 콕 찌르는 질문이 필요한 이유다.

삶은 결정의 연속이라고 해도 틀린 말이 아니다. 우리는 하루에만 수십 번도 더 결정을 내린다. 어디서 밥을 먹고 차를 마실지 같은 사소한 결정부터 어느 대학에 진학을 할지, 혹은 이 사람과 결혼을 할 것인지 등 중대한 결정에 이르기까지……. 올바르지 못한, 또는 덜 현명한 결정을 내리면 그 피해는 나 자신에게서 그치지 않고 친구, 가족에게까지 미친다. 따라서 결정을 내릴 때는 늘 심사숙고해야 한다. 이때 중요한 역할을 하는 것이 바로 결정의 '전제 조건'이다.

대통령은 수십 배는 더 복잡하고 다양한 기준과 변수를 고려한 뒤 정책 결정을 내린다. 결정 하나하나가 국민들의 삶에 직간접적인 영향을 미치기 때문에 당연한 일이다. 더군다나 대통령이 결정해야 하는 사안들은 항상 계획되거나 예측 가능한 것들이 아니다. 따라서 긴박하고 불확실한 상황 속에서도 결정을 내리려면 무엇보다 결정에 필요한 기본적인 원칙이 단단히 서 있어야 한다.

우리 유권자는 국가 정책 결정의 잣대가 될 대통령 판단의 전제 조건을 캐물어야 한다. 전제 조건은 쟁점에 따라 매우 상세하게 짜인 매뉴얼일 수도 있고, 대통령 개인의 '원칙과 신념'일 수도 있다. 예를 들어 돌발 변수가 많고 예측하기 어려운 남북문제는 매뉴얼보다는 대통령 각자의 소신에 따라 정책의 큰 방향이 정해지는 경우가 많다. 인도적 대북 지원 문제나 개성 공단, 6자회담 등 북한 관련 사안들은 대개 정치적인 판단이 필요한 영역이다. 반대로 수해 등의 자연재해로 피해를 본 지역 주민들에게 보상책을 마련하는 경우는 피해 규모와 원인 등 객관적이고 상세한 기준에 따라 정부의 정책이 결정되는 사례라고 할 수 있다.

정책 결정의 전제 조건을 묻는 질문은 미국 대선 토론에서 자주 등장한다. 사회자의 질문은 간단명료하다.

토론이 열린 시점은 2003년 3월 미국이 이라크를 침공한 지 1년 반이 훌쩍 넘은 때였다. 바그다드를 함락하고 후세인 정권을 축출했지만 이라크의 상황은 안정될 기미를 보이지 않았고, 미국은 점점 장기전의 수렁에 빠지는 모양새였다. 자연스레 논의의 초점은 언제 어떤 방식으로 이라크에서 발을 뺄 것인지에 맞춰졌다. 각 후보가 생각하는 철군 시기나 철군에 필요한 조건 내지 기준은 이라크 전쟁의 미래를 가늠하는 데 꼭 필요한 정보였다.

2008년 타운홀 대선 토론에서 나온 질문 역시 정책 결정에 있어서 전제 조건이 무엇인지를 묻고 있다.

이번 질문은 군사 개입에 관한 질문입니다. 오늘 밤 토론에서 '오바마 독트린' 혹은 '매케인 독트린'이 나올지 기대됩니다. 미국의 안보와 직접적인 관련이 없는 나라에서 내전, 인종 청소, 극단적인 종교 분쟁 등으로 인도주의적 위기가 발발하면 늘 미군을 투입해야 할까요? 오바마 후보에게 먼저 질문하겠습니다. 1998년 이후로 450만 명이 숨진 콩고나 르완다의 끔찍한 상황, 아니면 소말리아를 예로 들어봅시다. 자, 여기에 미군을 투입해야 합니까? 이에 관한 '오바마 독트린'이 있다면 그 기준은 무엇입니까?

미국은 자국의 이익과 밀접한 관련이 없는 경우에도 인도적 위기 상황이 발생했을 때 전 세계의 많은 나라와 지역의 분쟁에 개입해왔다. 하지만 이라크 전쟁과 아프가니스탄 전쟁을 치르며 재정 적자는 눈덩이처럼 불어났고, 참전 군인 가운데 사망자와 부상자 수가 지속적으로 늘어나자 국제분쟁 개입에 대한 여론 자체가 그렇게 호의적이지 않았다. 이러한 상황에서 사회자는 각 후보에게 미국이 언제, 어떤 기준에 따라 국제분쟁이나 인도적 위기 상황에 개입해야 하는지 묻고 있다.

반면 우리나라 대선 토론에서는 정책 결정의 전제 조건이 무엇인지 묻는 질문을 찾아보기 어렵다. 지난 2007년 대선 토론에서도 이런 형태의 질문은 전혀 없었지만, 물어볼 수 있는 여지가 있는 질문은 있었다. 예를 들어 1차 토론에서 유권자가 UCC를 통해 던진 질문은 다음과 같다.

이번에 우리나라에 피랍 사태가 두 건 있었는데, 대통령에 당선되시고 만약 피랍 사태가 일어난다면 어떻게 대처하실 것인지 저에게 말씀해주십시오.

2007년 7월 19일 아프가니스탄 카불에서 칸다하르로 향하던 대한민국 국민 23명이 탈레반 무장 세력에 납치된 사건이 있었다. 경기도에 있는 한 교회 목사를 포함한 청년 신도들이 외교부의 경고를 무시하고 단기 선교와 봉사 활동을 하겠다며 아프가니스탄 남부로 가던 길에 일어난 불상사였다. 우리 정부는 탈레반과 지루한 협상을 벌였고 8월 말까지 21명의 인질이 무사히 돌아왔지만 결국 2명은 숨졌다.

정부는 딜레마에 빠진다. 테러리스트와 협상하는 것 자체가 좋지 않은 모양새지만, 그렇다고 국민의 생명이 달린 문제를 방관할 수도 없는 일이다. 따라서 "대통령에 당선되시고 만약 우리 국민이 납치되는 일이 일어난다면 어떤 원칙과 기준을 가지고, 어떤 전제 조건하에 테러범들과 협상에 임하실 것입니까?"라고 물었다면 각 후보들의 판단력을 비교하기에 한층 좋았을 것이다.

북핵 문제도 후보들에게 문제를 해결하는 데 필요한 전제 조건을 물어보기에 적합한 분야다.

대북정책은 후보들 사이에 적지 않은 온도 차이가 있는 분야다. 따라서 대북정책을 결정할 때 필요한 판단 조건도 후보마다 크게 다를 수 있다. 어떤 후보는 조건 없는 인도적 지원을 주장하지만, 다른 후보는 국제원자력기구의 핵시설 사찰이나 6자회담의 구체적인 진전을 인도적 지원의 선결 조건으로 내걸 수 있다. 북한이 핵을 포기하기 전까지는 한 톨의 쌀도 줄 수 없다는 강경한 기준도 있을 수 있다. 만약 사회자가 "각 후보는 어떤 전제 조건이 해결되면 북한과의 대화를 재개하고 북한에 인도적 지원을 재개하시겠습니까?"라고 물었다면 후보의 대북정책에 깔린 원칙과 기준을 동일선상에서 쉽게 비교·분석할 수 있었을 것이다.

정책을 결정하는 데 필요한 전제 조건은 각 후보가 갖고 있는 원칙을 좀 더 구체적으로 표현한 것이다. 국정을 운영하는 정치 철학 아래 대원칙이 있고, 그 원칙에 따른 몇 가지 조건이 생기며 이 전제 조건에 따라 정책 결정이 이루어지기 마련이다. 따라서 좋은 질문은 단순히 "어떻게 하겠다"거나 "이런저런 정책을 추진하겠다"라는 수사가 아니라 정책 결정의 배경에 자리하고 있는 '전제 조건'이 무엇인지 유권자들에게 상세히 답하도록 보채는 질문임을 잊지 말자.

미국 대선 토론에는 있는데 우리나라 대선 토론에서는 볼 수 없는 단어는? 바로 IF, '만약'을 뜻하는 단어다. 우리나라 대선 토론은 주로 정책에 대한 후보의 견해를 묻는 방식으로 진행된다. 반면 미국 대선 토론을 보면 사회자가 후보에게 다양한 상황을 제시한 뒤 '만약'으로 시작되는 질문을 자주 던지곤 한다.

이러한 가정법 질문은 크게 세 종류로 나눌 수 있다. 첫 번째는 상대 후보가 내렸던 결정에 대해 "만약 당신이 결정을 내려야 할 위치에 있었다면 어떻게 했을 것 같습니까?"라고 묻는 방식이다. 특히 현 정부의 정책을 비판하는 후보를 검증하는 데 유용하다. 현 정부에 대한 비판이 비판을 위한 비판인지, 대안이 충분히 마련되어 있는 건전한 비판인지를 판단할 수 있기 때문이다.

2004년 미국 대선은 9·11테러 이후 첫 대선이자 이라크에서 전쟁을 치르던 가운데 맞이한 선거였기에 국가 안보와 관련된 질문이 자연스레 주를 이루었다. 케리에게는 "만약 당신이 대통령이었다면 부시가 했던 것과 다른 정책을 택했을 것인가?"라는 질문이 쉼 없이 반복됐다. 2004년 타운홀 대선 토론에서 한 청중이 비슷한 형태의 질문을 던졌다.

케리 후보에게 질문하겠습니다. 미국은 이라크에서 새로운 정부를 구성하려 하고 있고, 주둔 중인 미군은 철수시킬 것으로 알려져 있습니다. 만약 당신이 대통령이라면 부시 후보가 했던 것과 같은 정책을 추진할 것입니까?

2000년 타운홀 대선 토론에서도 좋은 예를 찾아볼 수 있다.

지난 20년간 육해공군을 모두 포함해 미군이 국제 문제에 개입한 건 모두 여덟 차례입니다. 하나하나 사건을 나열해보겠습니다. 레바논, 그라나다, 파나마, 페르시아 만, 소말리아, 보스니아, 아이티, 그리고 코소보입니다. 만약 당신이 대통령이었다면 이 여덟 곳 가운데 한 군데라도 군대를 개입시키지 않았을 일이 있었을까요?

사회자가 던진 이 질문을 통해 유권자들은 두 후보가 같은 상황에 처했을 때 어떤 식의 의사 결정 과정을 거쳐 판단을 내릴지 알 수 있었다.

우리나라의 대통령직은 단임제다. 여야를 막론하고 후보들은 임기 말에 인기가 떨어진 대통령의 정책을 비판한다. 과연 그 많은 비판들이 모두 객관적이고 합리적인지 판단하려면, 각 후보가 그 상황에 처했을 때 어떤 판단을 내렸을지 물어볼 필요가 있다. "지금 문제가 있다고 비판하셨는데, 만약 당신이 대통령이었다면 구체적으로 어떻게 다른 판단을 내리셨겠습니까?"라고 묻는다면 유권자들은 후보들의 비판이 근거와 대안을 갖춘 정당한 비판인지 꼼꼼히 따져볼 수 있다.

두 번째 가정법 질문은 "만약 이런 일이 일어나면 어떻게 대응하시겠습니까?"라는 물음이다. 이 질문은 후보의 위기 대응 능력, 책임감, 대안 등을 검증하는 데 유용하다. 대선 후보는 기존 정책을 효율적으로 집행하고 개선하는 능력만 있어서는 안 된다. 예기치 못한 상황이 왔을 때 침착하고 합리적으로 문제를 풀어나갈 줄도 알아야 한다. 유권자들은 두 번째 형식의 가정법 질문에 대한 답변을 듣고 합리적인 상황 판단 능력부터 문제 해결 과정에 이르기까지 대통령에게 필요한 자질을 검증할 수 있다.

2000년 미국 1차 대선 토론에서 다음과 같은 질문이 나왔다. 당시 유고는 집권 여당의 부정선거 의혹으로 대규모 소요 사태가 일어난 상황이었고, 지도자 밀로셰비치Slobodan Milošević는 전방위 사퇴 압박을 받고 있던 상황이었다.

우리나라 대선 토론에서도 이런 형식의 가정법 질문을 던져볼 수 있다. 특히 언제라도 돌발 상황이 일어날 수 있는 북한 문제와 관련해 가상의 위기 상황을 가정한 뒤, 각 후보가 어떤 과정을 거쳐 의사 결정을 내리는지 유권자들이 지켜보는 것이다.

예를 들어, "국제사회가 북한에게 국제원자력기구IAEA 사찰을 요구하고 있는 상황에서 북한 정부는 미국의 식량 원조가 선행되지 않는다면 사찰에 응하지 않겠다는 뜻을 밝혔다고 가정합시다. 동시에 미국 정부는 국제원자력기구의 사찰이 선행되어야 식량 원조가 가능하고 경제제재를 완화하겠다고 말해 양측이 팽팽히 맞서고 있는 상황입니다. 아시다시피 북한은 마음만 먹으면 우라늄 농축을 계속 진행해 본격적으로 핵무기 숫자를 늘려나갈 수도 있는 상황입니다. 대통령으로서 북미 갈등을 어떻게 중재하며 풀어가시겠습니까?"라고 묻는다면 미래의 상황에 대한 후보의 대응 논리를 유권자들이 들어보고 판단할 기회를 제공할 수 있다.

세 번째 가정법 질문, "만약 후보가 이런 상황에 처하면 어떻게 행동하시겠습니까?"라는 질문은 후보가 전혀 경험해보지 못했을 상황에 놓이게 된다면 어떻게 행동할 것인지를 묻는 것이다.

사례 113 : 2000년 미국 부통령 후보 토론(2000년 10월 5일, 21:00~22:30)

공화당의 체니 후보 그리고 민주당의 리버먼 후보, 이 질문을 위해서 당신들이 흑인이라고 가정합시다. 길을 걷거나 운전을 하고 있는데 당신의 피부색 때문에 검문 대상자가 되었다고 가정합니다. '흑인' 체니, '흑인' 리버먼은 이 상황에 어떻게 대응하시겠습니까?

이 질문은 현실에서 일어날 리 없는 상황을 전제했다. 부통령 후보인 체니^{Dick Cheney}와 리버먼^{Joseph Lieberman}은 모두 백인이다. '내가 흑인이면 어땠을지' 평생 생각해본 적도, 생각해볼 필요도 없었을 것이다. 하지만 미국 사회에서 인종차별 문제는 여전히 완전히 사라지지 않았고, 1990년대 말부터 이민자가 급증하면서 유색 인종에 대한 불시 검문검색이 덩달아 늘어나 사회적 논쟁이 심화되던 상황이었다. 이런 상황에서 던져진 이 질문은 두 후보에게 사회적 소수자 입장에서 문제에 접근해보라는 주문을 담고 있기도 했다.

우리나라에서는 지금까지 많은 대선 후보들이 여성의 권익을 높이고, 사회에서의 성차별 문제를 해결하기 위해 노력하겠다는 공약을 내놓았다. 그런데 지금껏 이 공약들이 잘 지켜질 수 없었던 이유 가운데 하나는 후보들이 실제로 일하는 여성으로서 차별받거나 문제점을 몸소 느껴본 적이 없기 때문이기도 하다. 가장 시급한 문제가 무엇인지, 대응책으로 알려진 것들이 실제로 문제를 해결하는 데 쓸모가 있는지 정확히 아는 상태에서 내놓은 공약이 아니었던 것이다.

예를 들어, "당신이 35세 여성 직장인이라고 가정합시다. 그런데 업무 능력에 비해 다른 남자 직원들보다 승진이 더디고 급여도 적고 인사철마다 보이지 않는 불이익을 받습니다. 출산휴가는 눈치가 보여서 입 밖에 꺼내기도 쉽지 않고요. 이런 경우 현재 존재하는 정책들 중에서 어떤 정책에 기댈 수 있을까요? 그리고 문제가 해결되지 않는다면 35세 여성 직장인인 당신은 어디에 조언을 구하거나 호소해야 하나요? 만약 지금 여성들이 기댈 곳을 정부가 제대로 마련해주지 못한다면, 어떤 정책이 필요하다고 보십니까?"라고 물어볼 수 있다. 이 질문을 통해서 유권자는 후보가 실제로 여성들이 겪고 있는 차별에 대해 얼마나 정확히 인지하고 있는지, 정부의 여성정책은 알고 있는지, 새로운 해결책을 제시할 수 있는지 하나씩 따져볼 수 있다.

'만약'이라는 가상의 상황에서 어떻게 대처할 것인지를 물어보는 질문에 대해 후보들은 상당히 곤혹스러워할 수도 있다. 하지만 대통령은 예측할 수 없는 갖가지 상황에서 매번 판단을 내려야 한다. 시간에 쫓겨 내린 판단과 결정일지라도 최종 책임은 스스로 져야 한다. 따라서 이러한 가상의 위기에 얼마나 합리적으로 대응하는지를 대통령이 되기 전에 시험해볼 필요가 있지 않겠는가. '만약'이라는 질문으로 대선 토론을 시험의 장으로 바꿔보자.

같은 값이면 다홍치마. 보기 좋은 떡이 먹기도 좋다. 내용물이 같다면 더 예쁘게 포장된 물건이 낫다는 뜻의 익숙한 속담들이다. 대선 토론 질문도 마찬가지다. 똑같은 내용의 질문이라도 어떻게 표현하고, 얼마나 길거나 짧게, 또 어떤 수식어나 인용구를 넣거나 빼느냐에 따라 질문의 효과는 크게 달라진다. 어떻게 포장해야 '다홍치마 질문'이 될까? 어떤 조건들을 갖추면 '보기 좋은 떡' 같은 질문을 만들 수 있을까?

우선, 너무 길지 않아야 한다. 토론에 주어진 시간은 결코 길지 않다. 두 시간 남짓 되는 시간 동안 검증할 공약도 많고 후보들끼리 논쟁을 붙여봐야 할 사안도 한둘이 아니다. 따라서 질문은 되도록 간결해야 한다. 1988년 부통령 후보 토론에서는 너무 길어서 문제가 된 질문이 나왔다.

사례 114 : 1988년 미국 부통령 후보 토론(1988년 10월 5일, 21:00~22:30)

퀘일 후보께 드리는 질문입니다. 퀘일 후보는 본인도 알고 있다시피, 베트남 전에 징집되지 않으려고 노력했던 전력과 형편없는 학부 성적으로 비판받고 있습니다. 하지만 더 큰 문제는 후보가 속한 정당 사람들이 당신에 대해 내린 평가입니다. 지난주에 국무부 헤이그(Alexander Haig) 장관은 부통령 후보로 당신을 선택한 것은 부시 대통령 후보가 내린 가장 어리석은 선택이라고 비판했습니다. 그리고 상원 의장인 돌 의원은 더 나은 자질을 갖춘 부통령 후보를 선택할 수 있었다고 말했습니다. 다른 공화당 의원들이 사석에서 밝힌 의견은 이보다 더 비판적이라는 이야기도 있습니다. **왜 당신은 가장 가까이에서 당신을 관찰하고 지켜본 사람들에게 긍정적인 인상을 주지 못한다고 생각하십니까?**

퀘일은 답변하기 전에 이렇게 말했다. "그러니까, 제가 부통령 자격이 있냐는 질문이죠?"

결국 질문의 요지는 퀘일이 부통령으로서 자질이 부족하지 않느냐는 지적에 대해 어떻게 생각하느냐는 것인데, 한마디로 요약할 수 있는 질문을 사회자가 쓸데없이 길게 늘어놓은 것이다. 퀘일이 직접 요약해주지 않았다면 사회자의 질문만 듣고는 무엇을 묻고자 하는지 잘 정리되지 않을 정도였다.

둘째, 불필요한 비유나 인용을 최대한 줄이고 단도직입적으로 질문을 던져야 한다. 2008년 미국 1차 대선 토론에서는 불필요한 인용구가 포함된 질문이 나왔다. 미국은 첫 번째 대선 토론에서는 관례적으로 외교·안보 정책을 다룬다. 하지만 당시 미국은 심각한 금융 위기 상황이었기 때문에 사회자는 준비해 온 인용문으로 첫 번째 질문을 시작했다.

1952년 아이젠하워 장군은 공화당 대통령 후보로서 선거운동을 벌이던 중 다음과 같이 말했습니다. "우리는 안보 능력과 대출 상환 능력 둘 다 갖춰야 사회자 레러는 자신의 회고록《텐션 시티Tension City》에서 이 질문을 언급하며 아이젠하워의 말은 금융 위기 해결책을 묻는 질문에 인용하기엔 적절하지 않았다고 인정했다. 레러는 자신이 여러 차례 대선 토론을 진행하며 세워둔 규칙 가운데 하나가 '핵심 질문을 바로 물어라'였는데, 이렇게 불필요한 인용구를 끼워넣은 건 '바보 같고 불필요한 절차'였다고 표현했다.

또 너무 자극적인 표현이나 상황을 예로 드는 것은 적절하지 않다. 보조 역할에 그쳐야 할 예시가 너무 자극적이거나 터무니없어서 질문에 집중하지 못하는 경우도 있다. 미국 대선 토론 역사상 가장 많이 회자되는 문제의 질문은 1988년 대선에서 나온 질문이다.

질문이 나온 그 순간 듀카키스의 답변은 이미 방청객과 시청자들의 관심 밖이었다. 모두가 자극적인 질문에 경악했기 때문이다. 방청석에 앉아 있던 듀카키스의 부인은 물론 수많은 방청객들이 깜짝 놀란 표정으로 "맙소사Oh my God!"를 연발했다. 시청자들의 반응도 다르지 않았다. 사회자 쇼Bernard Shaw는 훗날 회고록을 통해 평생 사형제도 폐지를 주장해온 듀카키스가 어떠한 상황에서도 주장의 일관성을 유지할 수 있는지 시험하고자 이런 질문을 던졌다고 밝혔다.

하지만 이 질문은 '끔찍한 질문Killer Question'이라는 유명세를 타며 사람들의 입에 오르내렸다. 정작 더 중요했던 건 사형제도 존폐를 둘러싼 각 후보들의 의견이었지만 이는 유권자들의 기억 속에서 순식간에 잊혀졌다. 토론이 끝난 뒤 각 후보들이 밝힌 견해에 대한 논평이나 논의가 활발하게 이어지는 미국이지만 1988년 대선 토론이 끝난 뒤에는 온통 이 질문에 대한 이야기뿐이었다.

질문의 본질과 의도에 집중해서 가장 간결한 표현으로 '요지'만 콕 집어 물을 것, 좋은 질문이 되기 위한 기본 중의 기본이다. 이 점에 대해 이의를 제기할 사람은 별로 없을 것이다. 하지만 2007년의 우리나라 대선 토론 질문들을 되짚어보면, 이 기본조차 제대로 갖추지 못한 질문들이 꽤 많이 발견된다. 후보 답변 시간조차 모자란 판에, 전체 토론 시간 중 불필요한 내용이 포함된 질문 또는 시간만 잡아먹는 기계적인 진행 유도 발언이 차지하는 비중이 상당수였다.

2007년 2차 대선 토론 질문을 보자. 세 번째 질문은 UCC 동영상을 통해 보내온 시민의 질문으로, '관광 수지 적자 해결을 위한 외래 관광객 유치 전략'에 대한 것이었다. 이어진 네 번째 질문은 '한국 문화 콘텐츠 개발'에 관한 질문이었다.

이 질문은 어떠한가? 반복할 필요 없는 발언 시간은 물론이고 한 질문 안에서 답변할 후보가 두 차례나 언급되었다.("권영길 후보께서 답변을 준비해주시기 바랍니다.", "권 후보님 시작해주십시오.") 이는 대표적인 중언부언이다.

여기에 전체적인 흐름과 크게 관련 없는 사회자의 정리 발언이나 추임새가 등장한다. 예를 들어 '관광 적자'와 관련된 질문을 시작하며 "크게 어려운 문제는 아니시지요?"라는 말은 불필요해 보인다. 또 후보들의 답변을 들은 뒤 다음 질문으로 넘어가기 전에 "대선 후보들께서 관광 진흥에 일조하시는 것으로 생각이 되는데요, 관광객들이 보시기에 대선 과정도 원만하고 오늘 나오신 후보들께서 아주 훌륭한 토론을 이끌어주신 데 대해서 감사를 드립니다"라고 나온 발언은 쟁점과 무관한 발언을, 그것도 문법에도 맞지 않게 해버리니 누가 어디에 감사를 드리는지도 분명하지 않은 발언이 되고 말았다.

지금까지 대선 토론에서 질문이 제 역할을 온전히 다하기 위해서 갖춰야 할 열 가지 요건을 알아보았다. 이 10가지 요건을 적재적소에 활용한 질문, 단단하고 묵직한 뼈만 고스란히 발라내어 던지는 질문, 그런 질문을 이번 대선 토론에서는 기대한다.

Part
5

국민의, 국민에 의한, 국민을 위한
토론 형식을 만들자

좋은 형식의 10가지 변화

대선 토론의 '형식'이란 무엇일까? 후보와 질문, 이 두 가지를 제외한 모든 것—장소, 시기, 사회자 그리고 모든 규칙—이 대선 토론의 형식이다. 언제, 어디에서 몇 차례를 하고, 몇 명을 초대하는지, 사회자는 어떤 역할과 권한을 가지는지, 그것이 다 대선 토론의 형식이다.

그렇다면 어떤 형식의 대선 토론을 하는 것이 좋을까? 답은 너무나도 간단하다. "유권자가 후보들을 평가해 가장 좋은 후보를 골라내기 용이한 형식이 되면 된다."

유권자들이 많이 볼 수 있는 시간에, 유권자들이 편하게 느끼는 앞마당에서, 유권자들이 내려다볼 수 있는 위치에서, 유권자들이 충분히 검증할 수 있는 횟수만큼, 유권자들이 숙고할 수 있을 만큼의 간격으로, 유권자들이 정말 관심 있는 후보들을 데리고, 유권자들이 원하는 방식으로 대선 토론을 하면 되는 것이다. 그것이 정답이다. 후보가 원하는 장소에서, 후보가 바라는 횟수로, 원하는 후보를 죄다 모아서, 후보가 원하는 규칙으로 진행하는 대선 토론은 옳지도 않고, 재미도 없으며, 효용도 없다.

과거 우리나라 대선 토론의 형식과 해외 대선 토론의 형식을 모두 살펴본 후 깨달았다. 모든 국가의 대선 토론 형식의 변천은 간단하다. 후보들이 원하는 장소, 시기, 규칙에서 유권자들이 원하는 곳, 때, 규정으로 진화하는 것이다. 그래서 우리나라 대선 토론의 형식이 후보로부터 유권자의 편의로 옮겨가기 위한 열 가지 변화를 뽑았다. 후보들에게는 반드시 피해야 할 열 가지 변화일 수도 있지만, 유권자들에게는 대선 토론을 편히, 즐겁게, 그리고 무엇보다도 유용하게 볼 수 있게 해주는 열 가지 변화가 여기에 있다.

이번 대선 토론에서 두고 보자. 이 열 가지 변화 중 몇 가지나 실천되는지. 실천되는 것의 개수만큼 우리 유권자의 힘이 후보의 편의를 이긴 것이다. 반대로 실천되지 않는 개수만큼은 후보의 편의가 유권자의 힘을 이긴 것이다. 지켜보자. 그리고 요구하자. 미국에서 대선 형식이 유권자 중심으로 변하는 데 50년이 걸렸다. 우리는 이제 15년이 지났다. 우리는 더 빨리 갈 수도 있다. 당신이 중앙선거방송토론위원회에, 각 방송국과 언론사에, 각 정당에 당당하게 요구하시라. 요구하면 더 빨리 바뀔 수도 있다. 이번 대선 토론에서 꼭 지켜보자. 우리 유권자가 얼마나 대접받는지를.

1997년 12월 1일 월요일 저녁 8시. 드디어 우리나라 최초의 TV 대선 토론이 전국 방방곡곡으로 생방송 전파를 타기 시작했다. 세 차례 토론의 평균 시청률이 53퍼센트에 달할 정도로 유권자의 관심은 대단했다(투표율 81퍼센트). 5년 뒤, 2002년 12월 3일에 다시 대선 토론이 열렸다. 평균 시청률은 34퍼센트로 떨어졌다(투표율 71퍼센트). 다시 5년이 지나 2007년 12월 6일에 열린 대선 토론은 주관 단체가 바뀌었다. 중앙선거관리위원회 산하에 '중앙선거방송토론위원회'라는 정부 조직이 설립되었기 때문이다. 평균 시청률은 더 떨어져 22퍼센트를 기록했다(투표율도 63퍼센트까지 떨어졌다).

1997년, 2002년 그리고 2007년에 각각 세 차례씩 총 9회의 대선 토론이 있었지만, 그 진행 방식은 한결같기 그지없었다. 내내 최상급 수준으로 한결같았다면 얼마나 좋았을까마는, 문제는 그렇지 못했다는 점이다.

각 후보들이 가지고 있는 철학적·정책적·인물적 차이가 무엇인지 뚜렷이 구분되지도 못하고, 한창 뜨겁게 논쟁해야 할 타이밍에 토론 규칙을 이유로 맥없이 대화가 끊겨버리는 경우가 다반사로 속출했다. 게다가 긴장하고 굳은 표정의 후보들은 관중도 없이 고립된 방송국 스튜디오에서 카메라만 바라보며 말한다. 한마디로 재미도 없고 열정도 느껴지지 않는데다 엄숙하고 지루하기 짝이 없다. 지난 아홉 차례의 대선 토론 중 한 회라도 보셨던 분이라면 이 말이 무슨 뜻인지 금방 이해하시리라.

대선 토론, 이제는 달라져야 한다. 대통령 선거는 전 국민의 관심을 한데 모은 국가적 축제, 그것도 5년 만에 한 번씩 돌아오는 대단한 축제다. 평소에는 "정치는 정치인이나 하는 거지" 하고 무관심하던 시민들도 이번에는 다들 한마디씩 거들 정도로 정치의 계절이 다가온다. 조금 더 적극적인 시민들은 깨어 있는 주인 의식을 한껏 발휘할 터전을 고대한다. 그렇다면 대선 토론이야말로 민주주의 시민의 참여 욕구를 고취할 수 있는 최적의 기회이지 않겠는가.

하지만 지금까지 우리나라 대선 토론이 보여준 지극히 무미건조한 형식은 시민들의 참여 욕구를 고취하기에는 부족한 점이 참 많았다. 이러한 한계를 뛰어넘으려면 토론 형식에서 무엇을 어떻게 바꿔야 할까? 가장 먼저 시도해볼 수 있는 것은 세 차례 대선 토론을 각각 다르게 꾸며보는 것이다.

대선 토론 형식은 알고 보면 무척 다양하다. 우리에게 가장 익숙한 '단독 사회자 토론'(지금까지의 대선 토론 형식)부터 전문가 몇 명이 질문하는 '패널 토론', 토론 현장에 참석한 유권자가 직접 질문하는 '타운홀 토론', 후보끼리 직접 질문을 주고받는 '자유 토론', 연령·계층·성별 등에 따른 특정 유권자 계층을 상대로 진행하는 '집중형 토론'을 비롯해 10여 개 이상의 토론 형식이 세계 각국에서 진행되었거나 현재 진행 중이다.

그렇다면 세 차례의 대선 토론을 각각 어떻게 만들면 좋을까? 우선 1차 토론은 기존과 같은 '단독 사회자 토론'으로 출발하면 좋겠다. 상당히 안정된, 그리고 효과성이 입증된 토론 형식이기 때문에 대선 토

▲단독 사회자 토론 사례 : 2008년 미국 1차 대선 토론

론의 포문을 여는 첫 번째 형식으로 가장 적합하다고 볼 수 있다. 다만 과거의 단독 사회자 토론과 비교해서 꼭 달라져야 할 점은, 참가 후보의 수를 적정하게 조율하고, 반론-재반론 기회를 늘리며 사회자의 권한을 강화하는 것이다.

2차 토론은 '자유 토론'이 좋겠다. 자유 토론은 후보 간 직접 질문이 허용되는 것이 핵심이다. 따라서 단독 사회자 토론에서는 다루기 어려울 수 있는 직구성 질문 위주로 후보끼리 서로 검증할 기회를 제공한다는 장점이 있다. 이 형식은 2002년 우리나라 대선 토론에서도 잠시 허용된 적이 있었지만, 당시에도 반론-재반론에 상당한 제약이 있었기 때문에 아쉽게도 큰 효과를 거두지는 못했다.

자유 토론이 가장 활발히 이루어지고 있는 곳은 프랑스다. 프랑스 TV 대선 토론의 역사는 1974년에 시작되었다. 1차 대통령 선거에서 과반수를 획득한 후보가 없을 경우, 1차에서 득표수가 가장 많았던 두 후보를 대상으로 2차 결선 투표를 진행한다. 대선 토론은 2차 결선 투표에 올라온 두 후보를 대상으로 한 차례 진행된다. 물론, 마냥 자유롭게 풀어놓을 수는 없기에 두 명의 사회자가 미리 선정된 토론 주제를 간략히 설명하고 후보들이 일대일로 질문과 응답을 대화하듯이 주고받는다. 사회자는 각 후보들이 발언 시간을 균형 있게 사용할 수 있도록 조율하고 제지하

▲자유 토론 사례 : 2012년 프랑스 대선 토론

는 권한을 갖는다.

그동안 우리나라 대선 토론에서 큰 아쉬움으로 지적되었던, '구렁이 담 넘어가듯' 어물쩍 시간만 때울 뿐 제대로 된 논박이 이루어지지 못했던 한계를 자유 토론 형식을 통해 극복할 수 있을 것이다.

대선 토론의 하이라이트가 될 마지막 3차 토론은 '타운홀 토론'이 가장 좋겠다. 타운홀 토론은 유권자가 토론 현장에 참석해서 후보에게 직접 질문을 할 수 있다는 것이 특징이다. 그래서 시민의 삶과 직결된 구체적인 질문이나 후보들이 난감해할 수 있는 솔직한 질문이 나올 수 있다.

미국의 경우, 1992년부터 타운홀 토론을 도입했다. 그전까지 진행된 토론에서는 주로 언론인 또는 학계의 전문가들이 질문을 했다. 그러나 유권자들이 궁금해하는 것들은 정작 누락되고 실생활과 동떨어진 형이상학적이고 고루하며 지나치게 전문적인 토론으로 변질되었다는 비판이 제기되면서 유권자 참여형 토론으로 혁신하려는 움직임이 전개되었다. 보통, 공신력 있는 제3 여론조사 기관이 타운홀 토론이 열리는 주에 거주하는 시민들 중에서 아직까지 지지 후보를 결정하지 않은 부동층 100여 명을 선정해서 초대한다. 그리고 사전에 사회자와 유권자들이 서로 논의해 질문을 결정하고, 토론 당일 현장 객석에 앉아 있는 유권자가 직접 질문을 한다. 더 많은 유권자들을 질문 과정에 참여시키기 위해서, 인터넷을 통해 접수된 질문 중 좋은 질문을 골라 사회자가 물어보기도 한다.

영국은 총리 후보 토론을 세 차례 모두 유권자가 직접 질문하는 타운

홀 방식으로 진행한다. 다음은 3차 총리 후보 토론에서 한 중년 여성이
한 질문이다.

"저는 결혼했고, 제 남편은 회계사이고, 두 아이를 두고 있습니다. 저희
부부는 정말 열심히 일했고, 우리 둘 다 나쁘지 않은 월급을 받고 있습니
다. 그런데도 우리는 여전히 우리 집을 가질 수도 없고, 노후를 위한 예금
을 할 수도 없습니다. 당신은 주거 문제를 어떻게 해결할 계획입니까? 회
계사 맞벌이 부부가 집을 살 수 없다면, 도대체 누가 집을 장만할 수 있습
니까?"

세 후보는 대답을 하느라 진땀을 뺐다. 이 질문은 전문가들이 "우리 나
라의 향후 주택 정책의 방향은 무엇입니까?"라고 묻는 것보다 유권자들
에게서 깊은 공감대를 끌어낼 수 있다. 그와 동시에 후보들에게는 답변
의 구체성을 요구하고, 또 발언의 책임감도 부여한다.

타운홀 토론은 대선 토론에 대한 유권자들의 관심이 갈수록 떨어지고
젊은 층 유권자들을 중심으로 정치 무관심이 높아지는 가운데, 변화를

▲타운홀 토론 사례 : 2008년 미국 2차 대선 토론

꾀할 수 있는 좋은 계기가 될 수 있다.

마지막으로 중요한 변화는 세 차례 대선 토론 장소에 유권자가 입장하는 것이다. 지금까지 우리나라의 대선 토론은 비공개 TV 스튜디오에서 후보들과 대선 토론 관계자만 모여서, 그러나 가장 중요한 이해관계자인 유권자는 배제한 채 진행해왔다. 하지만 유권자가 현장에 참가하는 것만으로도 대선 토론은 한층 더 공적인 공간으로 탈바꿈할 수 있으며, 유권자와 후보들 사이의 물리적·심리적 거리가 좁혀질 수 있다. 또 후보들로서도 유권자들이 방청석에 앉아 있으면 유권자 편에서 한 번 더 생각할 기회를 가질 수 있을 것이고, 자신의 발언에 더욱 책임감을 느끼게 될 것이다. 상상해보라. 만약 당신이 대선 후보라면 텅 빈 스튜디오에서 카메라를 보고 발언할 때와 바로 코앞에서 눈을 크게 뜨고 앉아 있는 유권자들을 보고 발언할 때, 각각 어떻게 다르겠는가?

좋은 대선 토론이 되려면 갖춰야 할 조건은 다양하다. 그래서 단 하나의 토론 형식으로는 그 모든 것을 단번에 만족시킬 수 없다. 세 가지 토론 형식으로 상호 보완하게끔 하는 것은, 진정 유권자를 위한 대선 토론을 만들기 위한 첫걸음일 것이다.

3인 → 3인 → 6인.

1997년, 2002년, 2007년 우리나라 대선 토론 후보 참가자 수 변천사다. 2012년에는 과연 몇 명이 토론에 참가하게 될까? 참가자 수를 결정하는 기준은 무엇이 되어야 할까? 아니, 유권자를 진정 위하는 토론이 되려면 과연 몇 명이 최적일까? 토론 형식의 질적 수준에 가장 큰 영향을 미치는 것으로 평가되는 변수는 바로 토론 참가자 수다. 한국과 미국의 대선 토론 초청 자격 기준을 비교해보자.

미국의 대선 토론 참가 자격 기준 중 가장 논란이 되는 것은 지지율 15퍼센트 규정이다. 이는 공적 선거자금을 받을 수 있는 자격 요건인 지지율 5퍼센트보다 세 배나 더 까다로운 요건이다. 반면 우리나라는 지지율이 5퍼센트 이상인 모든 후보에게 초청 자격을 부여하는 선정 기준을 가지고 있다. 또 미국은 세 가지 자격 조건을 모두 충족해야 참가 자격이 주

한국	미국
다음 세 가지 조건 중 하나라도 충족하는 후보는 대선 토론에 참여할 수 있다.	다음 세 가지 조건을 모두 충족하는 후보는 대선 토론에 참여할 수 있다.
1) 국회에 5인의 소속 의원을 가진 정당이 추천한 후보, 2) 직전에 치러진 각종 공직 선거에서 전국 총 유효투표 수의 3퍼센트 이상을 득표한 정당이 추천한 후보, 3) 언론 기관이 선거 기간 개시 30일 전부터 개시 전일 사이에 실시한 여론조사 결과 평균 지지율이 5퍼센트 이상인 후보	1) 헌법에 명시된 후보 자격(35세 이상, 미국 태생의 미국 시민권자, 14년 이상 미국에 거주한 자 등)을 갖추고, 2) 일정한 수준의 주별 투표수(state ballots)를 획득했으며, 3) 여론조사 결과 지지율이 15퍼센트 이상 되는 후보

어지지만 우리나라는 세 가지 조건 중 한 가지만 충족되어도 참가 자격이 부여된다. 이와 같은 선정 기준 아래 2007년 대선에서 무려 여섯 명의 후보가 대선 토론에 참여하게 된 것이다. (원래는 일곱 명이 될 뻔했다. 그러나 1차 토론 직전인 12월 4일 국민중심당 심대평 후보가 참석 포기서를 제출한 덕분(?)에 여섯 명으로 줄었다.)

많은 전문가들이 우리나라 대선 토론 참가 자격 기준이 지나치게 관대하다는 점을 지적한다. "대선 토론의 목적이 무엇인가?"라는 질문에 대해 '선거 운동의 기회 균등 가치'에 중점을 두다 보니, 군소 후보라도 대선 토론에 참여할 수 있게 문을 열어둔 셈이다. 그러나 대선 토론의 목적에 유권자들의 올바른 판단에 꼭 필요한 핵심 정보를 제공하겠다는 것, 즉 '유권자를 위한 가치'는 보이지 않는다. 참고로 언론사 초청 자율 토론은 후보의 경쟁력과 당선 가능성에 중점을 두고 있기에 이보다는 조금 더 엄격한 기준을 두고 있다(후보 지지율 또는 정당 지지율 10퍼센트 이상). 따라서 방송국과 군소 후보 간에 토론 방송 금지 가처분 등의 소송이 종종 발생해왔다.

한편 미국은 1960년 케네디-닉슨 토론 이래 2012년 오바마-롬니 토론까지 딱 한 차례(1992년 클린턴-부시-페로 삼자 토론) 외에는 줄곧 일대일 양자 토론제를 고수해왔다. 하지만 이 양자 토론이 절대적인 정답이라고 할 수는 없다. 한 비평가는 양자 토론제에 대해 다음과 같은 비유를 했다. "만약 미국인들이 선택할 수 있는 맥주 종류가 단 두 가지—예컨대 밀러와 버드와이저—로만 국한된다면 이에 대한 시민의 반발은 대단할 것이다. 하물며, 국가를 이끌 대선 후보를 검증하는 토론에 참가하는 사람의 수가 제한되는 것에 국민들이 큰 반론을 제기하지 않고 있다는 것은 의아하고 유감스러운 일이다." 이처럼 미국 국민들은 공화당과 민주당 후보로 이루어진 양자 토론제에 익숙한 것이 사실이지만 일각에서는 공화당과 민주당 후보에게만 스포트라이트를 비추는 대선 토론 현상에 대한 비판도 일고 있다.

그러나 2007년 우리나라 대선 토론과 2008년 미국 대선 토론을 비교해보면, 참가 후보가 많을 때 나타나는 문제가 훨씬 더 심각해 보인다. 미국 대선 토론은 민주당과 공화당 후보 두 명이 참석해 90분 동안 진행되었다. 단순하게 계산했을 때 두 후보는 각각 최대 45분 동안 발언할 기회를 가질 수 있었다. 우리나라 대선 토론은 두 시간 동안 진행되었는데, 여섯 후보가 발언할 수 있는 시간은 (사회자의 진행 발언 등을 제외하고 나면) 단

	한국 2007년 1차 토론	미국 2008년 1차 토론
일시 토론 시간	2007. 12. 06 20:00~22:00(120분)	2008. 09. 26 21:00~22:30(90분)
후보당 발언 시간	16분(실제 시간)	45분(산술적 최대치)
주제	정치, 외교, 통일, 안보 정책	외교, 안보 정책
질문 수 및 형식	- 4개 질문 - 각 질문당 후보 1.5분 답변 - 상호 토론 질문 한 가지에 한하여 모두발언 1.5분, 반론 1분, 재반론 2분 - 기조연설 2분, 마무리 연설 1분	- 8개 핵심 질문, 15여 개 사회자 후속 질문 - 각 질문당 후보 2분 발언, 그 후 상호 질문, 반론 및 재반론 또는 사회자 후속 질문 - 기조연설, 마무리 연설 없음

16분에 불과했다. 질문 수에도 큰 차이가 있다. 미국은 20개가 넘는 질문이 있었지만, 한국은 겨우 4개뿐이었다. (원래대로 후보가 일곱 명이었다면 도대체 어떠했을지 상상해보시라!)

유권자가 대통령 선거에서 나라의 주인으로서 지니는 권리를 충실히 이행하려면, 후보들을 요모조모 따져서 최선의 판단을 할 수 있어야 한다. 그러려면 참가 후보가 많아서는 곤란하다. 여섯 명이 우르르 몰려나와서 16분씩 자기 할 말만 하는 자리에서는, 유권자가 이 후보가 어떤 철학을 가지고 있고 어떤 정책을 펼칠 것인지 명확히 판단할 수 없다. 유권자는 큰 손해만 본다. 정치인들은 좋아할지 몰라도.

그렇다면 과연 몇 명이 최적일까? 완벽한 정답은 없다. 그러나 TV 대선 토론을 진행하는 해외의 다양한 사례와 우리나라의 과거 토론 경험을 검토해보면, 유권자의 올바른 판단을 돕기 위해서는 토론당 참가자 수의 최적 수준은 두 명, 최대 수준은 세 명으로 판단된다. '최대 세 명'은 미국의 대선 토론 초청 기준인 지지율 15퍼센트 이상과 비교했을 때는 완화된 수준이지만, 우리나라의 관대한 현행 초청 기준에 적용하면 군소 후보의 기회가 박탈되는 공정성 문제가 야기될 수도 있다. 따라서 초청 기준에 부합하는 토론 참가자가 4인 이상일 경우 조금 더 유연한 형태의 토론을 생각해볼 수도 있다. 예를 들어, 토론의 횟수 자체를 늘리는 것이다. 현행법에서는 중앙선거방송토론위원회가 주관하는 법정 대선 토론을 '3회 이상' 할 것을 명시하고 있다. 따라서 토론당 참가자 수는 세 명 이하로 하되, 토론 횟수를 늘려서 토론 자체의 질적 수준을 담보하게끔 하는 것이 현행법의 테두리 내에서 가능하다.

또 다른 방법은 중앙선거방송토론위원회 위원이자 KBS 선거방송 전문 PD인 김찬태 PD가 《방송문화》 2012년 5월호의 기고문에서 제안한 아이디어다. 1차 토론에는 기준을 통과하는 후보를 모두 참석시키되, 토론 이후의 지지율을 반영해서 토론 참가자 수를 점차적으로 줄여나가는 것이다. 그래서 대선 직전의 마지막 토론에서는 최종적으로 당선 가능성이 높은 두세 후보를 초청해 집중적인 토론을 진행하는 것이다.

공직선거법에 명시된 대선 토론은 여러 종류가 있지만, 유권자의 관심이 가장 집중되는 대선 토론의 꽃은 중앙선거방송토론위원회가 주관하고 주요 후보가 한데 모이는 법정 토론이다. 그만큼 이 대선 토론이야말로 '유권자가 최적의 판단을 할 수 있게 도와주는 역할'을 충실히 이행해야 할 것이다. 그런 면에서 볼 때, 현행 초청 기준 자체를 더 엄격한 수준으로 변경하는 것도 과제로 검토할 필요가 있다. 오히려 앞서 언급한 언론사 초청 토론(공직선거법 제82조)이나 일반 단체 초청 토론(공직선거법 제81조)의 초청 기준이 더 느슨해져야 하지 않을까. 여기서 여러 명의 후보 중에서 과연 누가 가장 준비되어 있고 도덕적·실질적 자질을 갖추고 있는지 걸러내는 창구 역할을 하면 어떨까.

사실 토론당 최적의 참가자 수를 정하는 기준은 다양하게 짜낼 수 있다. 그러나 정작 가장 중요하고 필요한 것은 대선 토론의 목적 그 자체에 대한 재정의이며, 우리 유권자들의 당당한 요구와 이를 담대하게 실행으로 옮길 수 있는 의지다.

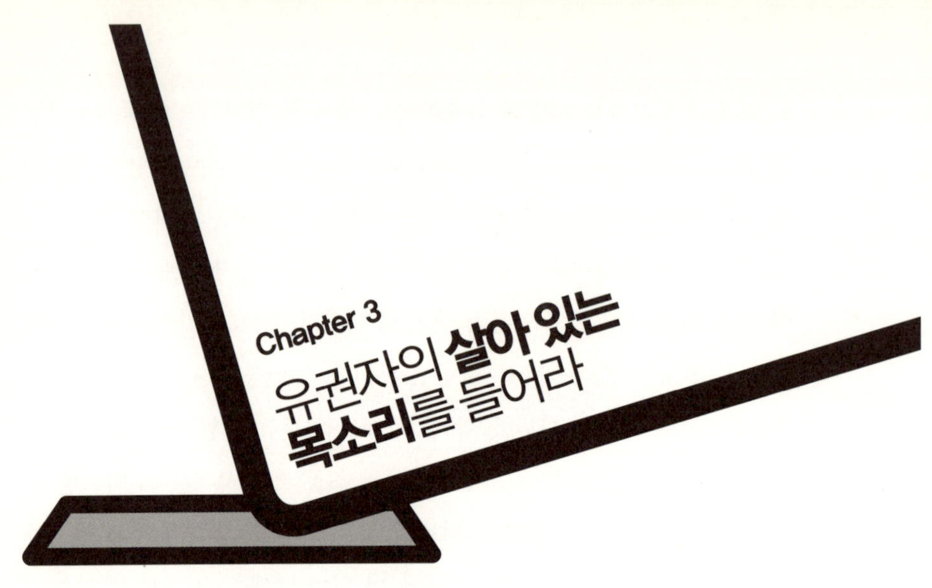

"제가 여태까지 회사를 다니면서 냈던 국민연금이 꽤 되는데 솔직히 제가 나이가 들어서 이 국민연금을 다시 받을 수 있을지도 의문이고, 국고가 많이 새어 나간다는 이야기가 많이 나오는데 국민연금에 대해서 어떻게 해결을 해주실지 참 궁금합니다." (한국 2007년 3차 토론)

"2010년 제가 이라크로 배치되었을 때, 제 자신의 정체성에 대해 거짓말을 해야 했습니다. 왜냐하면 저는 동성애자 군인이었기 때문입니다. 저는 제 직업을 잃고 싶지 않았습니다. 당신이 대통령이 된다면 동성애자 군인을 위해 어떤 도움을 주실 수 있습니까?" (미국 2011년 공화당 대선 후보 당내 경선 플로리다주 토론)

"국민 모두가 총리 선거 이후에는 정부가 긴축정책을 펼칠 것으로 알고 있습니다. 어떤 당이 이기든 말이죠. 그런데 왜 당신들은 우리에게 솔직하게 얘기하지 않는 것이지요?" (영국 2010년 1차 총리 후보 토론)

이 세 질문은 유권자가 본인의 입으로 대선 후보들에게 직접 던진 질문이다. 비록 전문가가 매끈하게 다듬은 질문은 아닐지라도, 평범한 시민 한 사람 한 사람이 고민 끝에 고른 질문이기에 투박하고 직설적인 표현에서 오히려 진정성과 신선함이 느껴진다. TV 너머로 토론을 지켜보는 유권자들로서는 "아, 저 질문은 나도 하고 싶었던 질문이었어!"라고 공감대를 형성할 수 있고, 마치 현장에 있는 듯한 즐거움을 느낄 수 있다.

영국의 2차 총리 후보 토론에서는 이런 질문이 나왔다. "저는 다섯 아이를 키웠고, 제 생의 대부분을 열심히 일했으며, 지금 나이가 여든네 살입니다. 이런 제가 국민연금으로 일주일에 59파운드(약 11만 원)를 받는데, 이것이 충분하다고 생각하시나요?" 전문가라면 이렇게 물었을 것이다. "지금의 연금 체계에서 국민들이 받을 수 있은 연금이 적다는 의견이 있습니다. 국가재정 문제와 국민 복지라는 측면을 모두 고려했을 때 연금제도의 바람직한 변화 방향은 무엇이겠습니까?"

두 질문의 차이는 확연하다. 유권자의 질문에는 개인의 경험이 생생히 녹아 있다. 많은 유권자가 비슷한 경험을 가지고 있을 것이기에 '무릎을 탁 치는' 공감대가 클 수밖에 없다. 질문의 관점 역시 철저히 유권자의 시각에 맞춰져 있다. 유권자들이 가장 궁금한 것은 세금을 성실히 납부한 국민의 일원으로서 국가로부터 정당한 복지 혜택을 받을 수 있냐는 것이다. 이 질문에 대해 총리 후보들은 먼저 은퇴한 국민들이 처한 경제적 어려움에 공감을 표하고 적극 해결에 나서겠다는 약속을 공개적으로 했다. 아마 전문가의 질문이었다면 국가재정 건전성, 복지의 형평성 문제 등 딱딱한 이론적 접근이 먼저 나오지 않았을까.

사례 118 : 2010년 영국 총리 후보 토론 유권자 질문 목록
(1차 8개, 2차 8개, 3차 8개 총 24개 질문 중 일부 발췌)

1. (1차 토론 #6) 영국 군인들은 너무나 불필요하게 많이 죽는 것처럼 보입니다. 군인들의 장비 수준은 후진적이고 보상도 열악합니다. 어떻게 군대를 개선하시겠습니까?

2. (2차 토론 #3) 기후변화가 전세계적인 위협임을 감안할 때, 당신은 개인적으로 지난 6개월 동안 자동차나 비행기보다 자전거나 기차처럼 더 자연 친화적이고 지속 가능한 교통수단을 사용한 적이 있다면 무엇입니까?

3. (2차 토론 #5) 작년에 있었던 정부 스캔들을 생각해볼 때, 제 주변 이웃 중에서는 투표의 힘을 믿는 사람들을 단 한 사람도 찾아보기 힘듭니다. 정치 시스템에 대한 신뢰를 회복시키기 위해 어떤 계획을 가지고 있습니까?

4. (2차 토론 #6) 정부 재정의 어려움도 크고 압도적 다수당이 없는 의회가 만들어질 수 있다는 가능성을 고려한다면, 정치적 견해 차이들을 뒤로하고 모든 정당의 가장 능력 있는 인재들로 이루어진 연합 정부를 구성할 때라고 생각하지 않으십니까?

5. (3차 토론 #3) 일반 시민들의 세금으로 은행에 구제금융 자금을 지원했는데 오히려 은행은 거대한 보너스만 챙겨 갑니다. 반면 시민들은 경제적으로 더욱더 어려움을 겪고 있고 실직자가 늘어나는 현실은 명백히 옳지 않습니다. 각 정당은 이 불공정한 상황을 시정하기 위해 어떻게 하시겠습니까?

6. (3차 토론 #7) 저는 평생을 일하며 살아왔고 이제 은퇴했습니다. 그런데 저는 전혀 대가를 치르지 않고 국가 보조금에 의존해 살아가면서 복지 혜택을 남용하는 사람들을 보면 화가 납니다. 이러한 남용을 방지하기 위해 무엇을 하시겠습니까?

그러나 아직까지 우리나라 대선 토론에서는 유권자가 직접 질문할 기회가 많지 않았다. 2007년 처음으로 유권자를 대상으로 UCC 동영상 질문 접수를 받았다. 당시 총 345개의 동영상 질문이 접수되었고 중앙선거방송토론위원회가 검토하여 3개를 최종 선정했다. (2007년 대선 토론에서 다루어진 총 14개의 질문 중 3개다. 그전에는 아예 없었다.)

하나는 이 글의 앞에서 인용한 국민연금 관련 질문이고, 다른 두 가지 질문은 다음과 같다.

"이번에 우리나라에 피랍 사태가 두 건 있었는데 대통령에 당선되시고 만약 피랍 사태가 일어난다면 어떻게 대처하실 것인지 저에게 말씀해주십시오."(2007년 1차 토론)

"매년 연말이 되면 우리나라가 관광 수지 적자를 발표하면서 그 적자 폭이 크다고 이야기하는데, 적자가 나는 것은 해외로 나가는 사람이 많다는 말만 하는데 해외에서 들어오는 외래 관광객 유치 전략이라든가 관광 코리아를 만들 수 있는 전략을 알려주시기 바랍니다."(2007년 2차 토론)

하지만 유권자의 목소리를 대선 토론에 담으려는 시도가 단지 이에 그쳐서는 안 될 것이다. 타운홀로는 충분히 해결되지 않는 문제—과연 타운홀에 참여하는 청중 100여 명이 전체 유권자 모두를 대표하는가—에 대한 고민도 계속할 필요가 있다. 어떤 해결 방법이 있을까?

인터넷과 스마트폰, 유튜브와 트위터·페이스북 같은 소셜 미디어의 급속한 발전은 대선 토론의 새로운 시대를 열고 있다. 2008년 미국 타운홀 토론에서는 사전에 인터넷을 통해 유권자들의 질문을 수집하고 이 중 의미 있는 질문을 사회자가 골라서 질문하는 방식을 채택했다. 총 600만여 개의 질문이 접수되어 4개의 질문이 선택되었다(이날 타운홀 토론에서는 90분 동안 현장 관중 질문 8개, 인터넷 질문 4개, 사회자의 후속 질문 9개 등 총 21개의 질문이 다루어졌다).

2012년 공화당 대선 후보 당내 경선 토론은 한 단계 더 발전했다. 각 방송사들과 소셜 미디어 회사들이 공동으로 토론을 개최하는 실험이 시작된 것이다. 일례로 2012년 1월 8일 뉴햄프셔주에서는 페이스북과 NBC 방송국이 공동 스폰서로 토론을 열었고, 유권자들이 페이스북에 실시간으로 질문을 올릴 수 있었다. 올라온 질문 중 마음에 드는 것에 자신의 선호(Like, '좋아요' 버튼)를 표시할 수도 있었다. 사회자는 페이스북에 올라온 질문 중 유권자의 선호도가 가장 높고 핵심을 잘 포착한 질문을 즉석에서 후보들에게 물어보았다.

2011년 9월 22일 플로리다주에서는 구글과 폭스뉴스가 공동 후원하는 토론이 열렸다. 후보들은 사회자가 직접 하는 질문 외에도 실시간으로 시민들이 유투브를 통해 접수한 동영상 질문에도 성심성의껏 대답해야 했다. 이런 유권자 실시간 질문들은 각 후보 캠프가 편파성에 대한 불평도 할 수 없었다.

또 토론 중간 쉬는 시간에는 폭스뉴스 앵커들이 구글에서 공화당 토론과 관련해 가장 많이 검색된 단어들이 무엇인지, 공화당 후보들에게 물어보았던 질문을 인터넷으로 시민들에게 물어보았을 때는 어떤 결과가 나왔는지를 실시간으로 정리해서 보여주는 단계로까지 발전했다.

2012년 7월 25일 미국 CPD는 올해 대선 토론의 핵심으로, 유권자들이 대선 토론에 대해 적극적으로 정보를 수집하고 참여할 수 있도록 인터넷을 중점적으로 사용하겠다고 발표했다. 이를 위해 미국 인터넷 기업 리더들과 협력하여 유권자 교육 프로그램을 토론 전부터 가동할 예정이라고 한다.

유권자의 살아 있는 목소리, 마르지 않는 호기심과 궁금증을 대선 토론에 생생히 담아내기 위한 노력은 아무리 많아도 결코 지나치지 않다. 그리고 대선 토론에 직접 참여하고 기여하려는 유권자의 의지 역시 아무리 많아도 결코 지나치지 않다. 기존의 관습에 얽매이지 않고 새로운 실험을 두려워하지 않는 마음가짐은 대선 토론을 주관하는 중앙선거방송토론위원회뿐만 아니라 우리 유권자 개개인에게도 필요한 자세다. 요구하고 또 요구하자.

2007년 대선을 앞두고 가장 뜨거웠던 쟁점은 "경제를 어떻게 살릴 것인가?"라는 질문이었다. 국민 중 일부는 대기업 CEO로서 경험을 갖춘 이명박 후보에게 '이 사람이라면 경제를 살려주겠지'라는 기대감을 가졌을 테고, 다른 일부는 '글쎄 이 사람이 과연 할 수 있을까?'라는 의구심의 끈을 놓지 않았을 것이다. 그리고 마지막 3차 대선 토론에서 드디어 경제 활성화 정책에 대한 질문이 나왔다.

그러나 이 토론이 유권자에게 속 시원한 해답을 들려줄 수 있는 시간이 되기란 요원한 일이었다. 여러 이유가 있었겠지만, 토론 진행 방식도 크게 한몫했다. '상호 토론'이라는 명목하에 먼저 이명박 후보가 1분 30초간 모두발언을 했다. 이인제, 이회창, 정동영, 권영길, 문국현 후보가 돌아가면서 1분씩 반론을 펼치고, 그 후 이명박 후보가 다시 2분간 재반론을 했다.

과연 이 토론 구조로 이명박 후보의 747 경제 공약에 대해 충분히 납득할 만한 설명을 들으면서 기대감이 더 올라갈 수 있었을까? 불행히도 그렇지 않았다. 유권자는 이런 질문들에 대한 답을 듣고 싶어 했을 것이다. 이명박 후보의 CEO 경력이 대통령으로서 경제정책을 펼치는 데 어떻게 반영될 수 있을까? 정치인이나 관료 출신 후보들과 달리 어떤 반짝반짝한 아이디어를 가지고 있을까? 우리나라 경제를 앞으로 10년간 매년 7퍼센트씩 성장시키겠다고 하는데, 어떤 연구 기관도 7퍼센트 성장률의 타당성을 입증하고 있지 못한 상황에서 "내가 하면 가능하다"는 말만 덜컥 믿어도 되는 것일까? 매년 60만 개의 일자리를 신규 창출하겠다는 목표 중 40만 개가 한반도 대운하 건설 사업에서 발생한다고 하는데, 심지어 지지층 내에서조차 논란거리였던 이 사업에 대한 비판적 시각에 대해 어떤 명쾌한 답변을 내놓을 것인가?

달랑 8분 30초간의 토론, 그것도 모두발언(펑)-반론(퐁)-재반론(펑)으로만 이루어졌던 이날의 토론 형식에서 유권자들이 위에 언급된 질문들에 대한 답변을 듣기란 사실상 불가능했다.

이명박 후보는 자신의 경험을 믿어달라는 이야기만 했다. "나를 믿어주면 경제를 살리겠다"는 메시지만 반복하면서 3분 30초(모두발언 1분 30초, 재반론 2분)를 때웠다. 왜냐! 3분 30초만 꿋꿋이 버티면 본인의 경제정책에 대해 논박을 벌일 일은 더 이상 없으니까! 반론 과정에서 다른 후보들이 물어본 것도 답하지 않고 무시하면 그만이었다.

반대로 다른 후보들은 시간이 모자라서 죽을 지경이다. 이명박 후보의 경제정책을 잘근잘근 비판하고 싶어도 자신에게 주어진 시간은 고작 1분뿐이다. 그러니 정책 내용에 대해 조리 있게 논리적으로 비판하기보다는 과격하고 사나운 표현으로 유권자의 귀를 강렬하게 잡아채는 데 주력할 수밖에 없다. 경제정책 토론인데도 정책 자체에 대한 비판보다 이명박 후보의 도덕성을 공격하는 데 주력했던 후보가 더 많아진 이유다.

2007년 대선 토론에서 그나마 후보 간의 짧은 (핑-퐁-핑) 논박이 있었던 것은 각 토론 중 한 번씩에 불과했다(1차 토론 : 대북정책, 2차 토론 : 교육정책, 3차 토론 : 경제정책). 나머지 질문들은 공히 사회자가 질문을 읽으면 여섯 후보가 돌아가면서 한 마디씩 대답(핑)하는 것으로 끝이었다. 이런 것도 토론이라고 말할 수 있을까? 단지 후보들을 한자리에 모아두었다는 것뿐이지, 사실상 후보가 한 명씩 나와서 카메라를 바라보며 자신의 공약을 줄줄 읊어대는 개인 정견 발표회와 무엇이 다른가.

그렇다면 이 과정에서 가장 큰 피해를 본 사람은 누구였을까? 이명박 후보? 아니면 그다음으로 지지율이 높았던 정동영 후보? 이회창 후보? 아니다. 바로 우리 유권자다. 우리는 대선 토론을 통해 이명박 후보의 747 경제정책의 본질과 실체, 가능성과 한계, 희망과 대가에 대해 빠짐없이 들을 권리가 있었다. 비단 이명박 후보뿐만이 아니다. 정동영, 이회창, 문국현, 권영길, 이인제 후보 모두의 핵심 공약에 대해 따져 묻고 알 권리가 있었다. 나라의 미래에 대해 누가 가장 깊고 탄탄한 고민을 했는지, 대충대충 보기 좋고 듣기 좋은 말로 시간을 때우는 것은 아닌지……. 그리고 그 후에 곰곰이 판단해서 자신의 한 표를 행사할 의무가 있었다.

그렇다면 이번에는? 2012년 대선 토론도 이렇게 진한 아쉬움을 그저 눈감고 '정치가 다 그렇지 뭐'라고 용인해야 할까? 결코 아닐 것이다.

1992년 미국 대선 토론을 앞두고 CPD는 유권자 수천여 명을 대상으로 FGI(Focus Group Interview, 집단 면접 조사)를 실시했다. 그리고 지금까지 대선 토론을 보면서 느꼈던 불만이 무엇이었는지, 앞으로 다가올 대선 토론에서는 무엇이 바뀌었으면 좋겠는지에 대해 집중적으로 조사를 벌였다. 그 결과 대표적으로 언급된 사항은 대선 토론에서 너무 많은 쟁점을 다루려다 보니 '수박 겉핥기'식 토론이 전개되는 데 대한 불만이었다. 질문의 가짓수를 두세 가지로 줄여서라도 한 가지 질문에 대해 최대한 깊이 있게 토론해야 한다는 것이 유권자들의 지배적 의견이었다.

그 후 미국 대선 토론은 질문의 가짓수가 획기적으로 줄어든 대신 후보 간의 반론-재반론 과정을 늘리는 방향으로 점차 전환되었다. 또 한 질문에 대해 후보들끼리 한 차례씩의 반론만 기계적으로 허용하던 데서 탈피해 2012년 대선 토론에서는 1차, 3차 토론에서 한 주제의 질문당 15분 이내에서 두 후보가 자유롭게 반론-재반론(핑-퐁-핑-퐁-핑-퐁……)을 주고받을 수 있게 할 예정이라고 발표한 바 있다.

대신 두 후보 간 반론-재반론 시간을 제외한 나머지 시간은 최대한 압축하도록 했다. 2012년 대선 토론에서는 1차, 2차, 3차 토론 모두 기조연설을 없애고 마무리 연설만 2분씩 허용할 예정이다. 사회자의 질문이나 후속 질문, 토론 중 가이드라인 제시도 되도록 가장 간결한 문장으로 가다듬어서 불필요하게 토론 시간을 잡아먹지 않도록 했다.

영국도 2010년 총리 후보 토론에서 세 차례 모두 한 질문당 10분 이내로 세 후보가 자유롭게 반론-재반론을 펼치는 형식을 채택했다. 사회자가 질문을 하면 세 후보가 돌아가면서 각각 1분씩 1차 답변과 2차 답변을 한다. 그 후 4분은 발언 순서와 무관하게 자유 토론을 진행한다. 사회자는 각 후보에게 균등하게 발언 기회가 돌아가도록 조정하는 역할 외에 다른 것은 하지 않았다. 예를 들어, 마지막 3차 토론에서 교육정책 토론은 십여 차례에 걸친 반론-재반론 과정을 통해 유권자가 각 후보들의 구체적인 정책 내용을 파악하는 데 큰 도움을 주었다.

반론-재반론 과정이 자유롭게 이어지면서 정확히 어떤 부분이 다른지, 왜 다른 입장을 취하게 되었는지, 상대 후보의 주장에서 어떤 부분이 잘못되었는지, 그 이유를 합리적으로 설명할 수 있는 사례가 있는지 등이 차츰차츰 드러나게 되었다. 따라서 이 과정을 지켜본 유권자는 어느 후보의 의견이 더 설득력 있는지, 각 후보들의 역량과 색깔은 어떤지에 대해 충분한 근거를 가지고 판단할 수 있게 된 것이다.

2007년과 같은 유형의 대선 토론은 유권자를 가장 큰 피해자로 만든다. 더 많이 알고 더 깊게 고민해서 더 올바르게 행동하는, 깨어 있는 시민을 양성하는 것이 아니라 '지역' 보고 '학교' 보고 '당' 보고 투표하는 구태가 계속될 수밖에 없게 한다. 토론을 열심히 지켜봐도 제대로 된 정책 정보는 알 수가 없고, 의문점도 해소되지 않기 때문이다. '그놈이 그놈이니 아는 사람 찍어주자. 아님 원래 밀던 당 찍어주거나'가 되는 것이다.

과거 몇몇 방송국 토론 프로그램에서 시도했던 무제한 끝장토론까지는 아니더라도, 미국과 영국 수준의 반론-재반론 활성화 토론을 올해 대선 토론에서는 꼭 보고 싶다. 유권자의 이름으로 '핑-퐁-핑-퐁-핑-퐁-핑-퐁……'을 요구하자.

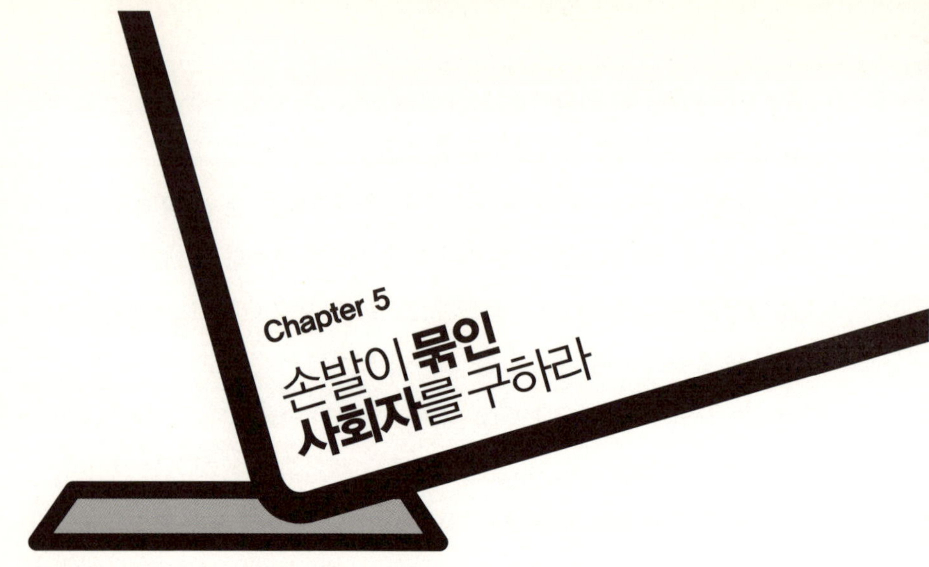

"국민연금을 해결해주십사 하는 말씀에 대해서 정동영 후보부터 답변
해주십시오."

"시간이 다 되었습니다. 권영길 후보 답변해주십시오."

"문국현 후보 답변해주십시오."

"이제 이명박 후보 답변해주십시오."

"시간이 다 되었습니다. 국민연금과 관련해서 이인제 후보는 어떤 의
견이신가요?"

"말씀 정리해주십시오. 국민연금과 관련해서 끝으로 이회창 후보 답변
1분 30초간 듣겠습니다."

"말씀 잘 들었습니다."

2007년 3차 대선 토론 중 국민연금에 대한 토론이 오갈 때 사회자가

한 발언이다. 한국 대선 토론에서 사회자의 역할은 토론 규칙을 설명한 뒤 중앙선거방송토론위원회가 선정한 질문을 읽고 대답할 후보를 지명하는 것으로 매우 제한되어 있다. 그리고 다음번 질문에서도 그대로 반복된다. 대본을 또박또박 잘 읽기만 하면 된다.

물론 사회자는 토론장에서의 주연이 아니다. 하지만 명품 조연이라는 말도 있지 않은가! 재능 넘치는 조연이 영화 전체의 평가를 바꿔버리듯, 능력 있는 사회자는 토론의 질을 좌지우지한다. 뛰어난 사회자는 기계적 공평성이 아니라 '실질적 공정성'을 목표로 각 후보들의 발언 기회와 시간을 조율하고, 토론 주제에 집중하게끔 만든다. 가장 핵심을 찌르는 질문을 던지고, 후보의 답변이 불충분하면 후속 질문으로 날카롭게 추궁하고, 토론 전반의 흐름을 매끄럽게 조율하는 것이 우리가 바라는 사회자의 역할 아닐까.

1988년부터 2008년까지 11차례나 미국 대선 토론 사회를 맡았으며 2012년에도 1차 대선 토론 사회자로 선정된 레러는 역량 있는 사회자가 토론에 어떤 기여를 할 수 있는지를 보여주는 대표적 아이콘이다. 2008년 1차 토론을 맡은 레러의 발언 중 일부를 읽어보자. 아래의 질문들은 금융 위기를 극복하기 위한 방안에 관해 오바마와 매케인 간에 설전이 벌어지는 중에 레러가 던진 질문들이다.

"대통령으로서, 금융 구제 방안에 7000억 달러를 투입하는 대가로 어떤 정책들을 포기할 생각입니까? 정책 우선순위를 어떻게 조율하겠습니까?"

"그런데 제가 두 분 답변을 정확히 들었다면, 두 분 모두 대규모 금융 구제 방안에 재정을 투입하더라도 아무런 큰 정책 변화가 없는 것 같네요. 맞습니까?"

"정확히 뭘 포기하겠다는 것이죠? 예를 들면요? 그건 포기 안 하겠다는 뜻입니까?”

“제가 묻고자 하는 것은 자잘한 변화가 아니라 대통령직을 걸고 추진해야 하는 큰 변화가 무엇이 있는가, 하는 것입니다.”

레러의 질문은 양 후보가 내놓은 경제정책의 차이를 뚜렷이 드러내고, 고민의 깊이가 어디까지인지 그 바닥을 끝까지 파보는 데 초점을 맞추고 있다. 단순히 하나의 질문을 묻고 각 후보들의 답변을 듣고 다음 질문으로 넘어가는 것이 아니다. 후보의 답변에 기반을 둔 날카로운 후속 질문이 줄줄이 이어진다. 사회자를 통해서, 유권자는 후보 생각의 폭과 깊이를 검증하는 귀한 시간을 갖게 되는 셈이다. 덕분에 레러는 “사회자 세계의 학장The dean of moderators”이라는 찬사와 함께 “답변을 하는 후보에게는 거칠게 느껴질 수도 있지만 그는 오로지 유권자의 입장에서 질문을 한다”, “절제된 스타일을 갖춘 최고의 진행자”라는 평가를 받는다.

한국판 레러를 기대하는 것은 요원한 일일까? 그렇지 않다. 우리에게도 머릿속에 금방 이름이 떠오르는, 그래서 그 이름만으로도 명성과 권위를 갖춘 대단한 토론 사회자들이 여럿 존재한다. 하지만 정작 이들이 대선 토론 사회를 맡은 적은 없다. 2007년의 경우 사회자가 결정된 방법은 다음과 같다. 중앙선거방송토론위원회 위원들이 1차, 2차, 3차 토론마다 각각 사회자 추천을 하고, 이에 대해 대선 후보에게 찬성 또는 반대 의견 제출을 요청하여, 후보들에게서 가장 많은 찬성을 받은 사회자가 진행을 맡게 되는 식이었다(1997년은 정범구 당시 CBS 시사 프로 사회자, 2002년은 고려대 염재호 교수, 2007년은 송지헌 전 KBS 아나운서가 사회를 맡았다).

그러나 우리에게 익히 알려져 있는 권위와 실력을 갖춘 사회자들이 대선 토론을 맡게 된다고 할지라도, 그것만으로 모든 문제가 단숨에 해결되는 것은 아니다. ‘목숨을 걸고 하는 대통령 선거’라는 인식이 파다한 현재의 우리나라 정치 구조하에서는 대선 토론 사회자의 말 한마디 표정하나가 정치권의 표적이 되기 십상이다. 따라서 사회자 개인의 역량과 내공에 모든 것을 맡긴 채 '잘해주십시오'라고 대선 토론 무대에 밀어넣을 수는 없는 노릇이다. 중앙선거방송토론위원회는 이런 논란을 피하기 위해서인지, 사회자의 역할을 "토론 진행표와 대본에 의해서 사전에 정한 내용, 즉 후보 발언 시간 부여와 통제, 토론 주제 전환, 토론장 분위기 유지 등으로 상당히 제한"하는 것으로 아예 명시해놓기도 했다.

결국 우리나라 대선 토론에서는 정해진 대본을 따박따박 읽는 앵무새 같은 역할만이 사회자에게 주어진다. 그러니 후보들과 정당들은 안도하고, 유권자는 재미도 정보도 없는 지루한 대선 토론을 볼 수밖에 없는 악순환의 고리가 이어지는 것이다.

하지만 이제는 지긋지긋한 잘못된 고리를 끊어내야 하지 않을까. 변화의 출발은 사회자가 '유권자의 머리와 입을 대신하는 존재'가 될 수 있게끔 제대로 된 권한을 부여하고, 사회자 어깨의 짐을 덜어내줄 수 있도록 권한을 제도적으로 보호해주는 데서 시작될 수 있다. 적어도 두 가지 권한은 필수적이다.

먼저, 사회자의 후속 질문 권한이다. 레러의 사례에서 보았듯이, 질문의 본래 목적에 들어맞는 답변이 나올 때까지, 그리고 후보의 발언 중 더 추궁해야 할 부분이 있다면 그 자리에서 즉시 검증할 수 있게끔, 사회자가 후속 질문을 던질 수 있는 권한을 보장할 필요가 있다. 대선 토론 질문 선정에 관한 최종 의사 결정권도 중요하다. 중앙선거방송토론위원회를 통해 각계 전문가와 유권자의 질문 제안들을 한데 모으겠지만, 정해진 대선 토론 시간 안에 유권자에게 가장 핵심이 되는 정보를 전달할 수 있도록 질문을 고르고 토론 전반의 흐름을 조율하는 것은 사회자 고유의 권한으로 보장할 필요가 있다. 사회자 본인만 질문을 알고 있는 것은 여러 명이 공동으로 알고 있는 것과 비교하자면 질문 보안에도 도움이 될 수 있을 것이다. 미국의 경우 토론이 시작될 때 사회자는 "모든 질문은 제가 직접 골랐고, 각 후보와 정당, CPD를 포함하여 그 누구도 알지 못합니다"라고 공지하는 것이 일반적이다. 질문의 칼자루를 쥐는 데서부터 사회자의 권위는 시작된다(2007년 우리나라 대선 토론의 경우, 사회자는 후속 질문 권한이 전혀 없었으며 질문 선정의 중간 단계인 준비소위원회 회의에 참석해 의견을 제시한 바 있다).

사회자 선정 과정의 공정성과 투명성은 기본이다. 또 각 토론마다 다른 사회자를 선정하고, 토론 후 사회자들에 대한 평가도 활성화할 필요가 있다. 미국은 1996년과 2000년에 레러가 세 차례의 대선 토론을 모두 단독으로 진행한 것을 제외하면, 대부분 세 명의 사회자가 돌아가면서 토론 진행을 맡는다. 부통령 후보 토론까지 포함하면 모두 네 명의 사회자인 셈이다. 그리고 대선 토론 후 미국의 언론사들과 시민 단체들은 대선 후보뿐만 아니라 개별 사회자에 대해서도 진행 스타일, 좋았던 점과 부족했던 점 등에 대해 꼼꼼하고 냉정한 평가를 빼먹지 않는다. 이 과정에서 긍정적인 평가를 받은 사회자는 다음번 대선 토론에도 다시 참여할 수 있는 영광을 얻지만, 그렇지 못한 사회자는 단 한 번의 기회를 얻는 데 그치고 만다(무려 24년간 대선 토론을 진행해온 레러가 어느 정도의 위상을 가진 인물인지 다시 한 번 알 수 있는 대목이다). 사회자 간의 미묘한 경쟁 구도를 거치면서 토론 사회자의 역량이 제고되는 한편, 우수한 사회자 집단 pool 을 국가 차원에서 확보하는 효과를 거두기도 한다. 2012년 8월 13일에는

▲2008년 미국 대선 토론 사회자 : 레러(1차 토론), 브로코(2차 토론), 시퍼(3차 토론)

2012년 대선 토론 사회자들이 공식 발표되었는데, 올해는 여성 2명 남성 2명으로 균형을 맞춘 것이 눈에 띈다(1차 : 레러, 2차 : 크롤리^{Candy Crowley}, 3차 : 시퍼, 부통령 토론 : 라다츠^{Martha Raddatz}).

2012년 손석희 교수, 정관용 교수, 김현정 PD가 진행하는 세 번의 대선 토론을 보고 싶지 않은가? 이들이 집요한 추가 질문을 통해 우리 유권자의 머리와 입을 대신하여 토론을 이끌어가는 모습. 상상만 해도 흐뭇한 장면이다.

대통령은 슈퍼맨이 아니다. 물론 대선 후보도 슈퍼맨이 아니다. 그리고 아니어야 한다. 경제, 산업, 사회, 세금, 외교, 국방, 교육, 과학기술, 언론, 복지 등을 담당하는 정부 핵심 부처와 기관들의 이름만 떠올려봐도 대선 후보가 정책 비전과 세부 내용을 제시해야 하는 분야의 범위를 가늠할 수 있다. 물론 대선 후보는 이 모든 것에 대해 어느 정도 지식과 안목을 가지고 있어야 하지만 개별 문제에 대해서까지 자세한 내용을 알기란 쉽지 않다.

설령 대선 후보가 이것들을 완전히 이해하고 결정할 수 있는 역량이 있다고 할지라도 혼자서 모든 것을 독단적으로 판단하는 것 역시 바람직하지 못하다. 대선 후보는 폭넓은 아이디어와 의견을 경청한 후 최적의 해답을 도출해야 한다. 이러한 자세와 태도는 향후 대통령이 된 후에도 마찬가지여야 할 것이다.

자의반 타의반으로, 대선 후보는 대선 캠프 조직의 도움을 받아야 하며 대통령에 당선된 후에도 참모들은 청와대 혹은 정부 핵심 보직에서 국가정책을 만들어내는 역할을 수행한다. 그렇기에 대선 캠프 조직은 대통령의 당선과 함께 우리 삶의 많은 부분에서 중대한 영향을 미치는 존재임이 분명하다.

따라서 유권자들은 대선 후보는 물론이고 대선 캠프 조직도 함께 평가할 필요가 있다. 도대체 그들은 누구인가? 어떤 삶을 살아왔는가? 무슨 생각을 하고 있으며 어떤 능력과 태도를 가지고 있는가? 후보와의 관계는 어떠한가? 과연 후보의 부족한 부분을 메꾸며 보좌할 수 있는 자질을 갖추고 있는가? 이러한 공감대 위에서 미국은 1984년부터 대통령의 국정 파트너인 부통령 후보들을 초대해 한 차례 TV 토론을 개최하고 있다.

2008년 미국 부통령 후보 토론은 우리가 대선 조직 참모 토론을 통해 얻을 수 있는 효과가 무엇인지를 앞서 엿볼 수 있는 기회를 준다. 오바마는 짧은 중앙 정치 경력이 약점으로 거론되고 있었기 때문에 외교 및 국방 분야에서의 취약점을 극복할 필요가 있었다. 그래서 중앙 정치, 특히 외교 및 국방 분야에서 오랜 경험을 쌓아온 바이든 상원의원을 부통령 후보로 지명했다.

바이든은 부통령 후보 토론에서 오바마가 당선된다면 추진할 외교 및 국방 분야의 정책들에 대해 풍부한 설명을 제공했다. 또 사회자는 바이든에게 오바마와 의견을 달리하는 부분이 무엇인지 질문함으로써 둘 사이의 팀워크를 평가하거나, 본인이 부통령으로서 자격을 갖추고 있다고 생각하느냐는 질문을 던져 유권자들이 팀 오바마^{Team Obama}를 다각도로 판단하는 데 도움을 주었다. 2012년 미국 대선에서는 1차 대선 토론(10월 3일)과 2차 대선 토론(10월 16일) 중간인 10월 11일에 부통령 토론이 개최될 예정이다.

만약 우리나라도 핵심 참모를 초청해 토론을 했다면 어땠을까? 2002년 노무현 후보 캠프의 정책위원장이었던 임채정 의원, 기획본부장이었던 이해찬 의원과 이회창 후보 캠프에서 이에 상응하는 인물들이 나와서 2대2 토론을 해봤다면 어땠을까? 2007년 이명박 후보 캠프의 핵심이었던 6인회의 일원인 최시중 전 한국갤럽 회장, 정책기획팀 곽승준 교수와 정동영 캠프에서 이에 상응하는 참모들이 나와서 2대2 토론을 했다면 어땠을까?

이들은 누구보다 후보의 정책 공약에 대해 깊은 지식을 가지고 있으며, 이를 기초로 각 대선 조직에서 구체적인 실행 방안까지 수립한 경험이 있는 사람들이다. 따라서 참모진을 대상으로 정책에 대해 심층적 토론을 진행해볼 수 있다. 더불어 앞으로 청와대와 정부 부처에서 중요 정책 결정에 참여할 가능성이 큰 참모들의 기본적인 성품과 자질을 검증할 수 있을 것이다. 과연 다음 정부에서 핵심적인 보직을 수행하기에 적합한 인물인지, 대통령의 약점을 어떻게 보완할 수 있을지, 그들의 인품과 덕성은 어떠한지를.

이 모든 것을 다각도로 평가함으로써 유권자들은 더욱 넓은 시각에서 후보를 선택할 수 있게 된다. 그리고 실제로 이러한 검증 절차가 대통령 선거 이후의 정책 실행 방향을 가늠하는 데 중요한 판단 기준을 제공할 수 있을 것이다.

그렇다면 참모진 토론에서는 누구를, 어떻게 평가해야 할까? 먼저 고민해야 할 것은 토론에 참가할 대상이다. 기본적으로 선거 전략을 총괄 담당하는 1명, 정책을 총괄 담당하는 1명이 대선 캠프 조직을 대표해 참여하는 것이 바람직할 것이다. 일정은 대선 후보 1차 토론과 2차 토론 사이, 2차 토론과 3차 토론 사이에 한 차례씩, 총 2회 개최하는 것이 좋겠다. 대선 후보 토론에서 논쟁이 되었던 부분이 공론화되고 유권자들이 이에 대해 많은 궁금증을 가지게 될 시점에 정책의 세부 내용을 명확하게 설명해줄 수 있는 참모들을 토론에 초대하면 가장 효과적일 것이다.

참모진 토론은 중앙선거방송토론위원회가 주관할 수도 있겠지만, 각 공중파 방송사가 이미 운영하고 있는 토론 프로그램(〈MBC 100분 토론〉, 〈SBS 시사토론〉 등)을 활용해서 진행하는 것도 괜찮은 방법이다. 거대 담론이 아니라 세부 각론에 대해, 치밀하게 준비한 질문을 통해, 대선 토론에서 2퍼센트 부족했던 부분을 유권자들에게 널리 알릴 필요가 있다. 예를 들어 개별 정책의 실현 가능성, 정책 실행 스케줄, 예산 배분, 부작용에 대한 대응 방안 등이 주요 질문이다.

〈MBC 100분 토론〉의 경우 이미 2002년 대선을 앞두고 정책 검증 토론 2회, 선대위원장 토론 1회를 개최한 바 있다. 2007년에는 대통령 선거를 20일 앞둔 11월 29일에 각 대선 후보 선거 캠프의 주요 정책 결정자를 초청해 '성장이냐 분배냐'를 주제로 참모진 토론을 방송했다. 이목희(정동영 후보 정책기획본부장), 심상정(권영길 후보 선대위원장), 황태연(이인제 후보 국가비전위원장), 박광기(심대평 후보 정책자문위원장), 신봉호(문국현 후보 정책자문단장), 표학길(이회창 후보 경제특보) 등 총 여섯 명이 참가했다(이명박 후보 측은 끝내 불참했다). 이날 방송은 우리나라에서도 대선 참모진 토론의 가능성이 있음을 보여준 좋은 사례다. 토론 참가자들은 "왜 목표 경제 성장률을 5퍼센트, 6퍼센트 또는 7퍼센트로 잡았는가?" 또는 "양극화 문제를 바라보는 시각에는 어떤 차이가 있는가?" 등에 대해 구체적인 실증 자료에 기반해 답변을 주고받았다.

시청자들은 각 후보들의 정책을 비교해가면서 단지 표를 얻기 위해 급조된 허황된 정책은 아닌지, 정책의 득과 실은 무엇인지 따져볼 수 있는 기회를 얻을 수 있다. 이러한 참모진 토론이 활성화될수록 대선 토론의 질적 수준도 함께 올라가지 않을까.

후보와 참모진은 한 팀이다. 축구로 치면 감독과 코칭스태프, 선수 11명으로 구성된 한 팀과 같다. 상호 간의 굳은 믿음과 신뢰, 탄탄한 팀워크 없이는 대선 기간은 물론이고 5년간의 국정을 원활하게 이끌어가기란 불가능하다. 참모진이 가진 철학이 무엇인지, 대통령 후보와 생각이 다를 때 어떻게 조율하는지, 후보에게 쉽게 말하기 어려운 직언을 해서 어떤 결과를 만들어봤는지, 후보가 당선된다면 새 정부에서 어떤 역할을 맡고 싶은지, 거의 모든 정부가 겪는 대통령 측근 비리와 인사 문제를 어떻게 해결할 계획인지? 참모진의 자질과 인성, 능력을 검증하는 토론은 이제 기본이 되어야 한다.

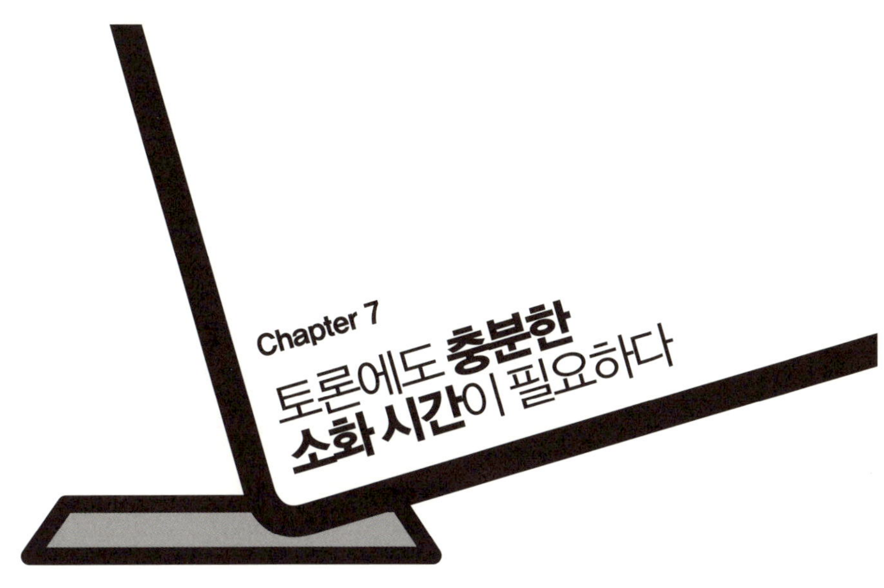

꼭꼭 씹어 먹어야 음식 본연의 맛을 알 수 있다. 소화하기도 훨씬 쉽다. 반대로 한꺼번에 빨리 많은 양의 음식을 먹으면 꼭꼭 씹을 수도 없고 소화하기도 힘들다. 우리나라 대선 토론을 여기에 비유해보면 어떨까. 안타깝게도 '한꺼번에, 급하게, 많은 양의 음식'을 퍼먹이는 식이다. 유권자로서는 대선 토론의 참맛을 도무지 알 수가 없다.

우리나라는 통상 선거 2주일 전에 1차 토론을, 1주일 전에 2차 토론을,

	1차 토론	2차 토론	3차 토론	선거일
1997년	12/1(월) ←6일→ D-17	12/7(일) ←7일→	12/14(일) ←4일→	12/18(목)
2002년	12/3(화) ←7일→ D-16	12/10(화) ←6일→	12/16(월) ←3일→	12/19(목)
2007년	12/6(목) ←5일→ D-13	12/11(화) ←5일→	12/16(일) ←3일→	12/19(수)

〈우리나라 대선 토론 일정(1997년~2007년)〉 *2012년 대선 토론 일정은 미정(2012년 9월 15일 기준)

그리고 선거 2~3일 전에 3차 토론을 갖는다. 이렇게 대선을 코앞에 두고 급박하게 진행되는 토론 일정은 1997년, 2002년, 2007년에 이르기까지 시간이 갈수록 오히려 개악에 가까울 정도로 변해왔다.

현재 우리나라 대선 토론 일정으로는 토론 내용을 검증하고 공론화할 시간이 크게 부족하다. 그러나 미국 대선 토론 일정은 사뭇 다르다. 1차 토론은 늦어도 선거일 한 달 이전에 시작되고, 1차와 2차 사이 약 10일, 2차와 3차 사이 약 1주의 간격을 두고 토론이 개최된다. 더 중요한 점은 마지막 3차 토론이 선거일로부터 적어도 2~3주가량 떨어져 있다는 점이다. 미국 언론사들과 시민 단체들은 대선 토론에서 언급된 각 후보들의 정책을 치밀하게 분석하고, 혹시 토론에서 불거진 후보들의 가치관 또는 인물 쟁점에 대해서도 두 눈에 불을 켜고 검증하는 데 이 시간을 쓴다. 미국 유권자들은 대선 토론 자체는 물론 이후 분석 결과를 토대로 어떤 후보를 지지할지, 다 함께 공론화하는 과정을 가지게 된다.

특히 미국 CPD는 토론 일정과 장소를 대통령 선거 1년 전에 발표하고, 기존 일정이나 장소를 바꿔야 할 상황에 대비한 대안까지 함께 알린다. 각 정당이 구체적인 선거 일정을 잡도록 도와주는 지침서 역할을 하는

	1차 토론	2차 토론	3차 토론	부통령 토론	선거일
1996년	10/6(일)←10일→ D-30	10/16(수)←20일→	N/A	10/9(수)	11/5(화)
2000년	10/3(화)←8일→ D-35	10/11(수)←6일→	10/17(화)←15일→	10/5(목)	11/7(화)
2004년	9/30(목)←8일→ D-33	10/8(금)←5일→	10/13(수)←20일→	10/5(화)	11/2(화)
2008년	9/26(금)←11일→ D-39	10/7(화)←8일→	10/15(수)←20일→	10/2(목)	11/4(화)
2012년	10/3(수)←13일→ D-34	10/16(화)←6일→	10/22(월)←15일→	10/11(목)	11/6(화)

〈미국 대선 토론 일정(1996년~2012년, 한국과 동기간)〉

셈이다. 또 CPD 웹사이트www.debates.org를 통해 전 세계인 누구나 손쉽게 접할 수 있다.

예를 들어 2012년 11월 6일에 치러지는 미국 대선의 경우, CPD는 2011년 1월 3일 대선 토론 장소 선정 기준을 발표하고 3월 31일까지 대선 토론을 개최하고 싶은 각 기관들의 지원서를 받았다. 그리고 2011년 10월 31일, 세 차례 대선 토론과 한 차례 부통령 토론의 일정과 장소를 공식 발표했다(1차 : 콜로라도주 덴버 대학교, 2차 : 뉴욕주 호프스트라 대학교, 3차 : 플로리다주 린 대학교). 2012년 7월 25일에는 각 토론의 구체적인 진행 형식을 발표하면서, 이번에는 무엇보다 유권자가 인터넷을 통해 적극적으로 토론에 참여할 수 있는 프로그램에 집중하겠다고 공표했다. 2012년 8월 13일에는 토론 사회자 네 명도 발표되었다.

이에 비하면 우리나라 일정은 크게 다르다. 우리는 선거를 얼마 남기지 않고 일정과 장소(보통 서울에 있는 방송사들의 비공개 스튜디오다)가 전격적으로 결정된다. 2007년의 경우 대통령 선거를 약 6주 남긴 11월 9일에서야 토론 일시와 장소, 중계 방송사, 토론 방법 등이 결정되었고, 각 후보들과 언론사에 전달되었다. 토론 사회자는 그보다 더 늦은 12월 1일에 결정되었다.(1차 토론이 12월 6일이었는데 말이다!) 1년 전부터 미리 결정하고 준비하는 미국과 6주 전에야 부랴부랴 결정되는 우리나라. 준비 수준의 차이는 당연해 보인다. 올해 역시 대선이 100일도 남지 않은 지금까지 대선 토론 형식의 어느 것(장소, 시기, 사회자) 하나 결정되어 있지 않다(하긴 우리는 아직 후보 결정도 못했기에 유권자에게 후보 검증을 위한 충분한 소화 시간의 제공이라는 개념 자체가 공허하다).

더 큰 문제는 앞서 지적했듯이 우리나라의 경우 대선 토론의 내용을 공론화하고 검증할 시간이 크게 부족하다는 것이다. 단 2주 안에 세 차례의 토론을 끼워넣어서 토론 사이의 간격이 채 1주일이 되지 않는다. 게다가 마지막 3차 토론과 선거일 사이의 간격은 3~4일에 불과하다. 선거 직전에 마지막 토론을 하면 후보들은 자칫하면 부정적으로 해석될 수 있는 정보의 확산을 우려하기 때문에 토론에 상당히 소극적으로 임하게 된다. 특히 지지율 1위 후보일수록 "부자 몸 사린다"라는 말처럼 더더욱 그런 경향이 강하다.

그렇다면 어떻게 바꾸어야 할까? 가장 바람직한 안으로는, 마지막 3차 토론과 대통령 선거일 사이에 최소한 1~2주가량 충분한 검증 및 공론화 기간을 두는 것이다. 토론에서 등장한 정책은 물론이고 후보의 삶과 철학에 대해서도 꼼꼼히 심층적으로 검증하고 이해할 수 있는 시간을 갖자는 것이다. 또 1차 토론과 2차 토론, 2차 토론과 3차 토론 사이에도 약 1주일의 간격을 두어야 한다. 앞서 제안한 참모진 토론을 대선 토론 사이 사이에 개최하기 위해서라도 이 정도 간격은 필요하다.

이 안을 적용한다면 1차 토론이 대통령 선거일보다 최소 3주~1개월 전에 시작되어야 한다는 계산이 나온다. 그러나 현행 공직선거 및 선거부정방지법 82조 2항에서는, 23일간의 공식 선거운동 기간 중에만 중앙 선거방송토론위원회가 3회 이상의 대선 토론을 주최하도록 규정하고 있다(2012년 대통령 선거일은 12월 19일이고, 공식 선거운동 기간은 11월 26일부터 12월 18일까지다).

따라서 충분한 토론 일정을 가질 수 있게끔 공식 선거운동 기간 중에만 대선 토론을 개최할 수 있다는 현행 조항을 유연하게 개정할 필요가 있다. 당장 법 개정이 어렵다면, 그 대안으로서 공식 선거운동 기간 이전에 1차 토론에 준하는 방송사 합동토론을 개최하는 방안도 고려해볼 수 있다(이 경우 3회 이상 대선 토론을 개최해야 한다는 법 규정을 준수하기 위해서는 참모진 토론을 횟수에 포함하는 안이 허용되거나 혹은 당선 가능성이 가장 높은 후보 두 명간의 집중 토론을 마지막에 진행하는 안이 있겠다).

또한 대선 토론은 보통 저녁 8~10시에 전국에 생방송으로 방영되고 있다. 하지만 최대한 많은 유권자가 손쉽게 대선 토론을 접할 수 있도록 하기 위해서는 TV라는 매체에만 묶일 필요가 없을 것이다. 컴퓨터와 스마트폰을 통해서 실시간으로 볼 수 있게 하고, 본 방송이 끝난 뒤에도 '다시보기' 할 수 있는 다양한 경로를 열어두면 어떨까. 중앙선거방송토론위원회 웹사이트와 모바일 앱 이외에도 유투브, 팟캐스트 등을 통해 유권자들이 자유롭게 토론 영상을 '퍼가고' '담아갈' 수 있게끔 하면 어떨까. TV 생방송 이후에는 공중파 및 케이블 등에 재방송 기회를 폭넓게 제공하면 좋겠다.(예를 들어, 국회방송 같은 채널에서 24시간 대선 토론 재방송을 해줄 수 있다면? 공영 방송사인 KBS와 MBC도 대선 토론 재방송을 선거 전까지 수차례 한다면? 1997년, 2002년, 2007년 대선 토론까지 모두 포함해서 말이다.)

그리고 중앙선거방송토론위원회가 일정에 관한 칼자루를 먼저 쥐어야 할 것이다. 헌법과 공직선거법에 의거해 대통령 임기 만료 70일 전 첫 번째 수요일로 대통령 선거 일자가 규정되어 있듯이, 중앙선거방송토론위원회 또한 대선 토론 일정을 사전 공표하자는 것이다. 미국 CPD가 선거 1년 전에 토론 일정을 발표하는 것처럼, 중앙선거방송토론위원회도 토론 일정을 미리 못 박아서 유권자들도, 각 정당들도 대선 토론 일정을 예측할 수 있도록 리더십을 발휘할 필요가 있다.

대선 토론은 단편적인 일회성 이벤트가 아니다. 꼬리에 꼬리를 무는 하나의 코리안 시리즈에 가깝다. 이 축제를 유권자 모두가 충분히 즐기고 배우고 느낄 수 있는 토론으로 일정을 변화시키는 것. 작은 변화이지만 돌아오는 결과는 클 것이다.

Chapter 8
시각 효과, 아끼지 말자

대선 토론에서 시각 효과란 무엇일까. 토론을 뜨겁게 만드는 무대의 구성, 유권자들이 TV만 봐도 마치 현장에 있는 듯한 역동적인 생동감을 느낄 수 있게 하는 시각적 효과, 다수의 카메라를 통해 모든 후보들의 말과 행동을 동시에 다 살필 수 있게 해주는 시각적 효과, 또한 현장에서 얻을 수 없는 부가적인 정보까지 전달할 수 있는 시각적 효과, 이 모든 것이 필요하다. 그러나 우리나라 대선 토론에서는 그 중요성에도 불구하고 후보 또는 주최자로부터 상당히 간과되고 있는 실정이다.

먼저 무대 구성을 살펴보자. 삼자 토론의 대표적인 예로 2010년 영국 총리 후보 토론과 2002년 우리나라 대선 토론을 들 수 있다. 삼자 토론이라는 공통점 외에는 여러 면에서 사뭇 대조를 이룬다.

활발한 토론을 이끌어내기 위해서는 대선 후보들이 서로 시선을 맞추고, 표정을 읽으며, 몸짓 언어를 주고받을 수 있도록 토론장이 구성되어야 한다. 영국의 경우가 그렇다. 세 후보 모두 팔을 뻗으면 서로 닿을 거리에서 90분 남짓한 시간 내내 일어서서 토론을 한다. 연단의 각도 역시세 후보, 사회자 및 관중이 서로 시선을 맞추기 쉬운 각도로 배치되어 있다. 연단의 형태도 후보의 작은 손짓 발짓 하나 빼놓지 않고 관중과 시청자에게 노출될 수 있는 것을 사용하고 있다. 후보들의 행동과 동작은 유권자들에게는 반드시 관찰해야 할 매우 중요한 정보다.

이에 반해 우리나라는 후보 간의 간격이 너무 멀다. 거대한 책상 뒤에몸을 숨긴 채 널찍이 간격을 두고 앉도록 구성된 무대는 말, 표정, 몸짓을

▲2010년 영국 총리 후보 토론 무대 구성

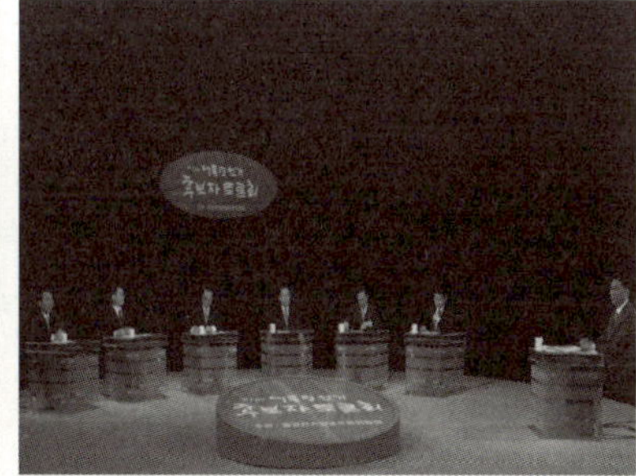

▲2002년(왼쪽), 2007년(오른쪽) 한국 대선 토론 무대 구성

국민의, 국민에 의한, 국민을 위한 토론 형식을 만들자

읽는 매우 기본적인 의사소통의 요건조차 갖추지 못하게끔 한다. 2007년처럼 후보가 여섯 명이 되면 무대 구성의 문제점은 더욱 심각해진다. 후보들은 카메라 또는 사회자만 보며 이야기하게 되고, 양 끝에 있는 후보들은 서로 시선을 맞추기도 어렵다.

미국 타운홀 토론의 무대 구성도 살펴보자. 이 경우 연단은 없고 단지 필기를 할 수 있는 작은 받침대와 앉고 일어서기가 쉬운 높은 걸상만이 배치되어 있다. 이는 후보가 좀 더 쉽게 앉고 서고 이동하면서 자유로이 관중 참여적인 토론을 하도록 장려하는 소품의 사용 및 배치라고 볼 수 있다. 여기서 주목해야 할 또 다른 점은 바로 관객의 배치다. 관객의 역할은 국민을 대표해서 후보를 관찰하는 것이기 때문에 관객은 후보보다 더 높은 위치에 있는 것이 이상적이다. 특히 미국 타운홀 형식은 가장 시민 참여적인 토론의 형태로서 관객이 후보를 내려다보도록 좌석이 배치되어 있다. 후보와 관객의 거리 또한 매우 가까워서 국민과 후보가 같은 공간에서 함께 소통하고 있다는 인상을 심어주며 토론의 생동감을 한층 높여준다.

또한 토론 화면을 시각적으로 효과 있게 구성하는 것은 매우 중요하다. 시민들은 대부분 TV 또는 기타 매체를 통해 간접적으로 토론을 시청하기 때문에 아무리 불꽃 튀는 토론이라 해도 국민들에게 전달될 때에는 현장의 역동성과 생동감이 떨어질 수 있기 때문이다. 이런 한계를 보완하려면 어떻게 해야 할까?

다음 연속 사진들은 우리나라 대선 토론의 전형적인 화면 구성을 보여주고 있다. 토론 중 발언하는 차례가 돌아갈 때마다 화면을 채우는 인물이 바뀔 뿐 별다른 구도적 변화나 시각적 보조 장치가 없다. 두 시간 내내 모든 후보가 보이는 무대 전체 화면, 또는 아래와 같이 후보 한 명만을 보여주는 화면 딱 두 가지만 있었다. 카메라는 현장에 있지 못하는 국민의

▲2007년 한국 대선 토론 화면 구성

눈이 되어 토론장 곳곳의 모습과 경쟁 후보의 숨은 행동을 잡아주어야 하는데, 그러한 기능이 완전히 상실된 것이다.

반면 미국과 영국의 토론 화면 구성은 좀 더 다양한 구도와 시각적 보조 장치를 사용해 전달 효과를 극대화하고 있다. 아래 사진은 2010년 영국 총리 후보 토론 화면이다. 일단 가장 먼저 눈에 띄는 것은 무대의 배경이다. 우리나라의 경우, 배경이 온통 검은색이어서 좋게 말하면 묵직하고 엄숙하지만 나쁘게 말하면 칙칙하기 그지없다. 반면 영국은 밝은 색의 세련된 무대 배경 때문에 일단 분위기가 밝고 경쾌해진다. 특히 중요한 것은 세 토론자를 모두 한 화면에 잡아, 발언을 하고 있는 후보뿐 아니라 다른 후보들이 반응하는 모습까지도 보여준다는 점이다. 이는 후보가 상대방의 말에 얼마나 귀를 기울이고 있으며 발언 내용에 어떻게 반응하는지를 드러냄으로써 경청의 자세를 판단할 수 있게 한다.

미국 역시 두 후보를 한 화면에 잡는다. 다음 페이지 왼쪽 사진인 타운홀 토론의 경우에는 일인 구도one shot, 양 후보를 동시에 잡는 이인 구도two shot, 청중과 함께 잡는 컷을 번갈아 보여주면서

▲2010년 영국 총리 후보 토론 화면 구성

▲2008년 미국 대선 토론 화면 구성(왼쪽 2차 토론, 오른쪽 3차 토론)

토론의 현장감을 높이고 있다. 오른쪽 사진인 자유 토론의 경우 양 후보를 클로즈업해서 촬영한 이인 구도를 90분 남짓한 토론 내내 내보낸다. 이 과정에서 시청자는 토론자 및 경청자로서 후보의 면모를 판단할 수 있게 되고, 더불어 긴 토론 시간 동안의 표정과 몸짓 변화를 노출시키면서 인간적인 모습까지 드러내주는 역할을 한다.

한 가지 더 주목할 점은 미국 대선 토론 화면 하단에 보이는 자막이다. 미국 대선 토론에서는 현재 논의되고 있는 질문이 화면 하단에 항상 자막으로 명시되어 있다. 유권자들은 후보의 발언을 자막의 질문과 비교하면서 후보가 엉뚱한 대답을 하고 있지는 않은지 확인할 수 있다. 또 토론 중간에 시청하기 시작한 유권자들이 좀 더 쉽게 토론의 흐름을 파악할 수 있도록 도와준다.

질문 자막과 더불어 전문 용어와 고유명사도 자막 처리하면 더욱 좋을 것이다. 질문과 답변에 일반 시민은 이해하기 어려운 전문적인 용어가 등장할 때가 종종 있다. 예를 들어 2002년 대선 토론에서 언급된 중대소 선구제라든지 SOFA협정 같은 용어는 사회자가 질문을 던질 때 간단한 정의를 자막으로 화면에 명시해준다면 유권자가 토론 전반을 이해하는 데 도움이 될 것이다.

끝으로, 우리가 참고할 만한 선진 사례가 또 하나 있다. 호주는 총리 후보 토론에서 청중 반응 시스템 Audience Response Systems을 도입하고 있다. 토론 현장에서 듣고 있는 청중들에게 리모컨을 나눠주고 실시간으로 각 후보가 하는 발언을 평가할 수 있도록 하는 것이다. 좋은

▲2010년 호주 총리 후보 토론 화면 구성

발언이 나왔을 때는 + 버튼을, 동의하지 않는 발언이 나왔을 때는 - 버튼을 눌러서 그 평균값을 토론 화면 아래의 그래프로 바로 보여준다.

　모든 유권자가 동시에 토론 현장에 들어갈 수는 없다. 그러나 토론 현장에 있는 것과 최대한 유사한 상황을 제공할 수는 있다. 후보들에게는 유권자들의 얼굴을 마주 보고 말하는 것과 같은 책임감과 생동감을 제공하고, 유권자들에게는 후보를 머리부터 발끝까지 관찰할 수 있게 하는 시각적 방안, 그것이 답이다. 해외의 좋은 사례들은 적극 당겨서 도입하자. 시골에 계신 할아버지 할머니도, 맥주 한잔 하며 보는 직장인들도, 강의실에 있는 학생들도, 더욱 즐겁게 대선 토론에 빠져들 수 있도록.

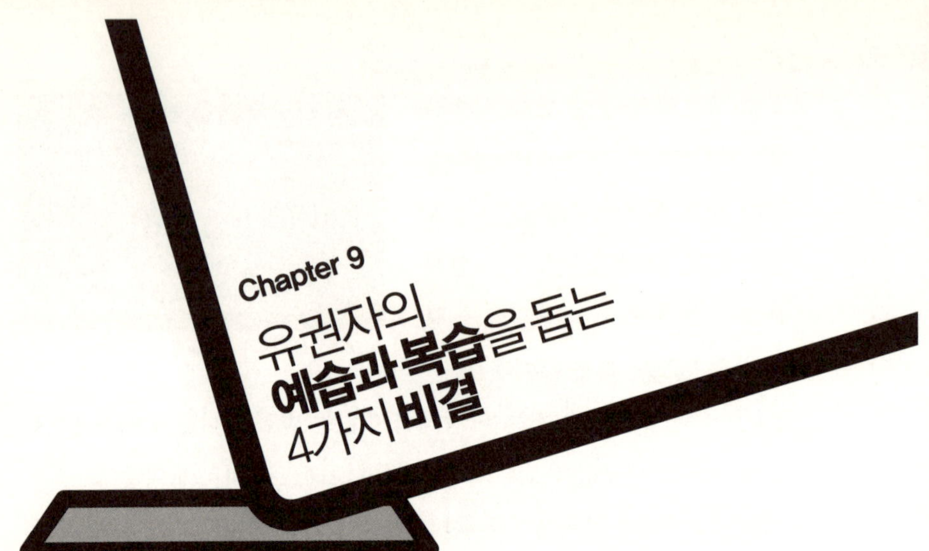

대선 토론이라는 밥상을 중앙선거방송토론위원회가 아무리 잘 차려놓고 기다려도 많은 유권자들이 와서 숟가락으로 떠먹지 않으면 무슨 소용이겠는가. 유권자가 예습, 복습을 잘하도록 유인하려면 대선 토론 형식을 어떻게 바꿔야 할까? 네 가지가 있다. 토론 전에 후보들의 차이를 미리 인지하도록 돕는 것, 토론 발언의 사실관계를 검증하는 것, 토론의 후속 평가를 바로 하는 것, 끝으로 장기적인 관점에서 유권자의 교육을 돕고 토론백서를 발간하는 것이다.

첫째, 어떻게 하면 유권자가 예습을 손쉽게 할 수 있을까? 사실 관심 있는 유권자들이야 평소에 다양한 매체들을 통해 주요 후보들의 특징과 정책을 대략 파악하고 있을 것이다. 그러나 대다수의 유권자들은 수많은 정책 공약들을 제대로 알기도 어려울 뿐 아니라 정보들을 수합해 각 후보들을 면밀히 비교한다는 것이 불가능하므로 조금 더 쉽고 간단한 장치가 있으면 좋을 것이다.

여기서 참고할 만한 것이 바로 미국의 유권자 가이드[voter guide]다. 미국의 주요 언론사와 시민 단체들은 토론 전에 각 후보들의 주요 정책들을 비교한 표를 대대적으로 보도한다. 특히 동일한 사안에 대해 각 후보들의 견해가 어떻게 다른지를 한눈에 볼 수 있기 때문에 유권자를 위한 '가이드'의 기능을 충실히 수행한다.

언뜻 매우 간단한 것으로 보이겠지만, 이 간단한 것도 우리나라에서는

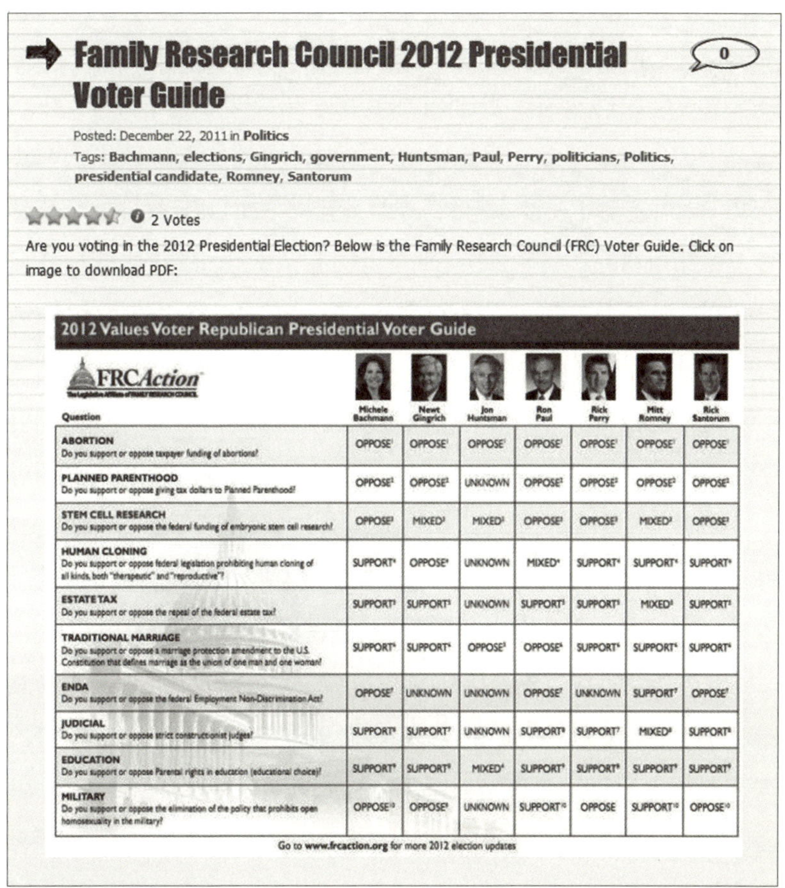

➡ Family Research Council 2012 Presidential Voter Guide

Posted: December 22, 2011 in **Politics**

Tags: **Bachmann, elections, Gingrich, government, Huntsman, Paul, Perry, politicians, Politics, presidential candidate, Romney, Santorum**

★★★★☆ **❶** 2 Votes

Are you voting in the 2012 Presidential Election? Below is the Family Research Council (FRC) Voter Guide. Click on image to download PDF:

2012 Values Voter Republican Presidential Voter Guide

FRCAction
The Legislative Affiliate of FAMILY RESEARCH COUNCIL

Question	Michele Bachmann	Newt Gingrich	Jon Huntsman	Ron Paul	Rick Perry	Mitt Romney	Rick Santorum
ABORTION Do you support or oppose taxpayer funding of abortions?	OPPOSE[1]	OPPOSE[1]	OPPOSE[1]	OPPOSE[1]	OPPOSE[1]	OPPOSE[1]	OPPOSE[1]
PLANNED PARENTHOOD Do you support or oppose giving tax dollars to Planned Parenthood?	OPPOSE[1]	OPPOSE[2]	UNKNOWN	OPPOSE[2]	OPPOSE[2]	OPPOSE[2]	OPPOSE[2]
STEM CELL RESEARCH Do you support or oppose the federal funding of embryonic stem cell research?	OPPOSE[3]	MIXED[3]	MIXED[3]	OPPOSE[3]	OPPOSE[3]	MIXED[2]	OPPOSE[3]
HUMAN CLONING Do you support or oppose federal legislation prohibiting human cloning of all kinds, both "therapeutic" and "reproductive"?	SUPPORT[4]	OPPOSE[4]	UNKNOWN	MIXED[4]	SUPPORT[4]	SUPPORT[4]	SUPPORT[4]
ESTATE TAX Do you support or oppose the repeal of the federal estate tax?	SUPPORT[5]	SUPPORT[5]	UNKNOWN	SUPPORT[5]	SUPPORT[5]	MIXED[5]	SUPPORT[5]
TRADITIONAL MARRIAGE Do you support or oppose a marriage protection amendment to the U.S. Constitution that defines marriage as the union of one man and one woman?	SUPPORT[6]	SUPPORT[6]	OPPOSE[5]	OPPOSE[6]	SUPPORT[6]	SUPPORT[6]	SUPPORT[6]
ENDA Do you support or oppose the federal Employment Non-Discrimination Act?	OPPOSE[7]	UNKNOWN	UNKNOWN	OPPOSE[7]	UNKNOWN	SUPPORT[7]	OPPOSE[7]
JUDICIAL Do you support or oppose strict constructionist judges?	SUPPORT[8]	SUPPORT[7]	UNKNOWN	SUPPORT[8]	SUPPORT[7]	MIXED[8]	SUPPORT[8]
EDUCATION Do you support or oppose Parental rights in education (educational choice)?	SUPPORT[9]	SUPPORT[9]	MIXED[4]	SUPPORT[9]	SUPPORT[8]	SUPPORT[9]	SUPPORT[9]
MILITARY Do you support or oppose the elimination of the policy that prohibits open homosexuality in the military?	OPPOSE[10]	OPPOSE[9]	UNKNOWN	SUPPORT[10]	OPPOSE	SUPPORT[10]	OPPOSE[10]

Go to **www.frcaction.org** for more 2012 election updates

▲미국 유권자 가이드 사례

▲CNN의 팩트체크 사례

아직 완전히 자리 잡지 못한 것이 현실이다. 미국의 유권자 가이드가 대선 쟁점들을 종합적으로 일관성 있게 요약하여 정보를 제공하는 반면, 우리나라 언론에서는 일회적이고 부분적인 경우가 많다. 이제는 각 후보별 차이를 자세하고 일목요연하게 정리한 유권자 가이드가 대선 토론 때마다 미리미리 제공되어야 한다. 유권자가 예습을 하게 하려면, 좋은 예습 참고서가 있어야 하는 것이다.

둘째, 토론을 통해 후보를 검증하기 위해서는 토론 자체도 중요하지만 후속 평가가 더욱 중요하다. 그래야 토론의 내용이 탄탄해진다. 하지만 우리나라는 이런 후속 평가를 하는 체계적인 기제가 거의 전무하다. 그냥 묻히고 지나가는 것이 일상다반사다. 반면 미국에서는 여러 주체들이 자율적으로, 그러나 상당히 엄격하게 사실관계 검증을 진행하고 있다.

미국 언론사의 대부분은 대선 토론 직후뿐만 아니라 지속적으로 주요 정치인들의 각종 발언들을 모니터링하고 있다. 〈워싱턴 포스트〉와 CNN은 사실관계 검증 전문 웹페이지를 별도로 개설해 관리해오고 있다. 이를테면, 2008년 미국 대선에서 오바마는 감세정책과 관련해 "매케인은 중산층에 해당하는 1억 명의 미국인에게 세금 감면 혜택을 주지 않는다"

는 주장을 한 바 있다. 그러나 CNN은 이것이 사실이 아니라고 밝히고, 오바마가 상대방 정책을 그릇된 사실에 기반하여 비판했던 것이라고 재차 지적했다. 특히 이 보도는 당시 오바마의 대통령 당선 가능성이 높게 점쳐지고 있는 상황이었는데도 불구하고 CNN이 엄격한 잣대를 들이대어 그 발언의 사실관계 여부를 조사하고 이를 공표한 것이라는 점에서 그 공정성을 높이 평가할 만하다.

한편, NGO 주도하의 사실관계 검증도 활발하게 이루어지고 있다. 팩트체크FactCheck, http://factcheck.org가 대표적인 단체다. 팩트체크는 초당파적인 비영리 조직으로 미국 펜실베이니아 대학교의 공공정책센터 APPC the Annenberg Public Policy Center의 내부 프로젝트 형태로 2003년에 시작되었다. 팩트체크의 리더를 맡고 있는 잭슨Brooks Jackson은 CNN에 근무하던 1992년 대선부터 후보들의 발언에 대한 사실관계를 검증하는 뉴스 포맷을 도입한 선구자였다.

오늘날 팩트체크는 미국 정치에서 유권자를 혼란케 하고 기만하는 요소들을 없애는 것을 목표로 하는 유권자 권익 단체로 자리매김했다. TV 광고, 토론, 연설, 인터뷰, 신문 보도 등에서 미국의 주요 정치인들이 언급한 발언의 정확성을 모니터링한 10년 분량의 방대한 데이터베이스를 갖추고 있다.

예를 들어, 2008년 2차 타운홀 토론에서 오바마는 "이라크 정부가 가지고 있는 잉여금이 790억 달러에 달하는데도 미국은 이라크전에 너무 많은 비용을 지출하고 있다"고 발언했다. 팩트체크는 선거 유세 중에 이미 오바마가 인용한 수치가 잘못된 수치라고 팩트체크가 지적했는데도 불구하고 대선 토론에서 또다시 잘못된 수치를 반복해 인용했다고 밝히고 있다. 이는 대선 후보의 발언에 대한 사실관계 검증을 일회성으로 끝내는 것이 아니라 후보가 어떻게 반응하는지를 계속해서 주시해 피드백

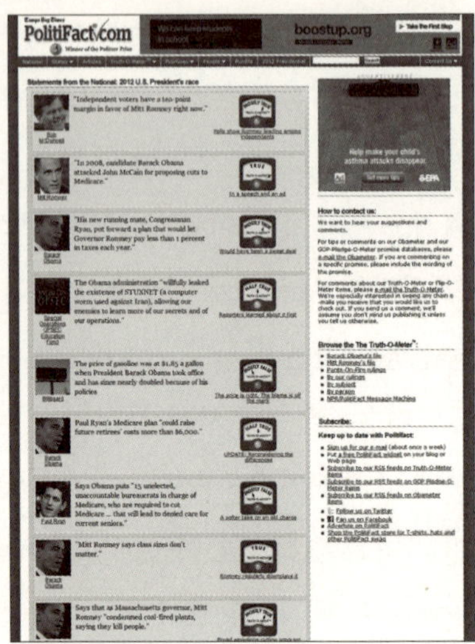

▲ 팩트체크(왼쪽)와 폴리티팩트(오른쪽) 사례

을 지속적으로 공유하려는 팩트체크의 노력을 잘 보여주는 사례다.

중요한 것은 이런 사실관계 검증 자료를 데이터베이스화하는 것이다. 처음에는 어렵겠지만, 그것이 쌓이면 정치권 전반에 만연한 거짓말과 허세를 없애는 데 큰 힘이 될 것이다. 당장 미국처럼 주요 정치인들 모두를 모니터링하는 것은 쉽지 않겠지만 '최소한' 대선 토론에 관해서만큼은 하루빨리 체계화된 사실관계 검증이 이루어지도록 해야 대통령이라도 거짓말을 하지 않게 되지 않겠는가.

셋째, 대선 토론 후에도 '설거지'가 필요하다. 설거지란, 하나는 토론의 내용에 대한 분석이고 다른 하나는 인물과 토론 자체에 대한 평가다. 예를 들어 오늘 토론 주제가 충분히 다루어졌는지, 각 후보가 질문에 대해 얼마나 제대로 된 답변을 했는지, 다른 후보의 반론을 수용하고 적절한 재반론을 펼쳤는지 등이 있다. 이런 토론에 대한 평가는 유권자로 하여금 후보의 의사소통 능력, 리더의 면모, 정보처리 능력 등을 다각적으로 관찰하게끔 하는 데 매우 중요하다.

미국에서는 토론 후속 평가 프로그램이 일상적이다. 양 후보를 지지하는 각각 12명의 패널들과 진행하는 토크쇼 'Debates Focus Group', 인터넷 블로거들 간의 토론인 'Bloggers debates the debate', 남녀 패널 간의 토론인 'Debating the debate', CNN 정치 전문 기자 네 명의 토크쇼인 'Analyzing the Debate' 등이 있다. 특히 CNN의 Analyzing the Debate는 2012년 공화당 당내 경선 토론이 끝난 직후 공화당 선거 전략가는 물론 민주당 선거전략가까지 초대해서 반대편에서 바라본 공화당 후보 평가까지 다면적으로 시행한 바 있다.

마지막으로, 대선 토론 및 정치 문화의 중장기적인 발전을 위한 유권자 교육이다. 미국 CPD는 자신들의 역할을 "미국 유권자를 위해 살아 있는 민주주의 교육을 담당"하는 것으로 정의하고 있다. 그리고 'Debate Watch'라는 프로그램으로 유권자 교육을 운영한다. 유권자들을 대상으로 대선 토론을 함께 시청하게 하고 그 후 참가자들끼리 무엇을 배웠는지, 앞으로 대선 토론에서 무엇이 바뀌었으면 좋겠는지를 함께 논의하는 프로그램이다. CPD는 이 프로그램을 더욱 효과적으로 알리고 교육시키기 위해서 약 60여 개의 교육기관, 학술 단체 및 NGO들과 파트너십을 맺고 있다. CPD는 또한 대선 토론이 끝나면 백서를 발간한다. 전문가는 물론이고 유권자들의 의견, 특히 Debate Watch 프로그램에 참가한 유권자들이 전달한 의견—이후 대선 토론에서 다뤄지길 희망하는 주제, 토론 중 가장 도움이 된 사항 등—을 담고 있다. CPD는 이 의견들을 모아서 대선 토론의 변화 발전 방향을 모색한다. 2012년에 CPD는 인터넷 기업들과 협력해 한층 혁신적이며 발전된 형태의 유권자 교육을 대선 토론 이전부터 미리 시행할 것이라고 예고했다.

우리나라도 중앙선거방송토론위원회가 2008년 7월 10일 '2007년 선거방송토론백서'를 만들어 웹사이트를 통해 배포한 바 있다. 이 자료를 읽어보면 선거가 끝난 후인 2007년 12월 27일에 정치, 언론, 학계, 위원회 직원 등 100여 명이 참석한 '제17대 대통령 선거 방송 토론 평가 세미나'를 개최했고, 2008년 4월 17, 18일에 걸쳐 '중앙선거방송토론위원회 위원 워크숍'도 열었다. 아쉬운 점은 세미나와 워크숍에 일반 유권자가 참여해서 직접적인 목소리를 낼 기회가 닫혀 있었고, 선거방송토론백서 자체에서도 유권자가 대선 토론을 보고 느낀 피드백은 찾아볼 수 없었다는 것이다.

또 중앙선거방송토론위원회는 대선 토론이 유권자의 투표 행위에 미치는 영향 등을 분석하기 위한 설문조사도 세 차례 실시했다. 하지만 문제는 그 조사 결과 역시 미국의 Debate Watch 프로그램과는 달리, 유권자가 대선 토론을 보면서 느낀 문제점이나 앞으로 바라는 바 등에 대한 연구는 누락되어 있었다는 점이다.

학생이 시험을 보고 교사가 채점을 하듯, 운동선수가 경기를 펼치고 심판이 판정을 하듯, 대선 토론 역시 후보가 토론을 벌이고 국민이 평가를 해야 한다. 예습, 복습은 유권자의 몫이지만, 유권자들이 예습, 복습을 할 수 있도록 돕는 것은 중앙선거방송토론위원회, 언론, 그리고 많은 NGO들이 서로 함께 노력해야 하는 부분이다. 그리고 이런 노력은 늦었지만 빨리 시작해야 한다. 빨리 시작할수록 자료가 쌓이고 경험이 쌓인다. 내일보다는 오늘이 더 낫다.

"여성유권자연맹League of Women Voters은 대선 토론 진행을 포기하려고 합니다. (…) 왜냐하면 두 정당 선거 조직의 요구가 미국 유권자들을 기만하고 있기 때문입니다. 대선 토론을 내용 없고 자연스럽지 않으며 어려운 질문에는 답하지 않는 일종의 선거 캠페인으로 만들려는 것이 분명합니다. 여성유권자연맹은 미국 대중을 속이는 데 들러리가 될 생각이 없습니다."

1988년 여성유권자연맹이 발표한 성명서의 한 구절이다. 1976년부터 1980년, 1984년까지 미국 TV 대선 토론을 주관해온 비영리단체인 여성유권자연맹은 1988년 대선 토론을 앞두고 위와 같은 이유로 더 이상 토론을 진행하지 않겠다고 선언한다. 여성유권자연맹에 이어서 1988년부터 독립 민간 조직인 미국 CPD가 대선 토론을 주최하게 된다.

CPD가 타운홀 토론을 도입하고 유권자 교육 프로그램, 대선 토론 피드백을 수렴한 백서 발간 등 다채로운 변화를 꾸준히 시도해온 것은 인정해야 할 부분이다. 그러나 비판도 지적되고 있다. 첫째는 CPD 위원들이 대부분 기존 양대 정당 관련 인물들로 채워지고 있기 때문에 대선 토론에서 정당의 영향력이 과도하게 행사된다는 비판이다. 둘째는 대선 토론의 스폰서 단체로 기업이 포함되어 있기 때문에 이들의 영향력도 상당하게 발휘된다는 비판이다. 예를 들어, 2008년의 경우에는 안호이저-부시(맥주회사), EDS(IT 기업 HP의 자회사) 등이 스폰서로 참여했다(스폰서 단체에는 YWCA, 하워드 버핏 재단과 같은 비영리 기관들도 포함되어 있긴 하다).

그렇다면 우리나라는 어떨까? 1997년과 2002년 대선 토론은 공영 방송사가 주도해 만든 한시적 조직인 대통령선거방송토론위원회 주관으로 진행되었다. 하지만 대선 토론 담당 조직을 상설화해야 한다는 의견이 힘을 받아 2004년 중앙선거방송토론위원회가 공직자 선거 토론을 전담하는 상설 기관으로 꾸려진다. 중앙선거방송토론위원회를 미국과 비교하면 더 나은 측면이 있다.

첫째, 중앙선거방송토론위원회는 정부 조직이기 때문에 운영자금이 전부 정부를 통해 충당된다. 그만큼 방송사나 민간 광고주 등으로부터 자유로울 수 있다.

둘째, 후보가 토론에 반드시 참여하도록 법으로 강제되어 있다. 비록 정당한 사유 없이 토론에 불참하는 후보에게는 고작 400만 원 이하의 과태료만 부과한다는 한계가 있지만, 법적으로 후보 참석을 강제하지 못하는 미국과 비교한다면 좋은 여건이다.

셋째, 의사 결정 권한을 갖는 위원들의 구성이 미국에 비해서는 상대적으로 다채롭다(물론 위원들의 직업적 면면을 살펴볼 때 높은 수준의 다양성을 확보하고 있다고 보기는 어려울 것이다). 2012년 현재, 유일상 위원장과 윤원구 상임위원(공무원, 중앙선관위 추천)을 비롯해 이정희 위원(교수, 중앙선관위 추천), 이세진 위원(KBS 아나운서, 새누리당 추천), 성한용 위원(《한겨레신문》, 민주통합당 추천), 김찬태 위원(KBS 선거 방송 전문 PD, KBS 추천), 성경섭 위원(MBC 논설위원, MBC 추천), 성문용 위원(변호사, 법조계 추천), 임현진 위원(교수, 시민 단체 추천), 김정탁 위원 (교수, 학계 추천), 허익범 위원(변호사, 방통위 추천)까지 총 11명으로 구성되어 있다. 또 자문 역할을 담당하는 10명의 토론 전문 위원들도 존재한다.

중앙선거방송토론위원회 웹사이트 자료실에 가보면 세미나 자료, 선거 방송 토론 논단 자료, 기타 자료 등 약 200여 개에 이르는 좋은 자료들이 산적해 있다. 그런데 자료들을 읽어 보면 놀랍게도 이미 대선 토론이 시작된 1997년부터 이 책에서 앞서 언급했던 사안들과 비슷한 문제점과 해결책을 제안하고 있다.

"합동 토론은 5일 이상의 간격으로 적어도 서너 번은 충분히 개최할 수 있는 시점이어야 한다." – 1997년《대선 텔레비전 토론 방송 연구》보고서의 일부

"유권자들의 실질적인 TV 토론 참여를 보장한다고 볼 수 있는 시민 포럼 형식을 법정 TV 토론 기간 동안 단독 TV 토론 프로그램으로 1~2회 정도 개최하여 유권자로서 시민이 궁금해하는 쟁점에 대해 후보들에게 직접 질문할 수 있는 기회를 제공해야 한다." – 2002년《대통령 후보 TV 토론의 법적·제도적 쟁점과 개선 방안》보고서의 일부

"반론에 대한 후보의 심화된 재반론의 기회가 상실됨으로써 본격적인 논쟁의 수준으로 발전하지 못하였다. 실제로 주요 의제나 공약에 대해서 후보들은 1차 공격과 1차 방어 수준에서 마무리될 뿐 보다 구체적이고 본격적인 대결 지점을 형성하지 못하였다." – 2007년 '제17대 대통령 선거와 언론 : 종합 평가와 과제' 세미나 발표 자료의 일부

중앙선거방송토론위원회가 문제점과 해결책을 진작 인지하고 있었는데도 지금껏 실행되고 있지 않았다면, 도대체 무엇이 문제일까?

우선 정부 기구인 중앙선거방송토론위원회가 '공정성'이라는 기준에 얽매여서 대선 토론을 효과적으로 진행하고 있지 못하다는 비판이 있다. 정부 기관으로서 공정함은 미덕이고, 대선 토론에서 매우 중요한 요소이기도 하다. 하지만 정부 기관으로서의 공정함을 강조하는 것이 지나치다 보니 유권자 입장에서 필요한 효과적 토론을 만들기 위한 고민과 노력이 부족해질 수밖에 없다.

또 중앙선거방송토론위원회를 이끄는 위원들이나 공무원 조직인 사무국 직원들이 추후에 논쟁거리가 될 수 있는 새로운 아이디어를 대선 토론에 시도할 인센티브는 사실 크지 않을 것이다. 반대로 그들이 짊어져야 할 일은 산더미 같다. 또 좋은 의도로 변화를 제안했지만 정작 유권자와 정치권으로부터 수많은 비판이 쏟아질 수도 있다. 이런 상황에서 '이번 대선 토론도 예년과 크게 다르지 않게 안전하게 가자'는 유혹에 시달리는 것은 인지상정일 것이다.

이 때문에 중앙선거방송토론위원회의 법적 지위가 어떠해야 할지 한번 생각해볼 필요가 있다. 미국 대선 토론이 우리나라 대선 토론보다 질적 측면에서 앞서고 있다고 말할 수 있는 이유는 오랜 역사적 경험을 가지고 있어서이기도 하지만, 주관 단체인 CPD가 민간 조직인 데서 오는 강점에서 비롯된 부분도 있다. 유권자의 목소리를 좀 더 민감하게 받아들이고 적극적으로 반영할 여지가 존재하기 때문이다. 우리나라 중앙선거방송토론위원회도 기존의 공정성을 담보했던 정부 조직의 장점을 살리되 유권자의 요구에 좀 더 민감하게 반응할 수 있도록 조직의 지위나 구성의 변화를 고려해봄 직하다.

한편, 중앙선거방송토론위원회가 모든 의사 결정 과정에서 '유권자'

를 한가운데 두고 고민하고 행동하기 위해서, 즉 '유권자를 위하고 대변하는 토론 기획 및 운영 조직'으로 재탄생하기 위해서는 조직 철학의 변화가 필요하다. 그리고 그 철학을 실행으로 옮기기 위한 제도적 장치 아이디어 중 하나로서 '시민 배심원'을 고려해볼 수 있다.

아직 우리나라에서는 초기 실험 단계이지만, 미국 뉴스나 드라마 또는 영화를 통해서 법정 배심원 제도를 본 분들이 많으실 것이다. 통상 12명의 시민으로 구성된 배심원은 법정 토론의 공방을 주의 깊게 관찰하고 질문을 던지며 깊은 고민 끝에, 어느 쪽 손을 들어줄지 결론을 내리곤 한다. 이 배심원 제도를 살짝 본떠보면 어떨까.

시민 배심원의 가장 중요한 역할은 중앙선거방송토론위원회가 유권자 중심의 조직으로 제 기능을 발휘할 수 있도록 하는 것이다. 대선 토론에 관심이 있는 유권자 중 성별, 연령, 소득 수준, 학업, 직업, 정치적 지향점 등을 균형감 있게 고려하여 10명 내외의 소규모 그룹으로 시민 배심원을 구성해보자. 이들에게는 대선 토론과 준비 과정, 의사 결정 절차 등에 대해 충분한 교육 기회를 사전에 제공하자. 위원회의 의사 결정 전 과정을 면밀히 방청하고 예리한 질문을 함으로써, 제대로 견제할 수 있는 권리를 시민 배심원에게 부여해보자. 또 시민 배심원이 유권자의 눈높이에서 대선 토론을 위한 여러 가지 아이디어를 위원회에 제시할 수 있는 공식 통로를 만들어보자.

그리고 중앙선거방송토론위원회 스스로도 자체적 혁신 노력을 소홀히 해서는 안 된다. 위원회의 회의록 전문을 웹사이트에 공개해 투명하고 절차적 정의를 갖춘 의사 결정 과정이 되도록 모범을 보였으면 한다. 또 위원회의 구성도 더 넓은 폭의 사회적 다양성과 깊은 전문성을 추구하는 쪽으로 변화할 필요가 있다. 앞서 언급했지만, 대선 토론에 대한 사후 평가도 마찬가지다. 대선 토론의 진행 전, 진행 중, 진행 후 전반의 과정에 대한 냉정한 평가가 필요하다. 설문 조사나 인터뷰를 통해 일반 유권자들이 이번 대선 토론을 어떻게 평가하는지, 효과에 대해 어떻게 느끼는지, 앞으로 어떤 점이 변화되길 바라는지 등에 대해 진솔하게 경청하려는 자세가 필요하다. 여기서 얻은 뼈아픈 평가를 바탕으로 중앙선거방송토론위원회는 다음번 대선 토론을 어떻게 발전시킬지에 대해 끈질기게 고민하고 또 고민해야 한다.

대선 토론을 변화시킬 수 있는 아이디어는 많다. 지금까지 이 책에서 제안한 변화의 방향도 어찌 보면 교과서에 나올 법한 진부한 소리일지도 모른다. 하지만 이 진부한 이야기도 중앙선거방송토론위원회가 변해야 실현할 수 있다. 중앙선거방송토론위원회는 지금보다 더더욱 '유권자의, 유권자에 의한, 유권자를 위한' 조직이 되어야 한다.

그리고 변화의 힘은 정부도, 정당도, 언론도, 학교도 아닌 바로 시민으로부터 나온다. 우리 유권자가 깨어 있는 시민으로서 한 사람 한 사람 제 역할을 다할 때 비로소 변화는 찾아온다. 그리고 계속될 수 있을 것이다.

이 책을 접는 당신에게

나이가 들수록 생기는 깨달음이 있다. "네 인생이 네 메세지다"라는 간디의 말이다.

책을 함께 쓴 우리 모두는 공공의 가치^{Public Value}를 믿는 사람들이다. 나이도 다르고 경험도 다르다. 정치를 하겠다는 사람도 있고, 기업이나 학교, 연구소에 가겠다는 사람도 있다. 나중에 어쩌면 사업을 하는 사람도 있으리라. 그래도 우리의 공통분모는 딱 더도 말고 덜도 말고 '공공의 가치를 믿는다'는 것이다.

우리는 각자 나름의 사회적 정의감을 가지고 있고, 사회에 대한 책임감도 느끼고, 그리고 지금보다 나은 사회를 꿈꾼다. 가끔씩은 현실의 벽에 좌절하기도 한다.

그리고 그 와중에 우리는 깨닫는다. 변화란 바로 나부터 시작해야 한다고 깨닫는다. 주위를 바꾸려면 나부터 그렇게 살아야 한다는 것을 깨닫는다. 하루이틀이 아니라 우리의 인생이 우리가 믿는 정의를 온몸으로 증명할 때만이 사람들이 그 가치를 비로소 믿기 시작한다는 것을 깨닫는다.

국민들께 좋은 대통령을 뽑는 데 도움이 되는 책을 쓰자고 시작한 일이었다. 그런데 정작은 우리 자신에게 가장 도움이 많이 된 책이었다.

우리는 공공의 가치를 믿는다. 그리고 이제 우리의 책이 아니라 우리의 인생이 그것을 증명해 보이기를 기도한다.

김상범, 박설리, 박소령, 유혜영, 최현도

너무나 감사한 분들이 많다. 아래 순서는 감사한 정도의 순서가 아님을 꼭 알아주길 바란다.

☙ 작가, 출판사, 디자인팀, 마케팅팀, 서점 등 각각 이해관계가 다른 사람들을 조금씩 양보하도록 돕고 앞으로 나아가게끔 하는 오유미 편집장. 정치가 별건가? 서로 다른 생각을 가진 사람들을 모아 작더라도 공통의 변화를 이뤄내는 것. 결국은 그게 우리가 리더에게 바라는 마음 아닌가? 능력있고 좋은 편집인을 만난 건 큰 행운이었다.

☙ 정작 책은 이분이 써야 한다. 단연 대선 토론의 최고 전문가인 김찬태 위원. 이분의 컴퓨터 하드에는 국내외 대선 토론의 지난 20년 역사가 가득 차 있다. 대선 토론에 대해 제일 많이 아시는 분인데 아이러니하게도 우리가 만난 그 누구보다 겸손했다.

☙ 오늘날의 〈100분 토론〉 토대를 만든 이영배 PD. 토론 참석자는 불편하더라도 시청자에게 좋은 토론을 보여주기 위해서라면 무엇이든 하는 열정과 의지, 배포 그리고 경험에서 우러나오는 반짝반짝한 아이디어가 넘치는 PD다. 이 사람이 설계한 토론에 나가 멋진 토론을 함께 만들어 보고 싶다.

☙ 첫 만남에서 "거룩한 말씀이긴 한데, 그렇게 돌아가지 않는 현실의 어려움도 볼 수 있어야 합니다"라고 말함으로써 우리 안에 잠재해 있던 거룩한 말씀의 싹을 싹둑 잘라버린 손석희 교수. 우리는 이 사람의 군더

더기 없는 질문과 일관성이 정말 좋다. 좋은 토론 사회자는 사회를 잘 보는 게 아니라 인생을 잘사는 게 훨씬 더 중요하다는 것을 간결하게 증명해 보여주는 사람이다.

◐ 미국에 있는 동안 수업보다 더 열심히 들은 'CBS 기자 수첩'의 주인공 변상욱 대기자. 책을 쓰면서 도움을 받은 분들 중에 가장 먼저 만났고, 가장 마지막까지 만났다. 힘들 때 격려해주고, 막힐 때 아이디어 주고, 배고플 때 밥도 줬다. 이렇게 꼿꼿하고 날카로운 시각을 가진 사람이 어쩌면 이리 부드러운 성품을 가질 수 있는지. 자기 일을 오랫동안 꾸준히 하면 그 자리에서 빛이 난다는 사실을 보여주는 사람이다.

◐ 책에 대해 가장 뼈아픈 조언을 했던 김성식 전 의원. "글이 계몽적이에요. 어깨 힘 좀 빼시죠." 결국 원고의 20퍼센트를 싹 바꿨다. 진보·보수를 떠나서 제18대 국회에서 우리는 이 사람보다 더 나은 정책 활동을 했던 국회의원을 기억하지 못한다. 그런데 낙선했다. 우리나라의 향후 10년을 고민할 때 가장 주목해야 하는 정치인 중 하나라고 확언한다.

◐ 정당 내 경선 토론의 생경한 현장과 이면을 볼 수 있게 도와준 송호창 의원. 덕분에 정치에 대한 절망과 희망을 함께 보았다. 정치권 밖의 사람이 정치에 도전할 때 정치판 기존 인사들은 '경험 부족'을, 지지자들은 '구습으로부터의 자유'를 주장하기 마련인데, 우리는 이 초선 의원에게서 명확하게 후자의 가능성을 보았다. 과천, 의왕 시민들은 이 정치인의 순수한 용기를 잘 지켜주고 적극 활용하시기 바란다.

◐ 언젠가 이 책을 영어로도 출판해야겠다는 생각과 영감, 용기를 준 〈뉴욕 타임스〉의 최상훈 기자. 〈뉴욕 타임스〉에서 며칠 건너 한 번씩 한국 기사를 볼 수 있는 건 온전히 그의 성실한 기자 정신 때문이다. 아시는가? 2000년 한국인 최초로 퓰리처상을 받은 이 영어 글쟁이가 사실은 지방 출신의 토종이라는 점. 그래서 〈뉴욕 타임스〉에 실린 한국 기사는 한

국 사람이 봐도 놀랄 만큼 정확하고 날카롭다. 솔직히 한국 신문에 실린 한국 기사보다 훨씬 낫다.

❧ 서울과 미국을 오가는 국제 전화로, 그리고 미국 출장 중 직접 만나서도 조언을 아끼지 않았던 임현진 교수. 우리가 몰랐던 대선 토론의 뒷무대가 어떻게 흘러가는지 생생히 알려준 사람이다. 뒷무대의 빛과 그림자 중, 빛을 더 밝히고 그림자를 걷어내는 역할은 결국 우리 유권자가 해내야 할 몫이다.

❧ 배고픈 우리를 위해 주야장천 돌아가며 아낌없이 밥을 해준 케네디 스쿨의 고상미, 김혜원, 최성렬 그리고 고상미 씨 어머니께도 감사드린다. 식사 때마다 밥풀 튀기며 떠들던 논쟁들 모두가 이 책에 깨알같이 들어가 있다. 무엇이 옳고, 왜 옳은지에 대한 이 사람들의 고민이 딱 우리 국민과 유권자 모두의 시선이라고 생각한다.

❧ 뜨겁던 여름 내내 엄청나게 시끄러운 우리에게 본인 사무실 전부를 내준 캠퍼스스타일아이콘의 남원준 대표. 대학 토론 배틀에 나간 경험이 있는 젊은 청년 사업가다. 우리가 본 어떤 20대보다 실행력이 뛰어나고, 사람을 대할 때 속깊은 마음씨가 빛난다. 그의 성공을 확신한다.

❧ 최초의 독자이며, 최고의 독설가이자 최후의 검증자인 김윤혜 씨. 그녀가 없었다면 이 책은 지금보다 10년은 더 나이든 책이 됐을 것이다. 20대가 본 대선 토론과 정치관이 담길 수 있게 된 데에는 그녀의 공이 크다. 미국 공화당 대선 후보인 롬니가 주지사로 일했던 곳에 본사를 둔 컨설팅사가 이 똑똑한 젊은이를 데리고 갔다.

❧ 대박 꼼꼼한 독자이자 살벌한 피드백쟁이 최준학 씨. 책의 첫 페이지부터 마지막 페이지까지 한 줄 한 줄, 한 단어 한 단어를 빨간펜으로 피드백 해준 사람이다. 꼼꼼하고 똑똑하며 진솔하다. 소박한 삶을 꿈꾼다고 겸손하게 말하지만, 경제학과 법학의 교차점에서 우리 사회를 위해

좋은 일을 할 사람이다.

∾ 이 책의 진정한 빛과 소금인 하승재 씨. 컴퓨터 문맹인 우리를 여러 번 살렸다. 'MIT 천재 소년'인 이 연구자가 우리 컴퓨터의 윈도우를 수차례 갈아엎고, 하드디스크 여러 번 살려내고, 세미나 때는 역대 대선 토론 동영상 편집을 다 해줬다. 말과 행동은 느긋한데 위트가 넘치는 만능 가제트이자 깊은 자존감을 갖춘 멋진 사람이다.

∾ 그리고 세상에서 제일 사랑하는 우리 모두의 가족들. 기나긴 작업 기간 동안 돈 쓰고, 시간 쓰고, 피곤에 지쳤던 우리를 곁에서 묵묵히 기다려주고 응원해주고 인정해주었다. 왜 사냐고 하면 결국엔 가족 때문에 산다.

이 모든 사람을 만나게 해준, 고맙디 고마운 책이다. 올해 연말, 대선 토론 꼭 다 함께 봤으면 좋겠다.

변화의 힘은 정부도, 정당도, 언론도, 학교도 아닌 바로 시민으로부터 나온다.

우리 유권자가 깨어 있는 시민으로서 한 사람 한 사람 제 역할을 다할 때 비로소 변화는 찾아온다.

그리고 계속될 수 있을 것이다.

한국 대선 토론 변천사					
참가자	일시	주제	주관	사회자	시청률
1997 김대중 (새정치국민회의) 이회창 (신한국당) 이인제 (국민신당)	1차 : 12월 1일 20:00~22:00 (KBS) 2차 : 12월 7일 20:00~22:00 (MBC) 3차 : 12월 14일 20:00~22:00 (SBS)	1차 : 경제 2차 : 정치 3차 : 사회/문화	대통령선거방송 토론위원회	정범구 (시사평론가)	53.2%
2002 노무현 (민주당) 이회창 (한나라당) 권영길 (민주노동당)	1차 : 12월 3일 20:00~22:00 (KBS) 2차 : 12월 10일 20:00~22:00 (MBC) 3차 : 12월 16일 20:00~22:00 (SBS)	1차 : 정치/외교/통일 2차 : 경제/과학 3차 : 사회/교육/ 문화/여성	대통령선거방송 토론위원회	염재호 (대학교수)	34.2%
2007 이명박 (한나라당) 정동영 (대통합민주신당) 이회창 (무소속) 문국현 (창조한국당) 권영길 (민주노동당) 이인제 (민주당)	1차 : 12월 6일 20:00~22:00 (KBS) 2차 : 12월 11일 20:00~22:00 (MBC) 3차 : 12월 16일 20:00~22:00 (MBC)	1차 : 정치/외교/ 통일/안보 2차 : 사회/교육/ 문화/여성 3차 : 경제/노동/ 복지/과학	중앙선거방송토 론위원회	송지헌 (방송인)	21.7%

미국 대선 토론 변천사

	참가자	일시	주관	사회자
1960	존 F. 케네디(민주당) : 대통령 당선 리처드 닉슨 (공화당)	1차 : 9월 26일 21:30~22:30 2차 : 10월 7일 19:30~20:30 3차 : 10월 13일 19:30~20:30 4차 : 10월 21일 22:00~23:00	ABC, CBS, NBC	1차 : Howard K. Smith, CBS 2차 : Frank McGee, NBC 3차 : Bill Shadel, ABC 4차 : Quincy Howe, ABC
1976	지미 카터(민주당) : 대통령 당선 제럴드 포드(공화당)	1차 : 9월 23일 21:30~23:00 2차 : 10월 6일 21:30~23:00 3차 : 10월 22일 21:30~23:00 • 부통령 토론(1차례) 첫 시작	League of Women Voters	1차 : Edwin Newman, NBC 2차 : Pauline Frederick, NPR 3차 : Barbara Walters, ABC
1980	−1차 토론 로널드 레이건(공화당) 존 앤더슨(무소속) −2차 토론 로널드 레이건(공화당) : 대통령 당선 지미 카터(민주당)	1차 : 9월 21일 22:00~23:00 2차 : 10월 28일 21:30~23:00 • 부통령 토론 중단	League of Women Voters	1차 : Bill Moyers, PBS 2차 : Howard K. Smith, ABC
1984	로널드 레이건(공화당) : 대통령 연임 성공 월터 먼데일(민주당)	1차 : 10월 7일 21:00~22:30 2차 : 10월 21일 20:00~21:30 • 부통령 토론(1차례) 재개, 현재까지 지속	League of Women Voters	1차 : Barbara Walters, ABC 2차 : Edwin Newman, Formerly NBC
1988	조지 H.W.부시(공화당) : 대통령 당선 마이클 듀카키스 (민주당)	1차 : 9월 25일 20:00~21:30 2차 : 10월 13일 21:00~22:30	Commission on Presidential Debates	1차 : Jim Lehrer, PBS 2차 : Bernard Shaw, CNN

	참가자	일시	주관	사회자
1992	빌 클린턴(민주당) : 대통령 당선 조지 H.W. 부시(공화당) 로스 페로(무소속)	1차 : 10월 11일 20:00~21:30 2차 : 10월 15일 21:00~22:30 3차 : 10월 19일 21:00~22:30	Commission on Presidential Debates	1차 : Jim Lehrer, PBS 2차 : Carole Simpson, ABC 3차 : Jim Lehrer, PBS
1996	빌 클린턴(민주당) : 대통령 연임 성공 밥 돌(공화당)	1차 : 10월 6일 21:00~22:30 2차 : 10월 16일 21:00~22:30	Commission on Presidential Debates	1차 : Jim Lehrer, PBS 2차 : Jim Lehrer, PBS 3차 : Jim Lehrer, PBS
2000	조지 W. 부시(공화당) : 대통령 당선 앨 고어(민주당)	1차 : 10월 3일 21:30~22:30 2차 : 10월 11일 21:00~22:30 3차 : 10월 17일 21:00~22:30	Commission on Presidential Debates	1차 : Jim Lehrer, PBS 2차 : Jim Lehrer, PBS 3차 : Jim Lehrer, PBS
2004	조지 W. 부시(공화당) : 대통령 연임 성공 존 케리(민주당)	1차 : 9월 30일 21:00~22:30 2차 : 10월 8일 21:00~22:30 3차 : 10월 13일 21:00~22:30	Commission on Presidential Debates	1차 : Jim Lehrer, PBS 2차 : Charles Gibson, ABC 3차 : Bob Schieffer, CBS
2008	버락 오바마(민주당) : 대통령 당선 존 매케인(공화당)	1차 : 9월 26일 21:00~22:30 2차 : 10월 7일 21:00~22:30 3차 : 10월 15일 21:00~22:30	Commission on Presidential Debates	1차 : Jim Lehrer, PBS 2차 : Tom Brokaw, NBC 3차 : Bob Schieffer, CBS

* 1964, 1968, 1972년은 개최되지 않음.

— Benoit, W. L., *Candidates in conflict : Persuasive attack and defense in the 1992 presidential debates*, Tuscaloosa : University of Alabama Press, 1996.

— Bishop, G. F. Meadow, R. G. Jackson-Beeck, M. (ed), *The Presidential debates : Media, electoral, and policy perspectives*, New York : Praeger, 1978.

— Brydon, S. Hellweg, S. Pfau, M., *Televised Presidential Debates : Advocacy in Contemporary America*, Santa Barbara : Praeger, 1992.

— Carlin, D. B. Vigil, T. Buehler, S. McDonald, K., *The third agenda in U.S. presidential debates : DebateWatch and viewer reactions, 1996~2004.* Westport, Conn: Praeger, 2009.

— Carlin, D. B. McKinney, M. S., *The 1992 presidential debates in focus,* Westport, Conn : Praeger, 1994.

— Coleman, S. Hansard Society for Parliamentary Government, *Televised election debates : International perspectives,* New York : St. Martin's Press. 2000.

— Dailey, W. O. Hinck, E. A. Hinck, S. S., *Politeness in presidential debates : Shaping political face in campaign debates from 1960 to 2004,* Lanham, Md : Rowman & Littlefield Publisher, 2008.

— Denton, R. E. (ed), *The 1996 presidential campaign : A communication perspective,* Westport, Conn : Praeger, 1998.

— Denton, R. E. (ed), *The 2000 presidential campaign : A communication perspective,* Westport, Conn : Praeger, 2002.

— Denton, R. E. (ed), *The 2004 Presidential Campaign : A communication Perspective*, New York : Rowman & Littlefiled Publishers, 2005.

— Farah, G., *No debate : How the Republican and Democratic parties secretly control the presidential debates*, New York : Seven Stories Press, 2004.

— Hinck, E. A., *Enacting the presidency : Political argument, presidential debates, and presidential character*, Westport, Conn : Praeger, 1993.

— Jamieson, K. H., *Presidential debates : The challenge of creating an informed electorate*, New York : Oxford University Press, 1988.

— Jones, K. T., *The role of televised debates in the U.S. presidential election Process 1960~2004*, New Orleans, LA : University Press of the South, 2005.

— Kraus, S., *Televised presidential debates and public policy*, Hillsdale, N. J.:L. Erlbaum Associates, 1988.

— Lanoue, D. J., *The joint press conference : The history, impact, and prospects of American presidential debates*, New York : Greenwood Press, 1991.

— Lehrer, J., *Tension City : Inside the Presidential Debates, from Kennedy-Nixon to Obama-McCain*, New York : Random House, 2011.

— Lemert, J. B. (et al.), *News verdicts, the debates, and presidential campaigns*, New York : Praeger, 1991.

— McCall, J. M., 〈The Panelists as Pseudo-Debates : An Evaluation of the Questions and Questioners in the Presidential Debates of 1980〉, *Journal of American Forensics Association*. 21, Pp 97~104, 1984.

— Minow, N. N. LaMay, C. L., *Inside the presidential debates : Their improbable past and promising future*, Chicago : University of Chicago Press, 2008.

— Minow, N. N., *For great debates : A new plan for future presidential TV debates*, New York : Priority Press Publications, 1987.

— Morrison, J. C., *A stronger foundation for presidential debates*, Cambridge, Mass : John F. Kennedy School of Government, 1993.

— Ranney, A., *The Past and future of Presidential debates*, Washington : American Enterprise Institute for Public Policy Research, 1979.

— Schroeder, A., *Presidential Debates*, New York : Columbia University Press, 2001.

— Schroeder, A., *Presidential Debates : Fifty years of high-risk TV*, New York : Columbia University Press, 2008.

— Smith, C., *Presidential campaign communication : The quest for the White House*, Cambridge : Malden(Mass.), 2010.

— Swerdlow, J. L. (ed), *Presidential debates : 1988 and beyond*, Washington, D.C.: Congressional Quarterly, 1987.

— Swerdlow, J. L., *Beyond debate : A paper on televised presidential debates*, New York : Twentieth Century Fund, 1984.

— 구교태, 〈제17대 대선 TV토론 점검 : 불꽃튀는 '역동적' 토론, 언제쯤 보게 될까〉, 《신문과 방송》, 서울, 2008.

— 권호영 외, 《대선 텔레비전 토론 방송 연구》, 서울 : 한국방송개발원, 1997.

— 김병준, 《99%를 위한 대통령은 없다 : 깨어 있는 시민이 던져야 할 7가지 질문》, 서울 : 개마고원, 2012.

— 김찬태, 〈제18대 대선 후보 법정 TV 토론 어떻게 할 것인가〉, 2012년 '양대 선거의 방송토론 활성화 방안' 세미나, 서울, 2011.

— 김찬태, 〈대선 TV 토론, 부활의 조건〉, 《방송문화》5월호 기고, 서울, 2012.

— 노무현, 《성공과 좌절 : 노무현 대통령 못다 쓴 회고록》, 서울 : 학고재, 2009.

— 마이클 샌델, 안기순 역, 김선욱 감수, 《돈으로 살 수 없는 것들 : 무엇이 가치를 결정하는가》, 서울 : 와이즈베리, 2012.

— 문재인, 《문재인의 운명》, 서울 : 가교, 2011.

— 박태순 외, 《해외 선거방송과 TV 토론》, 서울 : 중앙선거방송토론위원회, 2004.

— 변상욱, 《굿바이 MB : MB 4년에 대한 直言》, 서울 : 한언, 2012.

— 송종길,《대통령 후보 TV 토론의 법적·제도적 쟁점과 개선 방안》, 서울 : 한국방송영상산업진흥원, 2002.

— 안차수, 〈TV 토론 평가〉, '제17대 대통령 선거와 언론 : 종합 평가와 과제' 세미나, 서울, 2007.

— 이상철 외,《외국의 선거방송 사례 연구》, 서울 : 한국소통학회, 2011.

— 이현출, '정책선거 원년으로 : 대선정책 평가교수단 역대 공약 점검', 〈서울신문〉, 2007.7.23.

— 이홍규·임성호 공저,《대통령직 인수의 성공조건 : 67일이 5년을 결정한다》, 서울 : 동아시아연구원, 2007.

— 정관용,《나는 당신의 말할 권리를 지지한다 : 시대의 중립을 선언한 정관용의 소통 제안》, 서울 : 위즈덤하우스, 2009.

— 중앙선거관리위원회,《매니페스토 정책실천 가이드북》, 서울 : 중앙선거관리위원회, 2007.

— 중앙선거방송토론위원회,《해외선거방송과 TV 토론》, 서울 : 중앙선거방송토론위원회, 2004.

— 중앙선거방송토론위원회,《2007 선거방송토론백서》, 서울 : 중앙선거방송토론위원회, 2008.

— 중앙선거방송토론위원회,《사회자를 위한 선거방송토론 가이드북》, 서울 : 중앙선거방송토론위원회, 2009.

— 중앙선거방송토론위원회,《후보자를 위한 선거방송토론 가이드북》, 서울 : 중앙선거방송토론위원회, 2012.

— 한나라당,《제17대 대통령선거 한나라당 정책공약집 : 일류국가 희망공동체 대한민국》, 서울, 2007.

— 영국 노동당,《모두의 평등을 위한 50가지 약속(50 steps to a future fair for all)》, 영국, 2010.

— 한경미, '철학자 뺨치는 프랑스 대선 후보들', 〈오마이뉴스〉 해외리포트, 2012.3.17.